河南省哲学社会科学规划年度项目（2020BJJ032）
河南省重点研发与推广专项（软科学）项目（212400410082） | 资助

回望与推进：
后小康时代的乡村振兴
——以河南省为例

Looking Back And Forward:
Rural Revitalization In The Post-well-off Era
——Taking Henan Province As An Example

韩灵梅　高晓燕◎等著

中国经济出版社
CHINA ECONOMIC PUBLISHING HOUSE
·北京·

图书在版编目（CIP）数据

回望与推进：后小康时代的乡村振兴：以河南省为例／韩灵梅等著． ——北京：中国经济出版社，2022.10
ISBN 978 - 7 - 5136 - 7100 - 2

Ⅰ.①回… Ⅱ.①韩… Ⅲ.①农村 - 社会主义建设 - 研究 - 河南 Ⅳ.①F327.61

中国版本图书馆 CIP 数据核字（2022）第 177562 号

责任编辑　杨元丽
责任印制　马小宾
封面设计　任燕飞工作室

出版发行	中国经济出版社
印 刷 者	北京建宏印刷有限公司
经 销 者	各地新华书店
开　　本	710mm×1000mm　1/16
印　　张	18.75
字　　数	269 千字
版　　次	2022 年 10 月第 1 版
印　　次	2022 年 10 月第 1 次
定　　价	88.00 元

广告经营许可证　京西工商广字第 8179 号

中国经济出版社　网址 www.economyph.com　社址 北京市东城区安定门外大街 58 号　邮编 100011
本版图书如存在印装质量问题，请与本社销售中心联系调换（联系电话：010 - 57512564）

版权所有　盗版必究（举报电话：010 - 57512600）
国家版权局反盗版举报中心（举报电话：12390）　　服务热线：010 - 57512564

前言 PREFACE

"从中华民族伟大复兴战略全局看,民族要复兴,乡村必振兴。"2017年10月18日,在党的第十九次全国代表大会上,习近平总书记首次明确提出实施"乡村振兴战略"并将其写进党章。该战略是基于当下中国的政治、历史、经济、文化等基本国情与中国经济社会发展的阶段特征进行综合考量而设计提出的,是党中央着眼党和国家事业全局、顺应亿万农民对美好生活向往的重大决策部署,是推动中国农村农业现代化建设的一项重要战略,是中国新四化目标的重要驱动力,是新时代做好"三农"工作的总抓手。党的十九届六中全会审议通过的《中共中央关于党的百年奋斗重大成就和历史经验的决议》指出:"党的十八大以来,中国特色社会主义进入新时代。"新时代我国社会主要矛盾已经转化为人民日益增长的美好生活需要和不平衡不充分的发展之间的矛盾,城乡发展不平衡、农村和农业发展不充分,是发展不平衡不充分的重要表现。全面建设社会主义现代化国家,实现中华民族伟大复兴,无疑最艰巨最繁重的任务依然在农村。按照未来我国人口城镇化率达70%的水平计算,中国仍将有4亿多人口生活在农村。如此庞大规模的人口在农村生活,他们如何与城里人一起共同富裕,是未来几十年里中国要解决的最大问题,也成为我国实施乡村振兴战略的时代背景(陈文胜,2021)。① 由此,乡村振兴不仅仅是乡村问题,更是关系民族复

---

① 陈文胜.论道大国"三农"[M].北京:中国农业出版社,2021:54.

兴战略全局的问题。

2021年7月1日，习近平总书记在庆祝中国共产党建党一百周年大会上宣布我国全面建成了小康社会。回顾中国数百年来的社会发展史，历经百年浴血奋战，中国实现了全面建成小康社会"第一个百年"伟大奋斗目标，中国特色社会主义现代化进入了一个崭新的历史发展阶段。2021年是中国特色社会主义现代化建设新阶段的重要起始之年，是我国"十四五"时期经济社会发展的开局之年，是全面建成小康社会目标实现之后，农村社会发展深入全面实施乡村振兴战略的发力期和关键期。为此，国家乡村振兴局正式在北京市挂牌成立。4月29日，《中华人民共和国乡村振兴促进法》正式获得立法通过，标志着乡村振兴战略有法可依，全速推进。站在"两个一百年"伟大目标的历史交汇点上，全面深入建成中国特色社会主义现代化国家的新征程正在开启。总结过往，着眼未来，将乡村振兴战略变成细化的政策，指导全面推进乡村振兴战略工作，已成为当前和今后一个时期中国乡村建设与发展的主基调。

一、回眸过往

中国从农业人口大国转变为现代化的强国，是中华民族的伟大复兴，也是跨世纪和平发展的伟大实践[①]。2020年是中国脱贫攻坚战略全面收官之年，也是全面建成小康社会目标实现之年，与此同时，党的十九届五中全会提出"优先发展农业农村，全面推进乡村振兴"，这是与党的十九大报告中提出的"实施乡村振兴战略"一脉相承的论述。重农固本是安民之基、治国之要。在中国新的历史发展阶段，乡村振兴战略目标的"20字"总要求作为未来一个时期"三农"工作的纲要，必须植根我国社会发展的经济建设、政治建设、文化建设、社会建设、生

---

① 陆超. 读懂乡村振兴战略与实践[M]. 上海：上海社会科学院出版社，2020：1.

态文明建设"五位一体"总体布局，并取得扎扎实实的进展，方能稳步向前推进。回望"十三五"，我国国民经济持续快速增长、人民群众基本物质财产生活与基本公共保障服务水平明显改善、社会和谐稳定、文化持续繁荣、生态文明建设取得良好成果，我国全面建成小康社会，实现了第一个百年奋斗目标，为我国"十四五"时期全面实施乡村振兴战略，解决好"三农"问题，实现中华民族伟大复兴中国梦提供了重要遵循。

经济建设方面

2020年，我国国内生产总值高达14.73万亿美元，约占当今世界经济总量的17%，位居世界第二，人均国内生产总值为10504美元，这是继2019年我国人均GDP首次突破1万美元大关以来，连续第2年超过1万美元，表明我国与其他高收入国家发展的差距和与国际经济水平之间的差距都在进一步缩小。2020年是全面建成小康社会的收官之年，脱贫精准攻坚各项工作重点任务基本圆满完成、成果举世瞩目，我国5575万农村贫困人口实现脱贫，全面实现了"两不愁三保障"的目标。

2020年，全国粮食播种面积17.5亿亩，总产量66949万吨，比上年增长0.9%，增产565万吨，实现17连增。粮食作物与经济作物种类丰富，农业大国的地位无可撼动，我国用占世界9%的耕地养活了世界20%的人口[①]。2020年全年我国工业增加值达31.3万亿元，制造业增加值预计连续11年居世界第一位，200多种工业产品产量居世界第一。2020年全年全国批发和零售业增加值为9.6万亿元，社会消费品零售总额达39.2万亿元；其中，实物商品网上零售额为9.8万亿元，逆势增长14.8%，占全年社会消费品零售总额比重达24.9%。

政治方面

从国内看，随着中国特色社会主义建设的不断深入，党的执政能

---

① 李元丽,徐大勇.推进农业高质量发展　保障国家粮食安全[N].人民政协报,2021-02-02(006).

力、执政水平得到极大提高,我国的社会主义民主不断地发展,社会治理模式也在不断创新,人民作为国家的主人持续参与到国家发展与社会治理中,我国民主制度不断完善,彰显出中国特色社会主义的优势。

国际上,由于部分国家在国际交往中实行贸易保护主义、单边主义,使得经济全球化面临重大挑战,但中国始终坚持改革和开放的路线,加强国际合作,积极投身到推动经济和社会全球化的进程中,共建共享"一带一路"取得的丰硕成果,在推动全世界的经济发展中贡献中国力量。当前,我国对外经贸发展迅速,国际贸易大国地位更加稳固,全方位高水平的对外开放新格局正在加快形成。

文化方面

随着近年来我国社会和经济的可持续发展,人民群众对于文化的诉求也正在不断提高。2020年我国加快了公共图书馆、博物馆的建设,公共文化服务机构的建设不断完善,文化事业和传统文化产业繁荣发展,文化的软实力也日益凸显,我国对传统文化保护与发展的力度也不断加大。

社会方面

2020年是我国全面建成小康社会目标实现之年和"十三五"规划收官之年,人民群众物质和精神生活水平全面提高,居民生活质量显著提升。我国城镇化水平持续提高,2020年我国常住人口城镇化率达到63.89%,比2015年城镇化率56.1%提高近8个百分点。我国基本建成世界规模最大、较为完善的社会保障体系,截至2020年,全国基本医疗保险参保人数超过13.5亿人,基本养老保险覆盖人数已经接近10亿人,高等教育与职业教育持续发展。2021年8月教育部发布的《2020年全国教育事业发展统计公报》[①]显示,2020年全国共有各级各类学校53.71万所,各级各类学历教育在校生2.89亿人,专任教师

---

① 2020年全国教育事业发展统计公报[J].中国地质教育,2021,30(3):106-110.DOI:10.16244/j.cnki.1006-9372.2021-03-19.

1792.97万人。我国人口总体素质正在不断提升。

生态文明方面

2020年是中国社会发展历史上极不平凡的一年。《2020中国生态环境状况公报》显示，各地区、各部门深入学习贯彻习近平生态文明思想，全面落实党的十九大和十九届二中、三中、四中和五中全会精神，圆满完成了污染防治攻坚战阶段性目标，"十三五"规划纲要确定的生态环境9项约束性指标均圆满超额完成，生态环境质量持续改善、稳中向好，厚植了全面建成小康社会的绿色底色①。总之，在过往的"十三五"时期，全国各个地区污染防治工作力度不断加大，能源消费结构不断优化，主要污染物排放总量大幅下降，土壤污染防治行动计划成效显著，单位国内生产总值二氧化碳排放强度比2015年下降18.8%，生态环境质量明显改善。此外，自2018年开始实施的《农村人居环境整治三年行动方案》成果显著，农村人居环境质量大幅提升，农村生态环境改善明显。

二、感知乡村

曾听有人说："人是没有故乡的，所谓的故乡，不过是祖先漫长漂泊的最后一站。"非常庆幸，我的祖先把他们落地生根的最后一站，选在了美丽的豫西乡村②。所谓故乡根深，每每心怀感恩开始新一天的工作生活时，"乡村"一词便会萦绕心头。乡村作为一个空间地域和社会综合体，是指除了现有城镇规划区以外，人口相对稀少分散，主要从事农业生产活动的聚落③。社会学家费孝通先生曾在《乡土中国》中写

---

① 2020中国生态环境状况公报(摘录)[J]. 环境保护,2021,49(11):47-68. DOI:10.14026/j.cnki.0253-9705.2021-11-10.

② 张娇. 行走的书店[M]. 郑州:河南文艺出版社,2019:7.

③ Raymond Williams. 乡村与城市[M]. 上海:商务印书馆,2013:32.

道:"乡村是建立在泥土之上的,乡村中的人是靠农业谋生的。"① 由此表明,土地、乡村人口(农民)、农业(基础产业)是构成乡村社会发展的重要元素,彼此间紧密联系,共同组成乡村经济体系。乡村是具有自然、社会、经济特征的地域综合体,兼具生产、生活、生态、文化等多重功能,与城镇共生共存、互促互进,二者共同构成了人类活动的主要空间②。

对于出生在20世纪70年代末豫西乡村、流离成长于红色故乡会宁的"我"而言,在日渐长大的岁月中不断熟悉着乡村的习俗,其40多年的成长经历见证了中国经济社会的高速发展,包含了城市和乡村的变迁。始于1978年11月的农村联产承包责任制,使农民获得了生产和经营的自主权,极大地调动了农民群众的生产积极性,中国农村、农业、农民迎来了阔步向前的"春天"。儿时的视野里呈现的是:"田野的滚滚麦浪,乡间的花草飘香,秋日硕果累累的丰收喜悦",目之所及,都定格在了记忆中,最终凝结成一种对故乡的"乡愁"和对自由乡村生活的眷恋。20世纪90年代,我国确立的外向型出口战略浮出水面,催生出中国的新一波经济繁荣和城市工业对农村剩余劳动力的极大需求,大量的农民开始离土离乡,进城兼业③。与此同时,以基础设施建设及房地产开发为主要特征的城镇化,进一步推动了广大农民从土地中剥离出来,加速了当时农民外出务工经商规模的扩大。到2000年前后,已形成中国农村剩余劳动力流入城市的格局,在全国范围内已经建立起统一的劳动力市场。与此同时,"农民工"基于工资收入的引力,正在自发地调节着农民工自身的务工市场。大致到21世纪第一个10年的末期,农村几乎每一个青壮年劳动力都会选择进城务工或经商,而留在农村的大多为缺乏进城务工能力的老弱病残人员。于是,就有了"农民

---

① 费孝通.乡土中国[M].上海:商务印书馆,2018:5.
② 刘刚.乡村治理现代化理论与实践[M].北京:经济管理出版社,2020:1.
③ 陆超.读懂乡村振兴战略与实践[M].上海:上海社会科学院出版社,2020:27.

工""民工潮""留守儿童、留守老人、留守妇女""农村空心化""中坚农民"①"老人农业""离散家庭"等反映农村社会发展进程的热词。

基于年龄、经历和家庭环境等原因,当时的自己并不明白,日后这些热词会和工作紧密联系在一起。到了2001年,生活有了新的开端,我很幸运地成为一名高校教师;更为幸运的是,我很热爱这份工作,热爱自己工作的校园、热爱自己的学生。时间转瞬即逝,不经意间自己已在平凡的工作岗位上工作了20年整。带着对工作的热爱和对故乡的眷恋,团队欲将从2017年党的十九大首次提出"乡村振兴战略"至今,笔者在科研工作中积累的"以河南省为例"的关于乡村建设与乡村发展的研究成果,包括合著、研究报告、大学生"挑战杯"参赛作品以及公开发表的数篇学术论文,整理并出版成册。此举除了是对笔者所在团队科研工作的肯定,对研究方向的总结与凝练,对参与完成这些成果的付出者的感谢,对中部地区河南省乡村振兴战略实践的关注外,更是对耳熟能详的"城乡二元结构""三农""农民工返乡创业""精准扶贫""脱贫攻坚""全面小康""工农城乡关系""乡村振兴""城乡融合""美丽乡村""农业农村现代化"以及2050年全面实现社会主义现代化等诸多词语和目标关系的梳理。

回望历史,中国经济已由高速增长阶段转向高质量发展阶段,乡村发展同样面临结构优化、动力转换的新任务。而今,中国处在"两个一百年"奋斗目标的历史交汇期,乡村该如何主动地适应当前中国乡村经济建设进入新时期、新发展阶段的需要和诉求,加快构建农业高质高效、乡村宜居宜产、农民富裕富足的农业农村现代化新发展格局呢?我们党和国家明确提出,把全面推进乡村振兴作为实现中华民族伟大复兴的一项重大任务,举全党全社会之力加快农业农村现代化,让广大农民过上更加幸福美好的生活。

---

① "中坚农民"是指以适度农业规模经营为主体的,主要收入在村庄、社会关系在村庄、收入不低于外出务工又能保持家庭生活完整的农户。

按照我党提出的社会主义新农村建设由"美丽乡村"走向"美好乡村"的发展逻辑,可以把"美好社会"作为我国全面建成小康社会后的更高层次社会形态与发展目标,推动我国社会从"小康社会"向"美好社会"的长期发展方向前进。全面建成小康社会目标实现之后,中国经济社会也将进入一个崭新的发展阶段,而如何树立新发展理念,全面推进一个人口超14亿的特大型国家的36.11%的农村居民的乡村振兴,未来之路仍需探索。

三、关于本书

2021年中央一号文件指出,"民族要复兴,乡村必振兴"。这也正是习近平总书记关于乡村振兴与中华民族伟大复兴之间哲学关系的科学阐释。未来,持续推进乡村振兴工作,需要站在新时代中华民族复兴的大战略格局高度,牢固树立新发展理念,落实高质量发展的要求,统筹推进"五位一体"总体布局和协调推进"四个全面"战略布局①,方能"不畏浮云遮望眼",达到纲举目张的目的。

实施乡村振兴战略的本质是回归并超越乡土中国。站在全面建成小康社会目标实现之后和推进全面实现现代化"两个一百年"奋斗目标的历史交汇期,从理论层面上看,学者们对推进乡村振兴战略进行了深入思考和研究。在思想上,"要以全面推进乡村振兴促进中华民族伟大复兴"(唐仁健,2021)②,要认识到"乡村振兴是中国实现现代化的关键"(王正谱,2021)③。城市和乡村都是国家发展、民族复兴不可缺少的"肢体"。乡村振兴包含着要加快乡村发展,但乡村振兴不是乡村城市化,乡村振兴必须保持乡村的粮食产能、生态保护和农业文化三大主

---

① 习近平.论坚持全面深化改革[M].北京:中央文献出版社,2018:394.
② 唐仁健.以全面推进乡村振兴促进中华民族伟大复兴[J].中国乡村发现,2021(1):1-5.
③ 王正谱.乡村振兴是中国实现现代化的关键性工程[J].乡村振兴,2021(5):11.

体功能（陈锡文，2021）①。在行动上，乡村建设要以人为本，重视在地化资源，激活数百亿元生态资源价值（温铁军，2020）②。在机制上，乡村振兴需要建立以农民为主体的发展机制（郑风田、李国祥，2018）③，防止乡村振兴变成折腾乡村（贺雪峰，2020）④。从乡村振兴推进实践上看，乡村经济和村容村貌变化巨大，成就举世瞩目。在中国社会正意气风发地向着全面建成社会主义现代化强国第二个百年奋斗目标迈进的新征程上，如何认识新发展阶段、贯彻新发展理念，乡村作为城乡融合一体化发展的新空间、新载体，其振兴的历史逻辑与现实进路在哪里（陈文胜，2021）⑤，是需要我们深入社会研究的问题。

中国的乡村社会正在发生着巨变，本书以中国社会完成了全面建成小康社会的第一个百年奋斗目标，正乘势而上开启全面建设社会主义现代化国家新征程、向第二个百年奋斗目标进军为背景起点，基于科学发展观的眼光和人与自然和谐共生的理论，站在时代和全局的角度，顺应社会不断前进的发展方向，剖析后小康时代到来之际，乡村振兴工作该何去何从。本书在相关研究基础之上，分别从乡村振兴、法治先行，现阶段中国乡村发展概况嵌入，对我国乡村振兴"20字"总要求下的乡村产业经济振兴、乡村基层治理现代化、乡村人才振兴、乡村人居环境综合整治四个维度分章予以论述，试图探寻中国后小康时代乡村振兴的进路问题。本书第九章讨论了全面推进乡村振兴的目标和原则，明确了中国特色社会主义现代化进程中乡村渐进式发展的重点举措，为实现全面乡村振兴提出了路径参考，并对后小康时代乡村振兴的全面推进予以展望。本书按照"研究背景与基础——乡村振兴、法治先行，乡村发

---

① 陈锡文.乡村振兴要发挥乡村特有的功能[J].乡村振兴,2021(1):26-27.
② 温铁军.大疫止于村野——生态文明战略转型的由来[Z/OL].(2020-05-15)[2022-05-03].https://k.cnki.net/CInfo/Index/5157.
③ 中国社会科学院习近平新时代中国特色社会主义思想研究中心.以农民为主体推动乡村全面振兴[N].光明日报,2018-11-29(7).
④ 贺雪峰.要防止乡村振兴变成折腾乡村[J].党的生活(江苏),2020(10):24.
⑤ 陈文胜.论中国乡村变迁[M].北京:中国社会科学文献出版社,2021:32.

展概况，分维度回望与推进——全面推进乡村振兴"的逻辑研究框架展开。

本书总体框架由韩灵梅提出，共分为九章。除了第一章导论部分，对研究背景与意义、国内外关于乡村建设与发展的研究文献与基础理论、研究主要内容与方法等进行概述外，其余各章分为三大部分：第二至第四章基于回望视角，主要讨论了后小康时代的开启背景、乡村振兴推进的立法基础以及我国乡村振兴全面推进中依托的现实基础；第五至第八章则从乡村振兴战略推进中乡村产业经济振兴、乡村基层治理现代化、乡村人才振兴与乡村人居环境综合整治等四个维度探讨了相关机制探索、政策与参考路径等，并结合河南省的实践和相关的统计资料进行了详细的例案分析；第九章则对后小康时代全面推进乡村振兴的重点问题予以讨论、总结与展望。本书最终由韩灵梅、高晓燕统稿完成。全书具体分工：本书的提纲、前言、后记和第一章导论由韩灵梅全面负责；第二章至第四章和第九章由高晓燕、熊鑫鹏等负责撰写完成；第五章至第八章由韩灵梅、游健强等负责撰写完成；其他参与本书撰写相关工作的著者名单可参考后记。

尽管团队成员已广泛阅读已有研究成果，但因学识水平、能力、经验和时间有限，基于主体框架理论层面与实证案例相结合的剖析深度还有待进一步提升，书中的错误和疏漏在所难免。恳请每位读者在用自己智慧的眼光去寻找有益内容的同时予以指正，感谢您的不吝赐教。

著者

2022 年 3 月 8 日

目录

第一章 导论 ... 1
第一节 研究背景与意义 ... 1
一、研究背景 ... 2
二、研究意义 ... 4
第二节 研究综述与相关理论回顾 ... 5
一、研究综述 ... 5
二、相关理论回顾 ... 12
第三节 研究的主要内容和方法 ... 14
一、研究的主要内容 ... 14
二、研究方法 ... 16
第四节 相关问题的界定 ... 17
一、关于乡村概念的界定 ... 17
二、关于乡村振兴"回望"的科学理解 ... 18
三、关于乡村振兴"推进"的科学理解 ... 19
四、关于"后小康时代"的科学理解 ... 20

第二章 后小康时代的开启 ... 21
第一节 小康社会的理论与实践 ... 21
一、小康社会的历史渊源 ... 21
二、小康社会的理论渊源 ... 27
三、全面建成小康社会的深刻内涵 ... 30

第二节　决胜全面小康的脱贫攻坚 …………………………… 32
　　一、脱贫攻坚战略的提出背景 ………………………………… 32
　　二、脱贫攻坚战略的思想源泉 ………………………………… 35
　　三、决战决胜脱贫攻坚的伟大成果 …………………………… 38
　　四、决战决胜脱贫攻坚的四大特征 …………………………… 40
　　五、决战决胜脱贫攻坚的成功经验 …………………………… 41
　　六、决战决胜脱贫攻坚的伟大意义 …………………………… 44
第三节　后小康时代的开启 ………………………………………… 46

第三章　乡村振兴　法治先行 …………………………………… 48
第一节　乡村振兴战略的提出 ……………………………………… 48
　　一、乡村振兴战略提出的历史必然性 ………………………… 48
　　二、主要内容 …………………………………………………… 51
　　三、乡村振兴测度指标体系的构成 …………………………… 54
第二节　《中华人民共和国乡村振兴促进法》的立法 …………… 58
　　一、立法背景 …………………………………………………… 58
　　二、立法过程 …………………………………………………… 59
　　三、立法意义 …………………………………………………… 61
第三节　乡村振兴战略的时代意义 ………………………………… 63
　　一、乡村振兴战略是做好"三农"工作的总抓手 …………… 63
　　二、乡村振兴战略是确保粮食安全的有力抓手 ……………… 63
　　三、乡村振兴战略是弘扬中华优秀传统文化的重要途径 …… 64
　　四、乡村振兴战略是建设农村现代化经济体系的新引擎 …… 64

第四章　我国乡村发展概况 ……………………………………… 66
第一节　我国乡村发展基本概况 …………………………………… 66
　　一、乡村建设概况 ……………………………………………… 68
　　二、乡村农业概况 ……………………………………………… 70
　　三、乡村农民概况 ……………………………………………… 71

第二节　乡村脱贫居民幸福感实证研究 ………………… 72
一、问卷设计、发放与数据处理 …………………………… 72
二、脱贫后农村居民幸福感状况分析 ……………………… 77
三、脱贫后农村居民主观幸福感实证分析 ………………… 93
四、提升乡村居民幸福感的政策建议 ……………………… 101

第三节　"十四五"时期乡村振兴面临的主要问题………… 103
一、城乡差距依然明显 ……………………………………… 103
二、农业生产积极性不足 …………………………………… 106
三、农村社会内部分化现象凸显 …………………………… 108

第五章　乡村产业经济振兴 ……………………………… 111

第一节　乡村产业经济振兴的基础 ………………………… 111
一、总体经济发展成效 ……………………………………… 111
二、乡村经济发展成效 ……………………………………… 116

第二节　乡村产业振兴的意义与成效 ……………………… 119
一、乡村产业振兴的作用与意义 …………………………… 119
二、乡村产业经济振兴的成效：以河南省为例 …………… 120

第三节　案例：洛阳沟域经济助力乡村产业振兴 ………… 125
一、沟域经济提出背景及其现实意义 ……………………… 125
二、洛阳市沟域经济发展路径 ……………………………… 128

第四节　推进乡村产业振兴的机制探索 …………………… 133
一、促进乡村基础设施与现代信息技术的全面深度融合 … 133
二、要素激活，让乡村资源要素"动"起来 ……………… 134
三、加快农业现代化建设，发展非农产业 ………………… 134
四、推动农业人口市民化，破解城乡二元结构 …………… 135
五、重视乡村环境保护，发展低碳绿色农业 ……………… 136
六、吸引社会资金，引导资本投入 ………………………… 136

第六章 乡村基层治理现代化 ································ 137
第一节 基本概述 ································ 137
一、相关概念的界定 ································ 137
二、实现国家治理现代化的意义 ································ 141
三、基层治理现代化的主要表现 ································ 143
第二节 乡村治理的现状与重点任务 ································ 144
一、我国乡村治理的主要任务点 ································ 144
二、乡村基层治理面临的主要问题 ································ 148
三、乡村基层治理的重点任务 ································ 150
第三节 案例：河南省乡村治理现代化实践 ································ 151
一、河南省基层治理现代化溯源 ································ 151
二、洛阳市"基层＋乡村"治理案例 ································ 153
三、洛阳市"基层＋乡村"治理现代化满意度实证分析 ································ 157
第四节 推进乡村基层治理现代化的政策探索 ································ 169
一、强化乡村基层党组织的核心引领作用 ································ 169
二、"五治"并进 ································ 171

第七章 乡村人才振兴 ································ 174
第一节 人才振兴的基础：文化教育事业 ································ 174
一、文化、教育事业概念界定 ································ 174
二、发展文化、教育事业的积极作用与意义 ································ 177
三、文化、教育事业发展现状 ································ 179
第二节 案例：河南省乡村人才振兴效率测度 ································ 188
一、河南省义务教育发展现状 ································ 188
二、河南省义务教育服务评价及其效率测度 ································ 190
三、案例小结 ································ 199
第三节 乡村人才振兴的机制探索 ································ 202
一、推进城乡义务教育一体化，建立有效保障机制 ································ 202
二、推进区域职业教育一体化，建立高效培养机制 ································ 203

三、推进"干中学"与"学中干"相结合，建立长效发展机制
      ··· 203
   四、推进城乡劳动力要素双向流动，建立良性互动机制 ······ 204
 第四节 推进乡村人才振兴路径参考 ································ 204
   一、优先发展乡村义务教育，缩小城乡义务教育差距 ········ 205
   二、继续深化职业教育改革，完善职业教育体系 ·············· 206
   三、大力引进劳动密集型产业，促进乡村居民转型就业 ····· 206
   四、积极构建城乡一体化就业平台，加强城乡人才交流 ····· 207

第八章 乡村人居环境综合整治 ·· 208
 第一节 理论基础与现实逻辑 ·· 208
   一、理论基础：生态文明建设思想的提出 ························ 208
   二、生态文明建设与乡村人居环境的理论逻辑 ·················· 210
   三、乡村人居环境整治的现实逻辑 ································· 211
 第二节 案例：河南省乡村人居环境整治的实践成效 ·········· 215
   一、农村人居环境整治政策与评价指标 ··························· 215
   二、河南省乡村人居环境整治的现状 ······························ 218
   三、河南省乡村人居环境整治效果评价 ··························· 223
   四、河南省乡村人居环境整治效率评价 ··························· 227
 第三节 乡村人居环境整治提升策略探索 ··························· 231
   一、乡村人居环境整治面临的困境 ································· 231
   二、乡村人居环境整治提升策略探索 ······························ 233

第九章 全面推进乡村振兴 ·· 236
 第一节 全面推进乡村振兴的目标与原则 ··························· 236
   一、全面推进乡村振兴的目标 ·· 236
   二、全面推进乡村振兴的基本原则 ································· 238
 第二节 全面推进乡村振兴的重点问题与路径参考 ············· 243
   一、全面推进乡村振兴的重点问题 ································· 244

二、全面推进乡村振兴的路径参考 …………………………… 246
第三节 案例：河南省乡村振兴战略实践成效 ………………… 249
一、乡村振兴指标体系构建及说明 …………………………… 250
二、河南省乡村振兴实践成效分析 …………………………… 252
三、实践成效之实证结果分析 ………………………………… 259
第四节 后小康时代乡村振兴展望 ……………………………… 261

参考文献 ……………………………………………………………… 264
后　记 ………………………………………………………………… 280

第一章 导论

站在决胜全面建成小康社会的历史节点上,中国已在经济发展、社会进步、民生福祉等领域取得了重大发展成就①。回望新中国成立以来的70多年发展历程,我国人口由5.42亿上升至14.1亿,城镇化率由1949年的10.64%增长至2020年的超过60%,基本实现了由传统农业大国向现代工业化国家发展的转变。在我国大力推进工业化、城镇化的同时,我国用占世界9%的耕地养活了世界20%的人口,中国社会实现了从"温饱""小康""全面建成小康社会"到正在努力实现"共同富裕"的伟大历史变迁。与此同时,我国社会存在着的普遍分化所形成的发展不平衡不充分问题仍然突出,如城乡发展不平衡、区域发展不平衡以及农村发展不充分。站在"两个一百年"奋斗目标历史交汇点上的当代中国,在全面建成小康社会、实现"两个一百年"伟大奋斗目标第一个目标的历史新起点上,更需认真思量如何实现到21世纪中叶、新中国成立一百年时基本实现现代化,建成富强、民主、文明的社会主义国家这一伟大奋斗目标。

第一节 研究背景与意义

中国作为世界农业大国,其农耕文明历史悠久。富饶的乡土中国孕育着一代又一代的中华儿女,遍布中华民族辽阔疆土的200多万个自然村落,是乡村中国重要的组成部分。社会不断发展的车轮,推动我国工业化、城

---

① 许宪春,余航. 后小康时代的挑战和改革发展的着力点[J]. 中共中央党校(国家行政学院)学报,2020,24(2):52-58.

镇化快速向前①,"乡土中国"正在以空前的速度朝着"城镇中国"演变。伴随着城市的快速发展,农民市民化带来的大量乡村人口向城市的集中,导致由于缺少区域优势以及错失乡村工业化的乡村经济社会凋敝,进而加剧城市和农村的分化及发展不平衡等诸多问题,引起了国家的高度关注②。2017年,党的十九大报告中首次明确提出:"实施乡村振兴战略。"同年年底召开的中央农村工作会议,进一步深刻阐述了什么是乡村振兴战略以及怎样走好中国特色社会主义乡村振兴之路,为到21世纪中叶建成富强、民主、文明、和谐、美丽的社会主义现代化强国指明了方向。

一、研究背景

中国作为一个人口超14亿的特大型国家,在历史的发展中创造了太多的世界奇迹,2020年同样也是一个创造世界奇迹的年份。在中国共产党的领导下,现行标准下9899万农村贫困人口全部脱贫,832个贫困县全部摘帽,12.8万个贫困村全部出列,区域性整体贫困得到解决,完成了消除绝对贫困的艰巨任务,创造了又一个彪炳史册的人间奇迹!我们向世界宣告,中国已经全面建成小康社会。这一伟绩是实现中华民族伟大复兴中国梦的关键一步,中国特色社会主义建设由此迈进了新的历史发展阶段。2021年是第一个百年奋斗目标胜利完成与第二个百年奋斗目标开启的交汇点,如何乘势而上开启全面建设社会主义现代化强国新征程,着眼中国当前乡村发展的实际阶段和需要高度关注的不平衡问题,推进农业农村现代化,破解乡村建设滞后于城镇化发展的城乡二元结构现状,成为当下理论层面与实践层面具有重大研究意义的课题。

中国特色社会主义现代化本质上是一种新型现代化,能不能实现现代化关键在乡村③。回顾改革开放以来我国乡村40多年的发展历程,"家庭联产承包责任制"解决了中国多数农民的"温饱"问题;工业化和新型城

---

① 陈文胜.论城镇化进程中的村庄发展[J].中国农村观察,2014(3):52-56.
② 陈文胜.论中国乡村变迁[M].北京:社会科学文献出版社,2021:1-10.
③ 陈文胜.为什么要提出乡村振兴战略[N].湖南日报,2017-12-05(05).

镇化的不断快速推进以及受惠其中的中国人口红利，解决了大量农业富余劳动力滞留乡村、生活收入不富裕等问题；但与此同时产生的城乡二元结构的社会体制，又加速了城乡间差距的不断扩大。在阔步迈向现代化的征程上，为确保农村农业的基础地位，从2004年开始，党中央连续18年下发的一号文件强调了"三农"工作重中之重的地位，使得中国农业农村进入了历史上发展最快的时期，乡村经济呈现活跃发展的局面。

为了从根本上解决城乡发展不平衡、城乡间居民收入差距不断拉大等突出矛盾，破解城乡二元结构社会体制，2010年，党的十七届五中全会明确提出：要在"工业化、城镇化深入发展中同步推进农业现代化"。"三化同步"思想不仅准确阐释了工业化、城镇化和农业现代化相互影响、相辅相成的关系，而且提出了农业、农村的现代化应紧跟工业化、城镇化的思想，只有"三化"协调并进，我国才能顺利实现社会主义现代化。2017年，党的十九大报告再次明确指出，中国特色社会主义正在步入一个新的历史时代，我国社会主要矛盾已经转化为人民日益增长的美好生活需要和不平衡不充分的发展之间的矛盾。为了破解城乡发展不平衡这个中国发展最大的不平衡，解决乡村发展不充分这个最大的不充分，在我国城镇化进程稳步推进的同时实现农业农村的现代化，党中央适时提出实施"乡村振兴"战略，并指出："要坚持农业农村优先发展，建立健全城乡融合发展体制机制和政策体系，加快推进农业农村现代化。"可见，党和政府已明确地把实现乡村振兴摆在一个前所未有的国家战略高度。随着我国脱贫攻坚战取得全面胜利，我国的绝对贫困问题得到了历史性解决。党的十九届五中全会提出"优先发展农业农村，全面推进乡村振兴"，这是"三农"工作重心的历史性转移，表明我国进入了巩固拓展脱贫攻坚成果同乡村振兴有效衔接，全面建设社会主义现代化国家的历史交汇期、社会转型叠加期、政策衔接过渡期如何在"三农"工作重心转移的历史拐点[①]，着眼于实现中华民族伟大复兴，以全面建成小康社会作为新的起点，推进建设具

---

① 陈文胜. 乡村振兴的历史逻辑与现实进路[J]. 书屋,2021(6):4-7.

有中国特色社会主义现代化国家呢？2021年中央一号文件进一步明确提出"民族要复兴，乡村必振兴"这样一个关系全局的发展主题。只有全面推进乡村振兴，才能顺应社会主要矛盾变迁的时代要求。

二、研究意义

乡村振兴是一个动态过程，这一战略的提出和全面推进源于过往的体制和今后的举措。2021年是"三农"工作重心转移的历史拐点、乡村振兴战略的开局之年①，在这个关键点上，准确把握我国在全面建成小康社会的伟大时代背景下如何全面推进乡村振兴，构建广泛和公正的城乡权益共享，化解城乡发展不平衡不充分的社会主要矛盾，推进乡村振兴，共同摹画中国特色社会主义现代化农村的美好蓝图，具有重大理论价值和实践价值。

（一）理论价值

党的十九大报告提出实施乡村振兴战略，要求建立健全城乡融合发展体制机制和政策体系，加快推进农业农村现代化。要使乡村振兴战略真正得到全面推进，夯实基础，必须深刻认识当前中国存在着普遍分化所形成的不平衡问题，即表现为城乡发展不平衡、不同地区农村之间发展不平衡，且农民内部之间分化也越来越大。本书基于发展这条主线，力求把握三个"新"：新发展阶段、新发展理念、新发展格局和高质量发展的要求。首先，对全面建成小康社会，即我国全面开启小康时代所处新发展阶段做出判断，结合2021年国家乡村振兴局的成立以及《中华人民共和国乡村振兴促进法》的立法背景，对现阶段我国乡村发展的总体概况进行了客观的全局分析。其次，分别从乡村产业振兴、乡村治理现代化、人才振兴以及乡村人居环境整治等四个层面剖析，并结合具体案例加以佐证，对照乡村振兴的"20字"总要求，研判未来乡村五大振兴各个层面的关键任务点。按照国家要求，未来的乡村振兴，不仅要实现"振兴"，而且是高质量的振兴，进而提出相应的政策与机制设计，并探讨推进乡村全面振兴的

---

① 陈文胜.论道大国"三农"[M].北京:中国农业出版社,2021:1-13.

现实进路。由此，本书的理论价值就在于对推进我国农村农业现代化建设，建设社会主义现代化强国、实现伟大复兴中国梦具有重要意义。

（二）实践价值

习近平总书记在出席 2020 年中央农村工作会议时强调，"在向第二个百年奋斗目标迈进的历史关口，巩固和拓展脱贫攻坚成果，全面推进乡村振兴，加快农业农村现代化，是需要全党高度重视的一个关系大局的重大问题。"我国经过快速城市化阶段后，目前城镇化率已超过 60%，但截至 2020 年底，仍有 2.8 亿进城务工人员。这些进城务工人员大多数为农村户籍，且保留了在农村的住房和土地承包权；而另一部分没有进城务工的"中坚农民"以及没有能力进城的农户家庭（老弱病残家庭），则共同构成农村从事农业的主体力量。这些进城务工人员与从事农业的农村主体人口之间存在分化与发展不平衡的现象，因此，实施乡村振兴战略是历史的必然要求。本书通过对全面建设小康社会所蕴含的"五位一体"总体布局的具体实践及成果的剖析，衔接乡村振兴"20 字"总要求，研究了乡村经济产业振兴、乡村人才振兴、社会环境（治理有效、生态宜居）的促进机制和实现路径，为构建全面深入开展乡村振兴工作的体制机制、政策框架和体系提供了决策依据。同时，中国的乡村具有人口总量大且分布复杂的特点，也决定了民族要复兴，乡村必振兴。因此，从这个层面上说，中国在新型城镇化继续快速推进中，实现乡村五大振兴与农业农村现代化的目标是高度一致的。当前，我国的乡村振兴战略正处于新时期的开局关键期，准确把握好乡村振兴的主要任务，将有助于我国到 21 世纪中叶第二个百年奋斗目标的最终实现。

第二节　研究综述与相关理论回顾

一、研究综述

（一）国内研究综述

回顾改革开放至今，我国经历了快速工业化和现代化的过程，大量资金、资源和劳动力向城市流动，又助推了城市化的快速发展。进入20世纪90年代，随着我国沿海出口导向型加工业的快速发展和中国城市化的加速，大量农村剩余劳动力离土离乡、进厂进城，掀起了外出务工经商的潮流。一批批进城务工的农村青壮年劳动力，被称为"农民工"。"农民工"大量进城务工经商，一方面增加收入，带动家庭富裕；另一方面留在农村的大多为缺少进城务工经商能力的老弱病残人员，由此造成我国农村空心化以及老人农业问题，使得农村经济发展缓慢，从而城乡间发展不平衡造成的差距不断扩大，不同地区之间，尤其东部与西部相比，发展十分不平衡。这些并不符合中国特色社会主义制度对全面建设社会主义现代化国家的要求①。

2012年党的十八大报告首次提出全面"建成"小康社会。全面建成小康社会作为实现中国特色社会主义现代化的基础性目标，实现中国社会主义现代化建设"三步走"战略目标中第三步战略目标必经的承上启下的重要发展阶段，是中国共产党提出的"两个一百年"奋斗目标的第一个百年奋斗目标，是实现中华民族伟大复兴中国梦的关键一步。2017年党的十九大报告提出"实施振兴乡村战略"。乡村振兴战略是决战全面建成小康社会、全面建设社会主义现代化国家的重大历史任务，是新时代"三农"工作的总抓手。目前学者对此展开了丰富的研究。

1. 关于小康社会的相关研究

自邓小平提出"小康"概念后，我国政府就如何全面建设小康社会开始了探索实践，许多学者就全面建设小康社会中出现的区域发展不平衡、农村文化建设问题及其他影响因素展开研究。

蒋远胜等（2005）通过对农民收入水平、社会保障与农村科教卫等方面数据进行分析，发现我国小康社会建设进程存在区域间不平衡，东部地区的小康进程明显快于中西部的情况②。徐康宁（2010）认为，要实现区

---

① 贺雪峰. 大国之基[M]. 北京:东方出版社,2020:1-9.
② 蒋远胜,蒋和平,黄德林. 中国农村全面小康社会建设的综合评价研究[J]. 农业经济问题,2005(S1):61-69.

域间协调发展、科学推进小康社会建设,首先要着力解决我国各区域的不平衡发展问题①。许飞(2012)阐述,欠发达地区的发展水平往往决定区域经济的整体水平,市场与政府应相互协调,合理配置资源②。张占斌、高立菲(2016)提出全面建成小康重点在于扶贫开发,要始终坚持以人为本推进小康社会建设③。孙久文、石林(2018)借鉴国际经验,提出通过强化政策协同效果、加强区域间合作、促进产业转型升级来缩小区域发展差距④。

韩美群(2005)认为,农村文化建设是全面建设小康社会的基础,指出当前农村文化建设的任务及境遇,建议合理利用文化资源,发展农村文化事业产业⑤。王金瀛(2014)指出,与当前农村经济与政治建设成果相比,农村文化建设成果较为逊色,为全面建成小康社会应全面加强农村文化建设⑥。张玉柱(2014)在对农村文化相关数据进行分析后,梳理出数据所展现的问题。主要有:农村文化基础设施落后、优秀文化资源相对匮乏、农民文化欣赏水平较低以及缺乏文化建设专业人才⑦。夏孙柱(2018)建议,进行文化建设应进行创新改革,发挥出政府的主导作用;培养文化专业人才,保证文化建设的积极推进;加大资金投入与关注度,实现经济发展与文化进步的双收⑧。

李周(2017)对我国决胜全面建成小康社会阶段,农村地区发展面临的突出问题进行了阐述,并提出要从建立现代农业、健全治理体系、构筑

---

① 徐康宁.区域协调发展与全面建设小康社会——为纪念邓小平提出小康目标思想30周年而作[J].南京社会科学,2010(2):1-7.
② 许飞.我国区域发展不平衡现状与对策建议[J].对外经贸,2012(12):86-88.
③ 张占斌,高立菲.全面建成小康社会:衡量标准与科学内涵[J].人民论坛·学术前沿,2016(18):6-16.
④ 孙久文,石林.我国区域经济发展不平衡的表现、原因及治理对策[J].治理现代化研究,2018(5):32-37.
⑤ 韩美群.论全面推进农村小康社会建设[J].乡镇经济,2005(12):8-11.
⑥ 王金瀛.我国农村小康文化建设研究[D].山东理工大学,2014.
⑦ 张玉柱.新农村文化建设中存在的问题及对策研究[D].东北大学,2014.
⑧ 夏孙柱.新农村建设背景下农村文化建设的影响因素与发展对策分析[J].农村经济与科技,2018,29(10):205+207.

生态屏障等方面推进小康社会建设①。罗红（2017）对教育扶贫问题进行了研究，认为教育扶贫在当前已取得了重大成就。在决胜全面建成小康社会的关键阶段，更要落实精准帮扶，将扶贫落到实处②。郭广银（2020）认为，中国特色社会主义制度对推进全面建成小康社会起着根本性作用，要通过不断发展完善中国特色社会主义制度体系，为全面建成小康社会提供方向指引和制度保障③。

2. 关于乡村振兴的相关研究

由于我国城乡经济发展不平衡所带来的一系列问题日益凸显，"三农"问题严重制约了经济社会的发展，我国政府开始日渐关注中国乡村的发展问题。2004年以来，中央政府连续18年下发以"三农"为核心的一号文件，连续18年聚焦"三农"，它标志着我国建设农业农村现代化的决心，我国开始将工作中心转移到农村。党的十九大后，乡村振兴战略开始广泛实施，学界关于推进乡村振兴战略的研究也逐渐丰富，许多学者就乡村振兴的实现路径：制度改革、城乡融合等方面进行研究探讨。

王海娟、胡守庚（2019）认为土地制度是乡村振兴最主要的制度支撑，在土地制度改革上，要平衡好集体土地权利与农民土地权利，促进乡村振兴战略实施④。严金明等（2019）证实宅基地"三权分置"改革是乡村振兴战略的必要抓手，要使所有权、资格权、使用权分置运行，并按照乡村振兴战略诉求与实际情况深化改革路径⑤。张国胜、聂其辉（2019）分析了城镇与农村户籍制度改革的重点，认为户籍制度改革应是调整其背

---

① 李周. 全面建成小康社会决胜阶段农村发展的突出问题及对策研究[J]. 中国农村经济, 2017(9):17-25.
② 罗红. 全面建成小康社会决胜阶段教育精准扶贫研究——以四川省为例[D]. 四川师范大学, 2017.
③ 郭广银. 全面建成小康社会的制度之维[J]. 马克思主义与现实, 2020(4):1-10.
④ 王海娟, 胡守庚. 农地制度变革与动员式治理的困境[J]. 中共福建省委党校学报, 2019(5):124-130.
⑤ 严金明, 迪力沙提, 夏方舟. 乡村振兴战略实施与宅基地"三权分置"改革的深化[J]. 改革, 2019(1):5-18.

后的利益体系①。陈汉（2019）认为在乡村振兴背景下，农村土地问题的重点在于三个方面：深化土地制度改革、夯实土地管理基础以及保障建设用地需求②。

刘彦随（2018）认为，"三农"问题本质是乡村地域系统可持续发展问题，乡村振兴战略的实施要致力于创建城乡融合体制机制③。张明斗、赵满满（2019）指出，城乡融合是乡村振兴的关键部分，并从人口、经济、要素、文化四个维度构建城乡融合理论框架，破除城乡二元结构④。李华胤（2020）从现代化的视角出发，分析了乡村振兴与城乡融合的关联，二者在互相作用下，推进城乡共同发展，实现乡村振兴⑤。唐琼（2019）分析了乡村振兴背景下城乡融合发展的有利条件与制约因素，建议从产业、空间、要素方面进行融合来推动城乡发展⑥。

陈学云、程长明（2018）提出，要推进农村三次产业的"工序性融合"和"结构性融合"，改善农村产业结构，农村三产融合是乡村振兴的必然和可行路径⑦。邱蓉等（2019）提出，要以信息化促进农业发展，鼓励农村电商发展，加快实现乡村振兴⑧。李玉恒等（2019）认为，实现乡村振兴与可持续发展需要提升乡村弹性，因地制宜制订提升乡村弹性的实施方案，提升乡村自身抵御、适应外界环境变化的能力⑨。姚树荣、周诗

---

① 张国胜，聂其辉. 乡村振兴视角下我国户籍制度的双向改革研究[J]. 云南民族大学学报（哲学社会科学版），2019,36(4):97-102.
② 陈汉. 乡村振兴战略下的土地制度改革与管理思考[J]. 中国国土资源经济，2019,32(1):15-19+78.
③ 刘彦随. 中国新时代城乡融合与乡村振兴[J]. 地理学报，2018,73(4):637-650.
④ 张明斗，赵满满. 乡村振兴战略下城乡融合发展框架与路径研究[J]. 东北农业大学学报（社会科学版），2019,17(5):1-7.
⑤ 李华胤. 论现代化中后期的城乡关系与乡村振兴[J]. 西安财经大学学报，2020,33(6):75-83.
⑥ 唐琼. 共建共治共享视角下优化城乡融合治理格局[J]. 现代管理科学，2019(5):63-65.
⑦ 陈学云，程长明. 乡村振兴战略的三产融合路径:逻辑必然与实证判定[J]. 农业经济问题，2018(11):91-100.
⑧ 邱蓉，董雪珊. 农产品协会、农业合作社作用研究——以贵州省为例[J]. 经济研究导刊，2019(11):66-67+79.
⑨ 李玉恒，阎佳玉，刘彦随. 基于乡村弹性的乡村振兴理论认知与路径研究[J]. 地理学报，2019,74(10):2001-2010.

雨（2020）提出，乡村振兴应以增进农民福祉、改善人民生活为导向，但不能只依靠农民单一主体发力，要通过构建多元主体共建共治共享才能更好走上振兴之路①。

（二）国外研究综述

西方国家在完成两次工业革命后，其工业化、城镇化的进程迅速推进。随着城市规模的不断扩大，一系列城市病日益凸显，城市空心化现象逐渐显露，但国外相关已有研究中对乡村振兴的研究较少，更多研究集中在农村建设与乡村发展、城乡一体化等方面。西方国家乡村发展的成功经验，对我国全面推进乡村振兴战略具有借鉴意义。

1. 关于乡村建设与发展的研究

David J. A. Douglas（2005）认为，地方政府是农村政治制度的核心，地方政府的各项政策方案要与农村发展的普遍原则相符合，否则需要重新配置地方政府关于农村发展的干预措施。罗伯特·欧莱曼认为，应该将生态环境保护思想放在乡村建设之中，生态的建设就是乡村建设的一个部分。Erniel B. Barrios（2008）认为，农村贫困与家庭长期依赖农村创造收入、经济脆弱性强有关，因此促进农村社区发展、完善基础设施，有利于农村社会的可持续发展。Johnson T. G. 认为，农村发展的关键在于鼓励农村金融的发展。迈克尔·伍兹通过分析现代农业、农村旅游业及手工业发展对农村发展的影响，探究了全球化背景下农村体制优化转型问题。

美国社会学家约翰·弗里德曼提出，乡村建设要通过"农村都市"来实现，通过在农村集中打造"农村都市"，形成农村的中心，以此为拥有大量农村的国家提供借鉴，助力它们早日完善乡村建设体系②。美国著名的城市学家刘易斯·芒福德指出："应当建立更多的城市中心，通过城市对周边区域辐射带动，形成'区域统一体'，促进整个区域的整体发展③。"

---

① 姚树荣,周诗雨. 乡村振兴的共建共治共享路径研究[J]. 中国农村经济,2020(2):14-29.
② John Friedman. A Case Study of VENEZUELA. Regional Development Policy[M]. Cambridge: M. I. T. Press,1966.
③ 刘易斯·芒福德. 城市发展史[M]. 北京:中国建筑工业出版社,1989:12.

Keith halfacree 提出乡村三重空间模型的概念，认为要从乡村地域空间、乡村外在表现、乡村内在含义三个方面探究乡村空间发展模式，合理规划乡村空间。Brian Garrod 等（2005）将乡村自身拥有的资源重新界定，以此作为乡村发展的资本，这样能够提高乡村资源利用效率，使乡村拥有更好的形象①。

2. 关于城乡一体化的研究

恩格斯最早提出"城乡融合"概念。恩格斯认为"随着社会的发展，城市和乡村经过无差别到相分离的演变过程后，终会演化为互依互存、融合统一的状态②。"马克思对人类社会持续发展的一般规律进行了科学阐释，提出了"乡村城市化"的基本理论，他认为只有缩小甚至消除城乡差别，才能最终实现共产主义伟大理想。霍华德（1898）在他的著作《明日，一条通向真正改革的和平道路》中首次明确提出，要建设一种兼有城市和乡村优点的理想城市，以城乡一体化替代城乡对立的发展模式。加拿大学者麦基认为，随着第三世界国家城市化的不断发展，城乡界限将逐渐模糊，并据此提出城乡一体化的 Desakotasi 模型。

著名学者缪尔达尔（1992）认为，拥有优质资源的地区会得到快速发展，资源匮乏的地区很难得到发展。若不进行干预，地区间差距会越来越大。此时，若政府制定政策引导发达地区带动落后地区，能有效缩小差距③。亨利·赖特为实现城乡协调发展，要素自由流动，提出建设整体化的区域交通网络与分散构建城市中心。哈里斯和托达罗分析认为，劳动力从农村流入城市的主要原因是预期收入有较大差距，想要缩小差距就需要农村得到发展，农村经济上行，农民增收④。Bhishma Nanda Bajraeharya（1995）则提出应发展小城镇，来实现资源、要素在城乡间的双向配置，

---

① Brian Garrod, Roz Wornell, Ray Youell. Re-conceptualising Rural resources as Countryside Capital: The Case of Rural Tourism[J]. Journal of Rural Studies, 2005(1):32-36.
② 马克思恩格斯全集:第二卷[M]. 北京:人民出版社,1995:403.
③ 冈纳·缪尔达尔. 亚洲的戏剧:对一些国家贫困问题的研究[M]. 北京:北京经济学院出版社,1992:23-42.
④ 托达罗. 第三世界的经济发展[M]. 北京:中国人民大学出版社,1985:47.

为城乡一体化发展提供动力，实现城乡交融①。

(三) 国内外研究评述

国内外学者就城市化进程与乡村发展问题进行的诸多研究，丰富了城乡发展理论，对健全我国城乡融合发展体制机制，促进乡村全面平衡、充分发展，建成全面社会主义现代化国家具有重要的理论借鉴意义。基于各国国情与城市化发展阶段的差异，我国应立足目前所处的社会发展新阶段，按照乡村振兴战略的"20字"总要求，因地制宜推进城乡间融合发展，开启全面建设社会主义现代化国家的新征程，为实现第二个百年奋斗目标奠定坚实的基础。

二、相关理论回顾

(一) 区域均衡发展理论

古典区域经济均衡发展理论认为，在一定的假设条件下，区域经济发展在市场机制作用下通过控制区域内部资本积累和区域间各生产要素的相互流动而自动趋向均衡。当前无法通过实践论证该理论，究其原因在于理论假说的约束过于理想化，与现实存在较大差距。区域均衡发展关键在于区域间的协调，但关于区域协调的内涵研究，目前学界尚未达成共识。诸多研究片面地将"区域协调"与"缩小地区间差距""可持续发展"以及"区域经济一体化"等概念等同起来，但也有学者进行了针对性研究。吴殿廷等 (2006) 认为，区域间发展差距是长期存在的客观事实，是经济社会发展、推进城镇化的必然结果，试图通过缩小区域间差距，实现区域协调发展，显然是行不通的②。袁旭梅等 (1998) 指出，区域协调必然是可持续发展的，但可持续发展却不一定都是协调的③，只存在单向逻辑关系，二者并不能等同看待。安虎森等 (2006) 关于区域协调与区域一体化的认识：区域经济一

---

① Bhishma Nanda Bajraeharya. Promoting Small Towns for Rural Development: A View from Nepal [J]. Population Journal, 1995 (2): 46–51.

② 吴殿廷,何龙娟,任春艳. 从可持续发展到协调发展——区域发展观念的新解读[J]. 北京师范大学学报(社会科学版), 2006 (4): 140–143.

③ 袁旭梅,韩文秀. 复合系统的协调与可持续发展[J]. 中国人口·资源与环境, 1998 (2): 53–57.

体化所考虑的是整体经济效率而不是区域公平,而区域协调强调的是区域公平[1]。区域协调是在区际产业关联下,通过区域间生产要素的自由流动,加强区际协作与竞争,达到市场公平,实现共同有序发展。

(二) 协同学理论

协同学理论是由德国理论物理学家赫尔曼创立的,是借助数学模型描述处于非平衡态的各开放系统由无序转向有序的共同规律的学科[2]。经过部分学者的理论创新,协同理论得到进一步的发展与丰富。迈克尔引入价值链来解释协同,认为企业可以通过内部协同或企业间协同来获取竞争优势;斯塔克与泰勒认为协同是为实现共同预期目标,两个或两个以上的参与者选择合作策略的过程。从哲学角度看,协同学理论对物质世界诸多系统由简单到复杂、由低级到高级发展进化的终极原因进行了系统分析,其主要研究不同事物的共同特征及协同机理,具有普遍适用性。

(三) 社会公平理论

社会公平理论认为,社会应按照个人对社会所做贡献进行客观的评定,同时对社会资源(主要指权利与利益)进行合理的配置。按照其内容可以分为,权利公平、机会公平、规则公平以及分配公平;按照其作用领域可以分为,经济公平、政治公平、文化公平以及社会公平(主要指社会公共物品及服务)[3]。社会公平的根本在于分配公平与社会服务保障公平。社会服务保障是政府与社会必须保障的个人基本权益,而分配公平能够帮助弱势群体实现利益最大化[4]。保障弱势群体享受平等的社会保障服务体现了"个人发展公平",进一步彰显了"社会的公平"。

(四) 人与自然和谐共生理论

马克思恩格斯关于建立人与自然之间和谐关系的思想核心在于充分认

---

[1] 安虎森,蒋涛. 一体化还是差别化——有关区域协调发展的理论解析[J]. 当代经济科学, 2006(4):53-63+126.

[2] 付燕荣,邓念,彭其渊,等. 协同学理论与应用研究综述[J]. 天津职业技术师范大学学报, 2015,25(1):44-47.

[3] 马陆艳. 马克思恩格斯社会公平理论及其发展研究[D]. 电子科技大学,2013.

[4] 李思蓓. 全面小康目标下湘西州经济社会发展评价与预测研究[D]. 吉首大学,2018.

识到了人的本质，即自然；认为人源于自然，是自然的重要部分，人与自然是一个共存、互利共生的有机体①。人与自然共生思想是马克思恩格斯关于人与自然关系思想中国化的又一理论成果，是中国传统优秀文化中关于人与自然相处思想的理论传承，是中国特色社会主义生态环境思想的最新理论发展成果②。

第三节 研究的主要内容和方法

一、研究的主要内容

本书研究对象为我国全面建成小康社会、开启全面建设社会主义现代化国家新征程时代背景下的"乡村振兴"，核心关键词是"回望与推进"，最终目标是"全面推进乡村振兴"。本书以全面建成小康社会，即后小康时代的开启为研究起点，基于科学发展观的眼光和人与自然和谐共生的理论，站在时代和全局的高度，顺应社会前进的发展方向，在全面建成小康社会的新起点背景下，从乡村振兴、法治先行，我国乡村发展概况两个层面着手，对现阶段我国乡村振兴"20字"总要求下的乡村产业振兴、乡村治理现代化、乡村人才振兴以及乡村人居环境综合整治四大问题分章节进行论述，并结合中部农业大省河南省的相关实践案例进行佐证，进而探寻中国进入后小康时代背景下乡村振兴的进路问题，以此把握未来"新四化"同步和"四个全面"战略；最后通过第九章对全面推进乡村振兴进行展望，进而准确把握我国农村农业现代化进程中乡村渐进式发展的重心方向，为实现乡村现代化探寻可能路径。

本书按照"背景阐述（后小康时代的开启）—乡村振兴、有法可依与乡村发展概况及其分维度论述—全面推进乡村振兴"的逻辑研究框架展开，总体内容安排如下（见图1-1）：

第一部分，导论部分。主要从研究背景、研究意义出发，聚焦乡村振

---

① 沈满洪.人与自然和谐共生的理论与实践[J].人民论坛·学术前沿,2020(11):6-14.
② 解晶童.习近平人与自然和谐共生思想的理论溯源[J].新西部,2019(36):6-8.

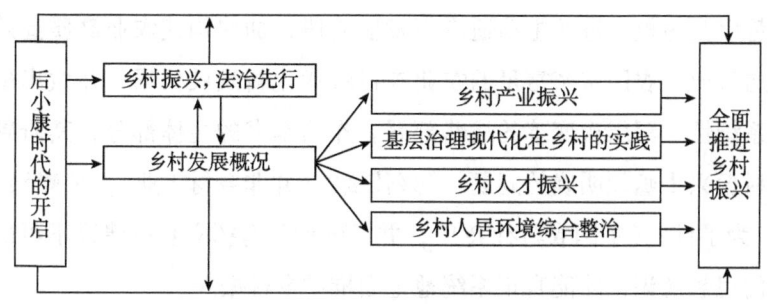

图1-1 研究内容框架

兴战略这一关键词,厘清国内外关于乡村建设与发展的研究现状及其理论基础,并对本书采用的研究方法和相关问题的科学理解进行分析和界定,为本书寻找理论与现实层面的生长空间,同时对本书的研究思路和框架予以说明。

第二部分含第二章、第三章、第四章,回望总结与厘清新发展阶段乡村振兴的现实基础,是对全面推进乡村振兴战略进程中乡村社会发展的现实基础研究。乡村振兴需要乡村经济发展,且必须发展,这是乡村振兴的现实基础。基于社会主义科学发展观视域下提出的乡村振兴战略、擘画的三阶段美好蓝图以及全国人大刚刚颁布的《乡村振兴促进法》为核心的顶层政策体系和制度框架,研究未来乡村振兴战略全面推进中需要客观面对的主要任务,并进一步梳理在伟大中国梦的整体视野下,如何正确审视未来向着社会主义全面现代化奋进中的农业农村现代化、城乡融合发展、城市与农村、工业与农业等多重逻辑关系,进而探求如何构建乡村振兴工作推进机制,完成乡村振兴任务,实现乡村振兴目标。

第三部分含第五章、第六章、第七章、第八章,分维度地客观论述我国乡村社会产业经济发展、乡村治理、乡村人才振兴以及乡村人居环境综合整治振兴之路的基础现状。本部分通过四个维度对现阶段全面推进乡村振兴进程中乡村产业经济振兴、乡村基层治理现代化、乡村人才振兴和乡村人居环境整治等四个层面的现状进行了研究,旨在分析全面建成小康社会后,乡村在经济、政治、文化、社会和生态等方面积累的制度优势、资源优势以及短板，进而主动适应新发展阶段，加快构建农业高质高效、乡村宜居宜业、农民富裕富足的农业农村现代化新发展格局，并做出事关全局的系统性、深层次变革的战略部署。作为本书的主体部分，其研判了当前乡村振兴中亟须明确的问题："兴什么？（并非乡村工业）；依赖谁？（农民）；为了谁？（中国农村社会）"，并且强调只有树立乡村建设不可能一蹴而就的思想意识，才能真正系统地全面推进乡村振兴。

第四部分即第九章，全面推进乡村振兴。通过对乡村振兴问题的长期研究观察和对我国乡村振兴本质的理解，本书以"坚持农民主体地位、和谐各方资源力量、强化农村主体功能、全面振兴乡村社会"为核心理念，结合实地调研成果，明确全面推进乡村振兴的目标任务、重点问题、路径参考，最后进行总结性展望。

二、研究方法

自党的十九大首次明确提出乡村振兴战略以来，党中央、国务院谋划了分三个阶段实现乡村振兴的时间表、路线图。以2018年中共中央、国务院颁布的《关于实施乡村振兴战略的意见》《国家乡村振兴战略规划》以及十三届全国人大正式通过实施的《中华人民共和国乡村振兴促进法》为核心的农村政策法规体系和制度框架已经形成，并提出了"农业全面升级、农村全面进步、农民全面发展"的要求和"五大振兴"目标。方向目标已经明确，现在面临的问题就是如何构建乡村振兴工作推进机制，完成乡村振兴任务，实现乡村振兴目标。本书综合运用经济学、社会学、政治学、管理学等多学科的研究成果，从基础理论、乡村振兴战略和现实基础三个维度，研究全面建成小康社会新起点下的乡村经济、政治、文化、社会与生态如何衔接乡村振兴的"20字"方针，从而实现农业农村现代化、乡村自然环境和人文环境明显提升，农民收入增加，即达成农业全面升级、农村全面进步、农民全面发展的目的。

（1）历史分析与案例分析相结合。运用历史分析法，研判现阶段乡村发展总体概况以及乡村产业经济发展、基层组织治理、乡村人才振兴和乡村人居环境整治四个维度的具体实际情况,且本书第五章、第六章、第七章、第八章分别实证列举河南省在乡村产业经济发展、基层组织治理、乡村人才振兴和乡村人居环境整治层面的实践案例,进而探讨后小康时代背景下全面推进乡村振兴的路径参考。

(2) 规范分析与实证分析相结合。实证考察我国乡村居民脱贫前后幸福感对比,对乡村居民乡村振兴战略实施过程中的幸福感、获得感、安全感进行价值分析,为相关研究和机制探索提供参考。

(3) 定性研究和定量分析有机融合。坚持定性描述和定量分析有机结合,对我国乡村社会发展现阶段的各方面概况,能够有一个清晰的、客观的认知,便于提出合理的机制和路径。

(4) 文献资料研究与案例分析相结合。充分利用网络和纸质资源,搜集与本书研究相关的资料,同时根据各章节的需要,结合中部地区河南省的实践案例进行分析,更利于做到理论联系实际,进而提出政策建议。

第四节 相关问题的界定

一、关于乡村概念的界定

乡村是相对于城镇的概念,是指在城镇规划区以外,作为一个空间地域和社会综合体,人口相对稀少分散,主要从事农业生产活动的聚落。其具备生产、生活、生态文化等多重功能,与城镇共生共存、互促互进,二者共同构成了人类活动的主要空间。人口与产业是城镇与乡村之间区别的核心因素和主要划分依据,人口和产业的不同分布界定出了城镇与乡村各自的特征。作为城市部分功能的疏解地和生产生活资料供应地,可以说,乡村兴则国家兴,乡村衰则国家衰①。

---

① 刘刚.乡村治理现代化理论与实践[M].北京:经济管理出版社,2020:1.

二、关于乡村振兴"回望"的科学理解

(一)乡村振兴的科学理解

改革开放以来,我党历次党代会均对"三农"工作做出了相应的重要部署。2017年,习近平总书记在中共十九大报告中首次提出"乡村振兴战略",指出"三农"问题是关系国计民生的根本性问题,必须始终把解决好"三农"问题作为全党工作的重中之重[①]。2017年12月中央农村工作会议首次提出"走中国特色社会主义乡村振兴道路"。2018年中央一号文件对实施乡村振兴战略进行了全面部署,在大力提升农业发展质量、促进乡村绿色发展、继承发扬农村文化、构建乡村治理新体系、打好精准脱贫攻坚战、加强乡村振兴人才支撑、加大乡村振兴投入保障等方面做了详细论述。2018年9月,中共中央、国务院印发了《乡村振兴战略规划(2018—2022年)》,为我国因地制宜、科学有序推进乡村振兴设定了阶段性目标。2021年中央一号文件指出,民族要复兴,乡村必振兴,要全面推进乡村振兴、加快农业农村现代化。2021年4月,《中华人民共和国乡村振兴促进法》表决通过,我国首次以立法的形式规定要通过促进产业发展、强化人才支撑、实现文化繁荣、加强生态保护、加快城乡融合等措施,大力推进乡村振兴战略的有效实施。

(二)乡村振兴"回望"的科学理解

回望即回顾,回头看。"历史是最好的教科书",回望中国乡村社会发展建设的过往,才能更加清晰今后乡村振兴的总目标是要往哪里去。2021年是继往开来、承上启下的中国特色社会主义小康社会标志性的一年。它是"两个一百年"奋斗目标交汇点、"三农"工作重心转移的历史拐点、"十四五"规划的开局之年。

随着我国绝对贫困问题得到历史性解决,在以全面建成小康社会为起点的新时期,如何把工作重心由扶贫向全面推进乡村振兴、加快实现农业

---

① 陆超.读懂乡村振兴战略与实践[M].上海:上海社会科学院出版社,2020:5.

农村现代化发展转变，关系着我们党"两个一百年"奋斗目标和中华民族伟大复兴"中国梦"的实现。推动乡村全面振兴，是新时代做好"三农"工作的总抓手，也是当前和今后一个时期乡村社会发展的主基调。因此，在推进乡村振兴的路上，更需要回眸过往，总结"十三五"时期乡村振兴"20字"总要求的实施成效，要紧紧围绕发展这条主线，把握好三个"新"——新发展阶段、新发展理念、新发展格局的要义，明晰中华民族伟大复兴历史进程新阶段的特点，调整乡村振兴的评价体系和目标要求，明确乡村本身的功能作用，坚定乡村振兴战略是要面向全国绝大多数农村和村民，而不只是让很小的一部分乡村振兴[①]的理念。

三、关于乡村振兴"推进"的科学理解

推进意为"使前进"。实施乡村振兴战略，是解决人民日益增长的美好生活需要和不平衡不充分的发展之间矛盾的必然要求，是实现"两个一百年"奋斗目标的必然要求，是实现全体人民共同富裕的必然要求。2021年是我国全面建成小康社会、实现第一个百年奋斗目标的第一个年头，也是"十四五"时期的开局之年。题为《中共中央 国务院关于全面推进乡村振兴加快农业农村现代化的意见》的2021年中央一号文件指出，民族要复兴，乡村必振兴。把全面推进乡村振兴作为实现中华民族伟大复兴的一项重大任务，凸显了新发展阶段党中央对农业农村工作的高度重视。推进乡村全面振兴，是新时代做好"三农"工作的总抓手，也是当前和今后一个时期乡村社会发展的主基调[②]。

2022年2月22日，题为《中共中央 国务院关于做好2022年全面推进乡村振兴重点工作的意见》的中央一号文件发布，文件再次接续2021年的"民族要复兴，乡村必振兴"的精神，指出"充分发挥农村基层党组织领导作用，扎实有序做好乡村发展、乡村建设、乡村治理重点工作，推动乡村振兴取得新进展、农业农村现代化迈出新步伐。"基于此，本书回

---

① 贺雪峰. 大国之基[M]. 北京:东方出版社,2020:14.
② 刘刚. 乡村治理现代化理论与实践[M]. 北京:经济管理出版社,2020:1.

望总结了自"十三五"以来，乡村振兴实现良好开局的成绩与成功经验。这些成功经验对未来全面推进乡村振兴意义重大。与"回望"过往历史事件、梳理回顾2017年以来乡村振兴的成功经验相对应，"推进"是面向未来的更广阔、更全面的发展，是对乡村现代化高质量发展的路径参考。

四、关于"后小康时代"的科学理解

在全面建成小康社会目标实现之后，中国将处于什么发展阶段，属于何种社会形态？目前，越来越多的学者开始使用"后小康"这一术语，并从不同视角探讨"后小康"时代的发展问题。学界使用的"后小康社会"概念，实际上主要是指全面小康社会。一般认为，小康社会之后将是发达、富足、包容的富裕社会。因此，"后小康"时代是指实现全面建成小康社会目标后向富裕社会迈进的过渡阶段，也是由小康社会向富裕社会迈进的必然阶段。在这一过渡阶段，整个社会仍将处于全面小康社会。只有越过这一阶段，社会才能进入富裕时代①。

---

① 魏后凯. 从全面小康迈向共同富裕的战略选择[J]. 小康,2021(7):22-24.

第二章 后小康时代的开启

第一节 小康社会的理论与实践

"小康社会"是一个具有深厚历史渊源、广泛理论来源,并且自身不断丰富和扩展的概念。它的形成是马克思主义理论与中国传统文化相结合的产物,探索这一思想产生、发展和成熟的过程,对我们准确把握其本质具有重要意义。正如古希腊哲学家苏格拉底所说:"正确的见解导致正确的行动。"深刻了解全面小康社会建设的光辉历程和深刻内涵,将有助于我们党带领中国人民向着建设社会主义现代化国家新的目标矢志奋斗。

一、小康社会的历史渊源

(一) 小康社会思想的提出与实践

1979年12月,邓小平同志在会见时任日本首相大平正芳时,提出了中国到21世纪结束前要实现"小康家庭""小康状态""人均GDP达到1000美元"等目标。此后,邓小平同志多次谈到要实现"小康",并强调这是一个需要付出艰辛努力并且十分不易实现的目标。1980年1月,在听取全国农村人民公社经营管理会议时,邓小平首次与党的干部谈到了关于建成小康社会的思想和设想,提出到20世纪末达到"小康水平"。

1980年9月,《人民日报》上首次出现了"小康社会"这一词语,社论中提及到2000年中国人均GDP将达到甚至超过1000美元,届时,中国将成为"小康社会"。1981年1月,《人民日报》发表了评论员文章《走出一条发展经济的新路子》，该文章强调"党中央提出，经过20年的努力，使我国达到小康社会的水平，这是切实可行的目标，达到了这一步，我们才有可能进而向更高程度的现代化前进。"① 此后，"小康社会"这一概念更加频繁地出现在主流报刊上，并逐渐为人们所熟知和认同，成为全国人民共同的奋斗目标。

以邓小平同志的公开讲话和设想为基础，1982年党的十二大制订了从1981年到2000年之前，我国GDP总量翻两番的计划，即从0.7万亿元到2.8万亿元。党的十二大结束后，邓小平同志十分关心能否完成2000年以前GDP总量翻两番的目标。实际上，在他最初提出人均1000美元的小康标准后，经过多次反复调研，他深刻认识到中国的基础设施落后，人口众多，经济调整任务繁重，经济发展不能太快，因此，将小康标准降至人均800美元。

1983年2月，邓小平同志赴江浙沪地区考察。一路走来，他关注的焦点是江浙沪地区是否有信心实现GDP总量"翻两番"的目标。2月7日下午，他在与江苏地区领导干部座谈时，提出江苏能否实现GDP总量"翻两番"和人均GDP达到800美元的问题，并得知苏州很多农村人均收入已经超过800美元。2月9日晚，他在杭州与浙江省委负责人交谈时说："苏州的形势很好，人均GDP已经达到或接近800美元的水平，江苏已经确保可以实现预定的任务。"当听到浙江省委领导的肯定回答时，他说："浙江能赚得更多吗？像宁夏、甘肃等西部地区，很难完成任务。"2月16日，在听取浙江省委、省政府的同志汇报工作时，又问："翻两番靠谱吗？"可见当时邓小平同志对实现"小康"标准的殷切期望。

1983年的南方之行给了邓小平同志极大的鼓舞。回到北京后，他在与胡耀邦等中央领导人谈话时指出：这次到江浙沪地区考察，形势很好，实现"四个现代化"希望很大。同年12月，邓小平同志在听取姚依林、宋

---

① 刘国光. 走出一条发展经济的新路子——略论调整方针的深远意义[N]. 人民日报,1981-01-26.

平等同志关于经济形势的汇报时强调,经济建设重要的是争取时间,抓住大好机遇,在这方面要放开手脚,敢想敢干。在加快经济发展速度的思想指引下,我国提前两年完成了"六五"计划。1983年,经济增长速度大大超过了原来4%~5%的预期,1982年全年GDP增长速度达到了9.5%,1983年更是达到了10.9%,最高的1984年甚至超过了15%。1982—1987年连续6年GDP年均增长率为11.1%,农村居民人均纯收入由原来的270元提高到463元,同比增长了71.5%;城镇居民人均生活收入由原来的494.5元上升到916元,同比增长了85.2%。

1984年9月,中共中央发出《关于帮助贫困地区尽快改变面貌的通知》,这是我党历史上第一个正式的扶贫开发工作文件。1986年3月,"七五"计划提出,要在新中国成立四十周年(1989年)前解决贫困地区大部分人的温饱问题。国家将设立扶贫专项资金,减轻或免除贫困地区税收负担,并组织发达地区与贫困地区对口帮扶。

20世纪最后十年,随着经济发展和各项制度的不断完善,以政策扶贫为主、具有浓厚"计划"和"输血"色彩的扶贫方式,逐渐转变为目标更加明确、具有"市场"和"造血"特点的开发式扶贫。也就是说,在着力改善贫困地区经济发展条件的过程中,要增强贫困地区自强能力。1994年2月,党中央组织召开了第一次扶贫开发工作会议,会议通过了《全国八七扶贫规划》,提出到2000年左右,要基本解决当前农村现有的8000万贫困人口的温饱问题。2001年5月,全国的贫困发生率已经低于3%,也就是说,中国几千年来的极度贫困问题已经得到了基本解决。此后,国家层面关于解决贫困问题的重心已不再是"温饱",而是基于国情,由"温饱"转向"小康",表明解决相对贫困已成为建成全面小康社会必须解决的问题。

(二)全面"建设"小康社会阶段

2000年10月9—11日在京举行的党的十五届五中全会上通过的关于"十五"计划的建议明确指出:"从新世纪开始,我国将进入全面建设小康社会，加快推进社会主义现代化的新的发展阶段。"① "全面建设小康社会"这一表述首次出现在中央文件中，是在2002年11月8日—14日，中国共产党全国第十六次全国代表大会（简称党的十六大）通过的题为《全面建设小康社会，开创中国特色社会主义事业新局面》的报告中。此前，人们对"小康"的认识，主要是从经济指标上来衡量，但也并非此前的"小康"没有考虑文化生活、社会治安等因素，只是当时摆脱物质贫困是全面建设小康社会最大的硬任务。

自2002年以来，"全面建设小康社会"和"全面建成小康社会"成为历届中国共产党全国代表大会报告标题中的重要关键词。以党的十六大为转折点，"全面建设小康社会"的内涵和要求发生了很大的变化。首先，所谓"全面"，是指地域和人口的全面性，即衡量小康社会的建设标准，不再是按照全国人口和地区的平均数据，而是有一个最低的绝对标准，所有贫困地区和贫困居民，都要达到或超过这个标准，才算是告别贫困，过上温饱的生活；其次，不再单单以经济发展和人民生活水平为衡量标准，而是强调要实现各个方面的发展，建设全面小康社会。此后，党的十七大报告的标题是，《高举中国特色社会主义伟大旗帜，为夺取全面建设小康社会新胜利而奋斗》，十分明确地围绕经济、政治、文化、社会、生态文明五个领域提出了全面建设小康社会的总体建设布局。党的十八大报告不仅在标题中采用了"坚定不移沿着中国特色社会主义道路前进"的表述，而且将"全面建设小康社会"改成"全面建成小康社会"。

全面繁荣经济建设，体现了科学发展观的三点要求：第一，实现2020年人均国内生产总值比2000年提高4倍；显然，人均GDP提高4倍的目标要远远难于总量GDP提高4倍的目标。第二，提出了要培育自主创新能力、进入创新型国家行列的新目标，这显然与我国要在全球产业链上取得一定的地位密切相关。随着不断引进、吸收和消化国外先进技术发展到一

---

① 中央财经领导小组办公室. 中共中央关于制定国民经济和社会发展第十个五年计划的建议[M]. 北京:人民出版社,2000.

定阶段，我国很多企业、科研院所关于提升自主创新水平的需求日益迫切，自主创新体系的建设也必须得到重视。第三，提出区域协调发展战略，新农村建设取得重大进展。这显然与对国土开发策略认识的逐渐深入密切相关。基于对"三农"问题的极大重视和不断调查研究，也让党中央、国务院决策层深刻认识到没有广大农村和广大农民的小康，就没有全面小康。

在党的十六大（2002年11月8日）到十八大（2012年11月8日）的10年间，我国全面建设小康社会成效显著。我国GDP增长率连续多年保持在10%以上，成功克服了2008年美国次贷危机的负面影响，在全球范围内率先实现经济平稳回升，2012年当年国内生产总值突破50万亿元。作为全面建设小康社会首要任务的扶贫工作，在这一时期也取得了骄人成绩。2001年9月，中共中央、国务院印发的《中国农村扶贫开发纲要（2001—2010）》中重点强调，实施整村推进与"两轮驱动"扶贫战略①。为确保扶贫工作取得实效，解决原制度下以贫困县为基本单位带来的边际效益递减问题，把行政村作为扶贫开发的基本单位；在国务院政策支持下，建立农村居民最低生活保障制度，将符合保障条件的农村贫困人口全部纳入保障范围。经过10年艰苦奋斗，截至2010年底，我国2001—2011年扶贫目标任务基本实现，我国成为第一个提前实现联合国千年发展目标贫困人口减半的发展中国家。2011年5月，党中央又制定了《2011—2020年的农村扶贫开发规划纲要》，再次提高扶贫标准，加大投资力度，着眼于连片贫困区，把尽快摆脱贫困、提升贫困地区人民收入水平作为重中之重。到2020年底，必须实现"两不愁三保障"，同时还要求着力缩小不同地区、不同人口的发展差距。该纲要以全面建设小康社会为指引，明确了全体人民共同进入小康社会的目标和方向。

此后，中共中央、国务院先后多次下发关于深化农村改革发展、扎实

---

① 黄承伟.新中国扶贫70年:战略演变、伟大成就与基本经验[J].南京农业大学学报(社会科学版),2019,19(6):1-8+156.

推进新农村建设的文件。"没有农民的小康，就没有全面小康。""全面建设小康社会最艰巨、最繁重的任务在农村"① 等理念不断深入人心，并将其落实为行动。全国范围内取消了农业税、牧业税、特产税，实施了多项惠农政策，极大地鼓舞了广大农民对农村生活的热爱，促进了农村地区的小康社会建设。此外，在全面建设小康社会过程中，农村义务教育全面落实，高等教育基本实现了从精英教育向大众公共教育的转变；文化体系改革极大地发展了文化生产力并促进了文化产业的创新性发展，从中央政府到行政村，建立了六层公共文化服务体系，人们的精神文明需求得到了极大的满足。在建立民主政治和法律制度方面也取得了重大进展，党的十五大确定的"到2010年基本建立中国特色社会主义法治体系"的任务也按时完成。同时，按照城市和农村相同的人口比例实施了全国、省（自治区）、市等各级人大代表的选举制度，成为中国特色民主政治发展的重要标志。

（三）全面"建成"小康社会阶段

2012年，党的十八大在北京举行。会议以21世纪以来中国特色社会主义事业的发展为基础，旗帜鲜明地提出了全面建成小康社会的目标。为实现全面建成小康社会这一宏伟目标，以习近平同志为核心的新一代党中央提出并践行了许多重要举措，提出了"五位一体"的总体布局和"四个全面"的战略布局。经过五年的艰苦奋战，到2017年党的十九大时，"五位一体"布局中的各项事业都取得了重大进展，为决胜全面建成小康社会打下了坚实的基础。

党的十九大报告指出，取得全面建成小康社会的决定性胜利，是当前党和国家最重要的任务。从时间来看，距离实现2020年全面建成小康社会目标仅剩三年，时间紧迫；从要求来看，全面建成小康社会的成果必须得到人民认可，经受历史考验，要求可谓严格；从任务来看，要突出重点，补齐短板，攻坚克难，任务艰巨，特别是要打好三大攻坚战需要多方协力、积极配合。经过全党全国人民的攻坚克难，在扶贫领域，从精准扶贫

---

① 中国共产党第十七届中央委员会第三次全体会议公报[J]. 党的建设，2008(11):6-8.

治贫方式到极度贫困地区重点帮扶脱贫，我国贫困人口从 2012 年底的 9899 万人下降到 2019 年底的 551 万人，农村贫困发生率由 10.2% 降至 1.7%。在生态文明建设领域，污染防治攻坚战有序推进，使环境治理保护与全面建成小康社会紧密相连、相互促进；在防范化解重大风险攻坚战领域，国家制定的分层级策略，极大地提高了风险预防和控制能力，保证了社会总体长期稳定。所有这些成果，都为决胜全面建成小康社会提供了强有力的社会保障。

二、小康社会的理论渊源

（一）中国古代传统文化中的小康思想

在中国古代，广大劳动人民深受封建制度的剥削，在最基本的物质生活不能满足的情况下，开始向往和期待富裕幸福的生活。传统文化经典中，"小康"一词最早见于《诗经·大雅·民劳》："民亦劳止，汔可小康"，作为人们表示富裕生活的一种理想形式，"小康"也曾出现在《礼记》和《礼运》中。先秦时期"小康"社会的构想表现为在政治上基于封建统治制度实行一定的民主；在经济上实行财产私有；在社会保障上实行家庭赡养与社会共同抚养相结合，通过道德和法制实现社会稳定。在先秦时期的儒家学派眼中，"大同"社会是优于"小康"的理想模式，"小康"社会是实现"大同"社会的过渡阶段，是现实中比较理想的社会状态。

"小康"的理想状态伴随时代的发展而不断变化。孟子作为中国古代儒家最大思想流派的传承者和开拓发展者，进一步发展和完善了"小康"的社会思想，形成了更为系统的"仁政"和"王道"的社会治理思想。孟子认为"民为民，则无恒产，因无恒心"，因此，从政治学和经济学维度提出了"为民"这个思想。在孟子看来，只有人们有了一定的社会经济基础，才能做到尊敬自己的父母，抚养妻子，丰年温饱，灾年不挨饿，过上较为幸福稳定的生活。孟子的社会主义思想，在充分继承了孔子"小康"思想的同时，更加体现出了"人民性"，即注重保障普通劳动者的幸福生活。在政治上，孟子提出了"民为贵，君为轻"，凸显了广大劳动人民的重要地位。其在经济、政治方面的独创思想，为后世的康有为、孙中山等人完善和丰富"小康"思想提供了可靠的借鉴和参考。两汉时期，董仲舒推崇儒家变法，儒学的地位得到上升，成为官学，以此为起点，儒家所倡导的"小康"理念也成为中华民族文明史上影响最深远的一种社会模式。在宋代，百姓更加期待小康社会所描绘的美好生活环境和生活条件。此后，时人所编撰的《夷坚志》中"久困于穷，冀以小康"，充分反映了普通百姓对摆脱贫困以及对理想社会的向往。

"小康"社会作为儒家思想所描绘的一种良好的生活形态，由于各方面的影响，特别是受到生产力和生产关系的制约，在历代中国社会中最终并没有实现，但其美好意蕴已成为历代中国人民所向往的理想社会的象征。此后，"小康"思想的内涵不断得到丰富，鼓舞一代又一代中国人民朝着此思想的社会实践不断奋进。

（二）马克思、恩格斯的"未来社会发展阶段"思想

马克思、恩格斯虽没有直接描述过"小康"社会的概念或者具体形态，但他们关于"未来社会发展阶段"的论述，对中国共产党发展和完善小康社会理论具有启迪作用。马克思和恩格斯认为，由于共产主义社会的发展水平是不可能一蹴而就的，共产主义社会的实现必须分为两个不同的阶段："初级阶段"和"高级阶段"。马克思和恩格斯认为在共产主义社会中，生产力会得到极大的提高，每个人在经济、文化、政治等方面都能过上富足的生活，实现全面发展。从这个意义上说，全面建成小康社会思想是对马克思和恩格斯在"未来社会发展阶段"论述的延续，其思想对全面建成小康社会具有重大的意义。

（三）列宁的"过渡阶段"理论

列宁的"过渡阶段"理论，对促成中国共产党关于小康社会建设的思想产生和发展也起到了重要作用。十月革命胜利后，列宁和他领导的俄国共产党就科学社会主义和俄国现实相结合问题展开了激烈的讨论和多方面的实践探索。为了解决社会主义建设问题，列宁先是提出了"战时共产主

义政策",采取了工商业国有化、全民义务劳动制度、余粮征收制度等措施来"直接过渡",这一系列政策违背了社会发展的客观规律,制约了社会主义的发展。因此,列宁基于俄国当时自身国情的需要,不断调研和总结,发现有必要把实现社会主义的过渡时期分为几个阶段。他提出,社会主义具有初级形式和高级形式,并且要根据不同阶段的目标来制订各个阶段的计划。列宁的"过渡阶段"理论实际上是对落后国家如何进行社会主义探索的经验总结。"过渡阶段"理论所包含的一系列社会建设方案,为中国共产党小康社会思想的形成提供了较为全面的参考。

(四)中国近代社会中的小康思想

在近代中国的历史长河中,各种不平等条约的签订,极大地增加了广大劳动人民的生活负担。沉重的苛捐杂税,使温饱安定的生活成为劳动人民的奢望。为了推翻满清政府的腐朽统治,摆脱被剥削、被压迫、被奴役的命运,以洪秀全为首的农民阶级发动了"太平天国运动",企图建立起人人平等的小康社会,他们先后出台了《天朝田亩制度》《资政新篇》等具有民主、平等思想的进步政策。虽然轰轰烈烈的太平天国运动最终以失败告终,但它体现了与以往农民起义所不同的新特点,即推翻封建王朝建立美好理想社会的愿望。

资产阶级"维新派"代表康有为也为当时的中国指出了一条新思路。他在积极推进戊戌变法的过程中,丰富和发展了儒家的"小康"思想,创造性地系统描绘了从"小康"到"大同"的理想社会。康有为认为,人类社会是一个不断发展变化的动态系统。其中"据乱"是人类社会发展最普遍也是最初级的阶段,其社会特征则表现为经济上的"大农之世",人们以农业劳作为主要经济来源;政治上的"人主总揽事权",即倡导"多治";文化上的"文教未明",类似于孔子所言"礼坏乐崩"。"升平"是人类社会发展的第二阶段,其社会特征表现为经济上的"大工之世";政治上的"人主垂拱无为",主张"无为而治";文化上的"渐有文教",即文化和礼仪得到较为广泛的普及。而"太平之世"在经济上表现为"天下大商",商业高度发达;政治上表现为"无王可言",即人人平等,实现民主政治；文化上表现为"远近大小若一"，即"人人皆尧舜"。康有为的"小康"思想，虽然带有片面性，但却具有一定的进步意义。

资产阶级革命派代表孙中山提出的"三民主义"，是其革命思想的主要内容。民生主义作为孙中山领导民主革命的起点，其产生和发展的过程大致可以分为四个阶段：第一阶段以解决广大劳动人民的土地问题为主；第二阶段以振兴国家工业为主；第三阶段以实现对外开放和工业化为主；第四阶段以"平均主义"和"节制资本"为主；而贯穿这四个阶段的中心思想就是改善广大人民的生活条件。由此可见，建设小康社会的思想已深深植根于孙中山的民生主义之中。

虽然近代中国人民对小康社会有着强烈的希冀，并为实现小康社会进行了各种探索与努力，但基于中国近代历史背景和社会发展水平，小康社会的思想只能停留在理论阶段。

三、全面建成小康社会的深刻内涵

（一）全面建成小康社会的主题："小康社会"

纵观中华民族的发展史，农业社会是其社会发展的主要形态，贫困是其人民生活的主要特征之一。因此，摆脱贫困、谋求"小康"，成为中国人民长久以来追求的理想和愿望。1956年，我国的社会主义改造完成后，毛泽东同志为了改善和解决我国长期以来存在的人民生活贫困问题，进行了大量的理论反思和实践研究。

进入1978年后，邓小平同志率先将中国特色社会主义现代化建设的目标解释为"小康"，并明确提出了要在20世纪结束前建立小康社会。但是，当时意义的"小康"是相对较低水平的、不全面的、不平衡的，仅解决温饱问题的小康社会。"小康社会"也意味着，越来越多的人在解决了温饱问题之后，要走向共同富裕。在全面实现整体小康社会的基础上，中国共产党第十六次全国代表大会提出了新的目标：建设一个惠及10亿多人口的高水平小康社会，即到2020年将建成的小康社会是"高水平的小康社会"。按照党的十九大报告的描绘，小康社会是整体推进"五位一体"总体布局，坚定实施好国家七大战略，经济、民主、科教、文化、社会等方面都要实现进步的社会。由此表明，"小康社会"既是用来形容社会发展水平，也代表着人民生活的更高幸福感、安全感、获得感。

（二）全面建成小康社会的重点："建成"

"全面建成小康社会"相对"全面建设小康社会"来说，虽是一字之差，但它们的内涵却有着根本的不同。"建设"是正在建设中，表达了一个存在并持续的过程。"建成"不仅仅是在建，不仅有过程，而且有结果，有成功的结果。因此，"全面建成小康社会"表明既要有过程，又要有结果，并且结果必须与预期目标一致。

按照上文对"建设"和"建成"含义的描述，显而易见，全面建成小康社会的重点是"建成"，这也正是中国共产党的伟大与智慧所在。中国人口众多，地区之间和民族之间差异很大。基于如此复杂国情和薄弱基础的中国，要实现"到2020年全面建成小康社会"，任重而道远。回顾100年的建党史，70多年的建国史，40多年的改革开放史以及党的十八大以来的脱贫攻坚史，中国特色社会主义的伟大实践已经向世界证明，中国已经完成了小康社会由"建设"向"建成"的转变。

（三）全面建成小康社会的难点："全面"

新中国成立以前，我国的民族资本主义虽有了一定程度的发展，但无论是在经济体量中的占比，还是总体发展水平都非常低，因此，新中国成立以前的中国，其社会发展形态本质上仍是一个农业社会，贫困是一个十分普遍的社会问题。在社会主义建设初期，发展物质生产力和提高人民的物质生活水平成为中国共产党领导社会主义改造和初步探索的主要任务。伴随改革开放的不断推进，生产力低下和物资短缺的状况得到极大改善，全面小康取代了整体小康的战略目标。全面，即平衡、协调和可持续发展，"全面"主要包含三个层面的含义。

第一，涉及的领域要全面。小康社会的出发点和落脚点是解决温饱问题，减少贫困，解决人民生活中的困难。因此，当小康社会建设到一定程度时，就要"啃硬骨头"、打硬仗，只有解决好涉及人民群众美好生活的全方位的问题,才算真正"全面"建成小康社会。要根据"五位一体"总体布局的要求,实现更好更高质量的发展。

第二,覆盖人口要全面。全面建成小康社会意味着每个人都要达到一个小康状态,"小康路上,一个都不能少",补短板、补差距。因此,全面建设小康社会的"全面"必须是小康社会覆盖全民、造福全民。"两不愁三保障""六保""六稳"工作要求的提出和实施,为全面小康覆盖全民奠定了基础。

第三,覆盖区域要全面。我国幅员辽阔,东、南、西、北各地区资源禀赋大不相同。同时,由于历史原因,区域之间以及城乡之间的发展水平和发展速度差异很大,距离建成小康社会的目标,差距有大有小。只有因地制宜促进共同发展,方能保持整个国家和社会协调共生。

(四)全面建成小康社会的根本保证:中国共产党的领导

坚持党对国家各项事业的集中统一领导,是建设中国特色社会主义的最大优势,也是决胜全面建成小康社会、基本实现新时代中国特色社会主义现代化国家建设的根本保证。党的十八大以来,特别是在决胜全面建成小康社会的进程中,中国共产党充分发挥了总揽全局、协调各方的领导核心作用。无论是精准扶贫"两不愁三保障"各项目标的实现,还是"六保""六稳"工作的完成,都是在党的领导下进行的。只有坚持中国共产党的领导,才能完成全面建成小康社会的历史任务,并在建设社会主义现代化国家的奋斗目标实现过程中一往无前。

第二节 决胜全面小康的脱贫攻坚

一、脱贫攻坚战略的提出背景

新中国成立以来,中国共产党和中国政府始终高度重视扶贫开发工作,带领人民为消除贫困做出了巨大努力。改革开放以来,中国持续开展以农村扶贫开发为中心的国家减贫行动。党的十八大以来,以习近平同志为核心的中共中央,把贫困人口脱贫作为全面建成小康社会的底线任务和基本标志，明确到 2020 年现行标准下农村贫困人口实现脱贫、贫困县全部摘帽，解决区域性整体贫困，明确精准扶贫基本方略，动员全国全党全社会打响脱贫攻坚战。党的十九大把精准脱贫作为决胜全面建成小康社会必须打好的三大攻坚战之一，做出了新的部署①。总之，党中央谋篇布局、举旗定向，从我国贫困人口和贫困地区的实际情况出发，遵循实现共同富裕的奋斗目标，深刻研判当代中国的贫困问题，凝练出了中国特色扶贫脱贫攻坚战略。

（一）脱贫攻坚战略形成的国际背景

自 20 世纪 90 年代美苏对抗结束后，国际社会更加关注贫困问题。1992 年的联合国大会制定了"国际消除贫困日"。1995 年 3 月，联合国会议将 1996 年定为"国际消除贫穷年"，并通过了《哥本哈根宣言》等一系列文件，确定 1997—2006 年为第一个消除贫困十年的阶段。2008 年 12 月，联合国大会再次将 2008—2017 年确定为第二个消除贫困十年的阶段。2000 年 9 月，联合国会议上通过了《千年宣言》。该文件的决议指出，遭受饥饿的人口比例、无法饮用安全饮用水的人口比例和生活在贫困中的人口比例（世界银行的标准）将在 2015 年减少一半。

2010 年，联合国会议再次讨论了反贫困问题，参会代表讨论了如何实现千年发展目标，并规划了未来行动的战略目标。2016 年，联合国大会制订《2030 可持续发展议程》，呼吁所有国家立即采取行动，在接下来的 15 年内实现可持续发展，其中第一个任务是消除世界上所有形式的贫困。具体包括：在全球范围内消除赤贫，让各国现有的贫困人口减半，建立适合各国（地区）实际情况、基本覆盖贫困和弱势群体的社会保障体系和措施，确保各国人民享有更加平等的发展权，提高贫困群体的抗灾能力，并为最不发达国家提供充足的发展资源，消除一切形式的绝对贫困等。基于此，以习近平同志为核心的党中央新一届领导人，在深入思考如何推进当

---

① 中华人民共和国国务院新闻办公室．为人民谋幸福：新中国人权事业发展 70 年[N]．人民日报，2019 – 09 – 23(014)．

代中国的反贫困战略，以实现2030可持续发展目标的过程中，对国际反贫困事业做出了巨大的贡献，逐步形成了中国智慧的脱贫战略。

（二）脱贫攻坚战略形成的现实逻辑

1921年，中国共产党成立时就明确指出，党的根本宗旨是为人民谋幸福。新中国成立后，面对全国上下百废待兴、一穷二白的艰难局面，我党始终坚持不懈地解放和发展生产力，开启了改善人民生活的奋斗历程。特别是改革开放后，为了解放和发展生产力，实现共同富裕的目标，党中央、国务院更是与时俱进提出了诸多不同发展阶段的扶贫开发政策及其配套举措。

经过多年的艰苦奋斗，我国的扶贫开发工作取得了举世瞩目的成就。但到2013年底，我国仍有数百万的农村贫困人口。同时，在扶贫方式和渐进式脱贫措施上，中国实行了政府主导、市场和社会参与的扶贫开发模式。减贫的主要手段是以发展为导向的减贫，主要辅以项目支持、资源开发和工作支持。毫无疑问，"大水漫灌式"的扶贫模式为贫困地区减贫做出了巨大的历史贡献。但以政府为主体，通过资金、资源、技术、项目、培训等方式帮助贫困地区和贫困人口，难免存在一些缺陷：一是部分贫困地区和贫困户缺乏内生动力。一旦停止政策或资金扶持，就会出现返贫现象。二是由于贫困情况不明晰，导致扶贫的针对性不强。在扶贫资金和项目上，很容易出现"扶假贫"，甚至在扶贫工作中出现精英俘获问题，即扶贫资金被一些精英群体截留，导致贫困人口难以脱贫。

2013年11月，习近平总书记在湖南湘西考察时，通过一系列深入的调查研究，提出了"精准扶贫"思想，并就如何贯彻落实提出了一系列新论述。2014年1月，中共中央办公厅详细规制了精准扶贫工作模式的顶层设计，推动了"精准扶贫"思想落地。这一思想成为我党八年脱贫攻坚战略实践的理论根基和思想指引。此后，习近平总书记在党的十九大报告中明确指出："全党全国要尽一切努力打赢脱贫攻坚战，不断增强人民的获得感、幸福感、安全感。①"

二、脱贫攻坚战略的思想源泉

（一）马克思主义反贫困理论

马克思认为，剩余价值是资本主义生产方式的必然产物，资本主义制度下生产的最终目的是更大程度地获取剩余价值。为了获得更大的利润，资本家理所当然地把剩余价值投入到新的生产循环中。同时，在资本家眼中，工人不再是"人"，他们在生产过程中成为"商品"，成为资本家的"资产"。当生产规模继续扩大时，资本的有机构成发生了变化，固定资本在生产过程中的比重逐渐提高，必然导致大量工人失业。这是资本主义社会贫困的直接原因。

在马克思的理论中，贫困可以按照成因分为绝对贫困和相对贫困。绝对贫困是指由于资本主义生产的自发性、盲目性必然导致企业倒闭、工人失业，从而使得广大无产阶级生活条件的绝对恶化。相对贫困是指虽然从表面上看雇佣工人和其他无产者的收入增加了，但是无产阶级的收入增加远小于资本的增长，也就是说，尽管这一时期工人阶级的收入相对增加了，但是增幅跟不上商品价格特别是满足基本生活需要消费品的增长。因此，相对贫困导致了工人阶级和资本家之间的收入差距越来越大。

马克思关于贫困问题的论述揭示了资本主义制度下贫困的根本原因，为中国特色社会主义探究如何减贫提供了启示。虽然在不同的社会和不同的历史时期，贫困的性质是不同的，但是，他的反贫困理论对我国的减贫理论和实践的产生、发展和完善，仍然具有重要的指导意义。

（二）中国共产党的反贫困理论

马克思、恩格斯等着重分析了资本主义社会制度下贫困的根源。由于他们未能进入社会主义社会，因此，没有具体阐述或深入分析社会主义社会中的贫困问题。但是，社会主义国家不是建立在高度发达的资本主义基

---

① 习近平. 决胜全面建成小康社会　夺取新时代中国特色社会主义伟大胜利——在中国共产党第十九次全国代表大会上的报告[J]. 理论学习,2017(12):4-25.

础上的，社会主义新中国的贫困问题需要具体分析，并结合社会主义社会贫困的成因和国家生产力的发展水平加以破解。

20世纪80年代以前，由于传统的社会主义经济理论认为社会主义社会中的贫困已经消除，因此对社会主义贫困的相关理论研究十分稀少。基于当时世界上的社会主义国家建立在薄弱的经济基础之上，邓小平同志在深刻研究和分析了中国的贫困问题后认为，贫困问题在中国仍然存在，但它的存在并不会影响到社会主义制度的优越性，社会主义能够为解放和发展生产力创造更加优渥的条件。此后，江泽民同志提出坚持政府扶贫和社会扶贫开发相结合的思想；胡锦涛同志提出"两不愁三保障"的脱贫目标。

（三）中国特色扶贫开发实践

1. 新中国成立初期：土改消除大部分农民的"绝对贫困"

1950年6月28日，中央人民政府委员会第八次会议讨论并通过指导土地改革的纲领性文件《中华人民共和国土地改革法》，6月30日，中央人民政府正式颁布该法。自此，我国的土地改革全面展开。到1953年土改工作顺利完成时，已有3亿多名因失地、缺地而贫困的农民获得了土地和生产资料。同一时期，苏联向中国提供了大量贷款，并在基本建设计划、技术实施计划等方面提供支持，使我国初步形成了比较完整的工业体系。大规模的直接投资和快速的工业化建设，带动了大量的农村青壮年劳动力的城镇就业。此外，大量用工使得粮价上涨，农产品销量增加，农民收入因此获得了一定的增加，为农村提供了相对稳定的环境和消除大规模贫困的经济基础。此外，中央精兵简政，发动群众开展以水利、扫盲、医疗等为主要内容的农村社会运动。依靠群众以最低的成本实现普惠公共产品，构成了新中国初期成功有效的大规模减贫的配套制度安排。

2. 改革开放初期：家庭联产承包责任制大面积消除农村贫困

改革开放后，家庭联产承包责任制的实行，重新调整了农村地区的财产关系和分配制度，使农民获得自主发展的权利，再次激发了他们的劳动积极性。同时，国家的工业化进程使得农药、化肥供给增加，满足了农业发展需要。针对"老、少、边、穷"地区，1982年中央推出"三西"专项扶贫计划，形成了中国扶贫区域开发和易地扶贫的减贫模式，其核心是把有限的资金投入到有条件发展的贫困地区，形成产业支撑，打造"增长极"，带动周边其他贫困村就地就业，实现部分脱贫。此外，国务院还确定了开发式扶贫政策，安排专项资金。

3. 20世纪末期：制定"八七扶贫规划"，提出更全面的脱贫政策

国务院1994年印发了《全国八七扶贫规划（1994—2000）》，力争用7年时间（从1994年到2000年）基本解决当时农村8000万贫困人口的温饱问题；针对分布在中西部经济欠发达和地理环境不好的地区实施精准扶贫。同时，继续坚持20世纪80年代开发扶贫的方针，主要在信贷、财税、经济发展等方面给予优惠政策。

4. 新时代：脱贫攻坚战略从根本上消除贫困

进入21世纪，面对现有的国内生产过剩和因经济危机而导致外资流入中国的内外形势变化，党中央、国务院做出了发展战略的重大调整。党的十八大以来，以习近平同志为核心的党中央把脱贫攻坚作为全面建成小康社会的底线任务和标志性指标。围绕这一底线任务，习近平同志多次提出脱贫攻坚的一系列新理念新观点，做出一系列重大部署，为我国决战决胜全面小康、打赢脱贫攻坚战提供了行动指南。

扶贫开发的成功源自中国的制度优势。中国共产党领导是中国特色社会主义最本质的特征。首先，新中国成立后党领导两次土地改革为大规模农村扶贫奠定了经济基础。其次，党的十一届三中全会后，中央先后推出了多项重大开发性扶贫计划，并发布了扶贫开发纲要，为扶贫工作怎么干、干什么提供了指南。最后，党的十八大以来，习近平总书记指出："全党同志一定要适应新时代中国特色社会主义的发展要求，提高战略思维、创新思维、辩证思维、法治思维、底线思维能力"，并提出精准扶贫、精准脱贫基本方略，为新时代党领导全国各族人民凝心聚力打赢脱贫攻坚战提供了科学指引。这一系列战略部署，充分展示了我国的制度优势，形成了中国特色扶贫经验，为世界减贫事业提供了有效的"中国方案"。

三、决战决胜脱贫攻坚的伟大成果

经过全党全国各族人民的共同努力，在迎来中国共产党建党一百周年的重要时刻，全国脱贫攻坚总结表彰大会于 2021 年 2 月 25 日在京召开，它标志着我国脱贫攻坚战取得了全面胜利。2020 年底，我国如期完成了脱贫攻坚各项目标任务，在现行标准下，全国 9899 万农村贫困人口实现了全部脱贫，832 个贫困县集体脱贫摘帽，12.8 万个贫困村全部出列，区域性整体贫困问题得以解决。这一胜利在中华大地上谱写了一曲脱贫攻坚的精神赞歌，锻造形成了"上下同心、尽锐出战、精准务实、开拓创新、攻坚克难、不负人民"的脱贫攻坚精神。

《人类减贫的中国实践》白皮书相关数据显示，2012—2020 年，我国农村 9899 万贫困人口全面实现脱贫，贫困发生率从 10.2% 下降为零，832 个贫困县全部实现摘帽，充分证明我国脱贫攻坚工作成就巨大。

（一）贫困人口生存条件得到显著改善

2015 年，习近平总书记在中央扶贫开发工作会议上提出"两不愁、三保障"的脱贫攻坚目标，即农村贫困人口不愁吃、不愁穿；农村贫困人口义务教育有保障、基本医疗条件有保障、住房安全有保障，进一步对贫困地区居民的生活条件标准提出新要求。在全力全速推进脱贫攻坚期间，中央预期同期实现，贫困人口的收入水平提高了一倍多，由 2013 年的 6079 元一跃为 2020 年的 12588 元。经过几年的奋斗，贫困地区已经全面实现"两不愁三保障"，同时教育、文化、住房、医疗、生活环境等方面得到了明显改善，为新时期全面推进乡村振兴奠定了坚实基础。

回顾我国自 2013 年 11 月以来的 8 年脱贫攻坚之路，全国累计选派 300 多万名第一书记和驻村干部，大力实施精准扶贫、精准脱贫，从实际出发，因地制宜做到"六个精准"，贫困地区农村居民可支配收入水平持续提升，人均可支配收入年均增长率高达 12% 左右，比全国农村人均可支配收入的增速高 2.3 个百分点，全面达到"两不愁三保障"的目标。

（二）贫困地区生活环境发生根本变化

经过 8 年持续、变革的精准扶贫攻坚战，中国社会不仅贫困人口生活水平显著提升，贫困地区基础设施薄弱、公共服务资源匮乏、贫困山村经济社会发展缓慢、精神文明建设滞后的局面也得到极大改变，全国经济社会综合国力水平实现综合性大发展。具体表现在：第一，基础设施逐渐完善。党中央、国务院把基础设施建设作为脱贫攻坚战略的基础工程，自1998年开始系统进行"村村通"工程建设，包含公路、电力、生活和饮用水、电话网、有线电视网、互联网，等等，重点解决贫困地区出行、用电、用水、通信"四难"问题。截至2020年底，全国的贫困地区均已实现"四通"标准，通电话、通宽带、通公共汽车、通有线电视的村庄比率相较2016年提高了25个百分点以上。第二，精神文明建设与生态环境保护成效显著。随着贫困地区经济持续快速发展，贫困地区蕴含的巨大潜力得到释放，其优秀的传统文化、特色的乡土文化、独有的民族文化成为地区发展的文化动能。精神文明扶贫同样受到国家的重视，国家先后制定一系列政策措施，传承弘扬优秀的传统文化，提高贫困地区精神文明建设。包括实施国家传统工艺振兴工程，以保护当地优秀的传统技艺；发掘特色乡土文化、乡俗等文化资源，将其与旅游业融合，打造特色文旅产业，在保护弘扬乡土文化的同时，增加当地贫困人口收入，进一步巩固脱贫成果，实现贫困地区脱贫后的可持续发展。在生态环境方面，实施了农村人居环境整治三年行动方案、生态扶贫、生态脆弱地区易地搬迁政策等一系列生态环境保护措施，贫困地区生态保护水平显著提高。同时，各地积极践行习近平新时代中国特色社会主义思想中的生态发展观，守护绿水青山。

（三）有效解决了特殊困难群体生存与发展问题

特殊困难群体生存发展是任何社会阶段发展中特殊的社会问题，我国政府高度重视特殊群体的生存与发展。为了提高整体社会福利，保障特殊群体生存权利，增加发展机会，我国在脱贫攻坚战中实施特殊帮扶救助政策，加大对特殊群体的扶持力度，对贫困地区的贫困妇女、贫困儿童、贫困老人以及贫困残疾人采取不同的措施，以保证其生存权利与发展机会。

四、决战决胜脱贫攻坚的四大特征

(一)充分发挥党的核心领导作用

消除贫困、改善民生、逐步实现共同富裕,是社会主义的本质要求,也是践行党的初心和使命的必然要求。党的十八大以来,我国脱贫攻坚之所以能够取得决定性成就,最根本的在于以习近平同志为核心的党中央的坚强领导,全党全国全社会上下同心,集中力量攻坚克难。从中央到地方,全国各族人民齐心协力、众志成城,形成强大的合力。党的领导从根本上保证了扶贫工作的方向和任务,从政治上确保了各方面对扶贫工作的统一认识和积极践行。中国的政治制度和社会结构决定了只有坚持中国共产党的领导,才能更好地推动脱贫攻坚全面胜利。事实证明,中国共产党的领导是脱贫攻坚取得伟大胜利的最关键特征。

(二)牢记"以人民为中心"

建党100年来,中国共产党始终坚持以人民为中心的执政理念。习近平总书记多次深入贫困山区,深入调研贫困地区群众的生活、工作所需,始终强调要坚持以人为本的发展理念。特别是2020年新冠肺炎疫情暴发以来,党和政府始终坚持把人民群众的安全和健康放在首位,守护人民群众的生命安全和身体健康,不忘初心,牢记使命,让党旗在防控疫情斗争第一线高高飘扬。在脱贫攻坚路上,中国共产党将广大人民群众的利益作为政策制定与施行的出发点和依据,全面建立利益协调共享机制,这是中国脱贫攻坚战略实施过程中最突出的特征。

(三)坚持"一个也不能少"

2015年11月召开的中央扶贫开发工作会议强调,"十三五"期间脱贫攻坚的目标是,到2020年稳定实现农村贫困人口不愁吃、不愁穿,农村贫困人口义务教育、基本医疗、住房安全有保障,即"两不愁、三保障"。全面小康路上一个不能少,脱贫致富一个不能落下。打赢脱贫攻坚战是全面建成小康社会的底线任务。"全部脱贫"是打赢脱贫攻坚战和全面建成小康社会共同的刚性标准。只有坚持"一个都不能少"的要求,才能确保我党带领人民取得脱贫攻坚战的全面胜利。

（四）注重扶贫同"扶志""扶智"相结合

党的十九大报告提出，要注重扶贫与扶志、扶智相结合。部分贫困群众之所以贫困，一个重要原因是精神上存在一定的"等、靠、要"思想，因此要让他们彻底告别贫困，首先，要激发他们的志气，让其树立坚定脱贫的信念，克服惰性思维，自力更生；其次，贫困还与其受教育程度、文化水平和技能知识有关，因此在"扶志"的同时还要"扶智"；对贫困人口进行知识和技能培训，鼓励在发展实践中加强学习，提高知识技能和生存能力。最后，要加大对农村教育的支持力度，引进并留住愿意扎根农村的优秀教师，让贫困地区学生接受更好的教育，开阔眼界、立志自强。

五、决战决胜脱贫攻坚的成功经验

在举国上下共同取得脱贫攻坚战的伟大胜利之际，总结脱贫战的成功经验，有助于丰富扶贫理论，为世界其他欠发达国家丰富减贫工作机制提供经验借鉴。

（一）"精准扶贫"是脱贫攻坚的关键点

近年来扶贫工作取得卓越成效的关键原因在于，"精准扶贫"理念发挥了根本性的指导作用。"精准扶贫"的深入实施，推动了新时期扶贫模式和体制机制创新，这是中国脱贫攻坚战实现有效脱贫的关键一环。"六个明确"的要求，强调扶持对象、项目安排、资金使用、措施到户、因村派人、脱贫成效都要精准。这一理念为党和政府采取更加有效的扶贫措施提供了具体的指导，也为巩固脱贫成果、实现可持续发展的目标提供了方向。为充分落实精准扶贫理念，党中央制定了多项具体的实施方案。

第一，"建档立卡"，解决"谁扶谁"问题。2014年，在全国范围内进行的贫困认定和备案工作记录了贫困人口的分布、贫困的原因、脱贫的必要性等基本情况，将2948万个家庭和8962万贫困人口纳入国家扶贫开发统一大数据平台。同时，配合相应的配套措施和动态调整，为政府采取具体措施提供准确依据。

第二,责任共担,解决"谁来扶"问题。党中央确定了扶贫工作的责任分工是中央统筹,省负总责,市(镇政府)和县落实。从各级党政机关、事业单位、国有公司中选派出一大批最有领导能力的干部到贫困村驻点担任第一书记,形成了以脱贫攻坚为重点的大扶贫格局,使产业扶贫与社会扶贫相得益彰。有效地配置了社会各个领域的财力、物力和人力资源,为如期实现扶贫目标奠定了坚实的基础。

第三,精准评估,解决"扶到哪"问题。以贫困家庭年人均纯收入为主要衡量标准,满足"两不愁三保障"的条件,同时实行动态管理,确保稳定增收不返贫;以贫困发生率和相关公共基础设施建设和服务为重点评价指标,对贫困县、贫困村的总体扶贫形势进行严格评估,并通过量化指标和第三方评价等手段检验实际效果,最终确保贫困县、贫困村整体扶贫的真实性。摘掉贫困县、贫困村的帽子,并设立一段时间的政策缓冲期,摘帽后,将有一个不断培养和提升自我发展能力的过程。正是全面落实扶贫、减贫目标的理念和行动,迅速改变了贫困地区、贫困人口的生活和精神面貌,为贫困地区脱贫后进一步巩固和提高发展质量、提高人民生活水平奠定了良好基础。

(二)"以人为本"是脱贫攻坚的重要抓手

坚持"以人为本",就是坚持人民群众是脱贫攻坚战略的实践主体,是打赢脱贫攻坚战的主导力量。脱贫攻坚战略是以改造贫困地区生活条件、改善人民生活为出发点而产生的中国式智慧战略,根本在于使"人"脱贫。其智慧在于:第一,激发贫困地区群众的内生动力。人民是推动社会发展的根本力量,一切社会变革都必须通过广大人民群众的实践来完成。人民既是扶贫对象,又是脱贫主体。外部因素总要结合内部意识才能更好地发挥作用,让贫困地区的人们真正树立摆脱贫困的愿望与理念,用"我要脱贫"的"主人翁"精神,借力国家扶贫政策的东风,最终实现全面脱贫。第二,提高贫困地区群众的自我发展意识。脱贫攻坚的关键之一,在于让更多的贫困居民自觉、自愿地参与到脱贫工作中,政府则是帮助贫困地区的人民提高自身发展能力,才能确保脱贫的成效。提高贫困地区群众的自我发展意识,是脱贫攻坚的又一大法宝。

(三)"以发展促扶贫"是脱贫攻坚的制胜法宝

大规模脱贫攻坚的成功需要强劲有力的经济基础的支撑,这是扶贫工作取得巨大成功的源泉,中国始终把发展作为解决贫困的根本途径。新中国成立以来,经济社会发展和扶贫开发相互促进,通过生产力的大发展实现了广义的扶贫,新中国成立初期和改革开放初期两次土地和农业政策的改革在很大程度上减轻了全国的普遍贫困;改革开放后,"扶贫开发"被认为是脱贫的重要途径,伴随我国经济的不断发展,贫困状况发生了一系列的变化;党的十八大以后,进入了精准扶贫阶段。因此,我国几个阶段的扶贫工作均是通过经济发展来实现的,在实现"两不愁三保障"的目标以及新的社会保障体系完善过程中,政府、企业和社会组织都投入了大量的资金和社会资源,均实现了社会资金和资源的有效配置。

经济基础是支持脱贫攻坚的有力保障,也是政府有财力对贫困地区进行转移支付,对无劳动力的贫困人口提供均等化社会服务的前提;只有企业和社会组织有足够的经济实力参与到扶贫工作中来,才能催生贫困地区产业的发展。精准定位,因地制宜,分类实施,说到底都是为了解决发展问题,只有以发展促扶贫才有助于长期减贫。

(四)提高贫困地区人口素质是脱贫攻坚的重要路径

脱贫攻坚主要困难之一是贫困地区人民群众缺乏职业能力。打赢脱贫攻坚战的重要途径之一是通过教育提高贫困人口的文化水平和劳动技能,使他们具备脱贫的内生能力,才能可持续减贫。此外,发展劳动密集型产业也是脱贫攻坚的重要途径之一。建设一批扶贫能力强的特色产业,有利于提高贫困地区人民群众的收入。同时,扶贫产业的发展越来越依赖于劳动力素质,可以倒逼贫困人口职业能力的提升,极大地提高贫困地区劳动力素质,积极主动适应我国经济发展的新形势,极大提升劳动者主动参与技能培训的意愿。

六、决战决胜脱贫攻坚的伟大意义

(一) 理论意义

不断解放、发展生产力和实现共同富裕,是脱贫攻坚战略的重要内涵,也是社会主义本质的主要内容,脱贫攻坚战略是对马克思恩格斯反贫困理论的拓展和创新。脱贫攻坚从提出到完成的过程,体现了生产力因素在社会历史发展中的决定性作用。马克思、恩格斯等曾指出,发展生产力是同贫困作斗争的具体道路。由于他们的论述是在资本主义社会特定的历史文化背景和时代特点下进行的,其思想理论也需要不断创新和发展。而脱贫攻坚战略思想适应我国社会经济发展的现实需要,是马克思恩格斯反贫困理论在我国实践探索中发展和完善的最新理论成果。

(二) 实践意义

脱贫攻坚战的伟大胜利对于实现全面小康具有战略意义,为乡村振兴战略的实施和进一步基本实现社会主义现代化目标提供了思路方法。

其一,新中国70多年的发展史不仅是对中国社会主义工业化、城镇化发展的探索,也是社会主义的反贫探索史。基于我国不同的经济发展阶段,不同历史时期的扶贫思路、扶贫政策和扶贫机制而形成的宝贵经验,对今后的社会主义现代化建设具有重要的借鉴意义。

其二,拓展新思路,增加民生福祉。脱贫攻坚战略可以为刚刚摆脱贫困的人民群众实现可持续发展提供参考。虽然脱贫攻坚已经取得伟大胜利,但2020年新脱贫人口仍然是脆弱群体,也是未来我们关注的重点对象。从脱贫攻坚实践中汲取成功经验,对于防止新脱贫人口返贫和解决脆弱群体问题具有很强的现实意义。

其三,对乡村振兴战略的全面实施和治理相对贫困,具有重要的参考价值。打赢脱贫攻坚战的过程,一定程度上就是帮助贫困乡村走向振兴的过程。总结党的十八大以来脱贫攻坚战略的体制机制,兼顾脱贫成果与改善乡村经济生活,有利于乡村振兴战略目标的实现。

其四,有利于提出促进欠发达地区发展的新措施。2020年我国已完成了全部消除绝对贫困的目标,今后如何巩固现有乡村人口的稳定发展、解决相对贫困问题将成为党和国家的重点工作之一。精准扶贫的伟大实践成效,为解决这些问题提供了宝贵经验。

(三) 世界意义

打赢脱贫攻坚战、实现全面小康,意味着中国率先实现了联合国2030可持续发展议程的主要目标,切实履行了中国作为世界上最大发展中国家的减贫责任。中国不仅提前10年实现减贫目标,而且还在追求人民健康生活、机会平等、权利平等、妇女儿童权利、环境保护等可持续发展目标上取得了巨大的进步。

中国政府在转移支付和对口支援方面投入了大量的物力和人力,建立了以国家为主导、社会和公民多方参与的合作体系,经济发展和社会保障相结合的扶贫体系,系统提高了贫困群体的可持续发展能力,为世界各国的减贫和其他发展中国家的反贫困提供了宝贵经验。

2012年以来,习近平总书记多次参加调研和座谈会,提出多项思路,开拓了中国的扶贫开发新道路。在2021年2月25日的全国脱贫攻坚总结表彰大会上,习近平总书记对如何打好脱贫攻坚战进行了根本性总结,指出中国的脱贫攻坚精神是"决战脱贫攻坚,不获全胜决不收兵!"一部中国史就是一部中华民族同贫困做斗争的历史,其经验不仅对我国建立巩固脱贫攻坚成果、实现共同富裕的科学社会体系具有重要的现实意义,而且极大地丰富了全人类的减贫理论。由此让我们更加坚定了"四个自信",脱贫攻坚是帮助世界上其他发展中国家实现可持续发展议程提出的伟大目标的重要途径。

为全球减贫提供中国方案。反贫困一直是全球发展和社会治理中的突出问题。中国始终坚持以人为本的发展理念,这一理念不仅指导中国消除绝对贫困,而且为解决世界范围内的贫困问题提供了思路。第七十三届联合国大会通过的关于消除农村地区贫困的决议,就包括中国推出的思路和方案。

为世界反贫困事业贡献了中国力量。中国的扶贫事业创造了人类扶贫史上的奇迹。中国提前10年实现了联合国的减贫目标，无疑提振了人们对全人类反贫困事业的信心。中国在国内致力于脱贫攻坚的同时，积极参与全球减贫治理，并通过"中国减贫国际论坛"等多个途径分享中国的理念和做法。

第三节　后小康时代的开启

全面建成小康社会，是中国共产党领导新时代中国特色社会主义建设的伟大胜利。全面小康社会是相对于总体小康社会而言的，它是小康社会的高级阶段，也是由小康社会走向富裕社会的转型阶段。2020年实现全面建成小康社会的目标任务，只是中国整体迈入全面小康社会的起点。在进入全面小康社会之后，中国的现代化建设将面临两大核心任务：一方面需要继续巩固全面小康成果，进一步提高全面小康水平和质量，使人民生活更加宽裕；另一方面需要加快实现从全面小康向相对富裕的转变，基本实现社会主义现代化目标。这两大核心任务是一个问题的两个方面，二者紧密相连、相互促进。很明显，从全面小康社会过渡到富裕社会无疑将经历一个较长的过程，仍需要在各个方面进行不懈努力[①]。

回望小康社会从提出到建成的实践过程，充分展现了社会主义制度的优越性。习近平总书记多次强调，中国共产党肩负着自我革命和社会革命两个伟大革命的任务。党的自我革命是对主观世界进行改造，敢于否定和自我否定，从而实现自我发展。社会革命就是对客观世界进行改造，为实现全体人民的幸福生活而奋斗，以期引领国家和社会全面发展进步。新中国成立前的新民主主义革命时期，推翻"三座大山"，是党领导社会革命取得的成就；完成社会主义改造后，领导社会主义建设，其间不断与时俱进，吸收精华，实现国家繁荣富强，是党进行自我革命取得的成就。全面建成小康社会这一战略目标的实现，是我党领导社会革命和实现自身发展强大能力的证明；全面建成小康社会这一战略目标的实现，是我党领导中

---

① 魏后凯. 从全面小康迈向共同富裕的战略选择[J]. 小康,2021(7):22-24.

国特色社会主义不断奋进的基础保障。

在《雇佣劳动与资本》一书的导言中,恩格斯预想实现新社会制度以后,有可能"经历一段短暂的时间和一些艰难困苦,但无论如何都是一个在道义上有利的过渡时期"。事实上,中国的社会主义初级阶段类似于这样的"过渡时期",准确地说,还是"过渡时期的初级阶段"。"艰苦"是其中的一个显著特征,但社会主义制度在这个时期的优越性将越来越明显,不仅有共同发展,而且还"越来越丰富地获取生活资料、消费资料、信息所需发展和表达的一切体力和智力"。两个"全面性"的思想是马克思主义关于人的全面发展理论的核心要义,也是马克思所理解的"美好生活"的意境所系。两个"全面"思想充分体现在全面建成小康社会的基本目标上,促进"生产力和人的充分发展"指引了小康社会建设的全过程,在实践探索中,马克思主义理论得到了进一步发展和完善。

取得"决胜全面建成小康社会"的胜利,标志着实现"中国梦"的进程迈出了关键的一步:中国将顺利跨越"中等收入陷阱",进入高收入国家行列。这为实现建成社会主义现代化强国的目标奠定了坚实的基础。当今世界正经历百年未有之大变局,不稳定性不确定性明显增强,构建人类命运共同体,建设一个持久和平、普遍安全、共同繁荣、清洁美丽的世界,要求在涉及全人类共同利益的社会发展问题和重大风险面前,各国需要进一步加强合作,携手共进。我国实现全面建成小康社会的目标任务,不仅让中国人民坚定了"四个自信",而且坚定了人民以一往无前的奋斗者姿态实现科学社会主义美好愿景的信心。同时,也为推动世界经济增长、促进人类社会发展、创新全球治理模式、推动构建人类命运共同体做出了中国的贡献。

第三章 乡村振兴 法治先行

第一节 乡村振兴战略的提出

一、乡村振兴战略提出的历史必然性

进入新发展阶段、贯彻新发展理念、构建新发展格局，是"十四五"时期以及全面建设社会主义现代化国家全过程的战略导向。习近平总书记指出，进入新发展阶段表明我国正处在从社会主义初级阶段向更高阶段迈进的重要时期；要以问题为导向，把握新发展理念，切实解决好发展不平衡不充分问题。当前我国发展最大的不平衡不充分都在乡村，改善乡村发展条件、实现乡村振兴意义重大。因此，在2018年提出乡村振兴战略和2020年脱贫攻坚战取得全面胜利的基础上，2021年2月25日国家乡村振兴局挂牌成立，为乡村振兴战略的全面推进提供了有力支撑。

（一）社会主要矛盾变化的现实需要

1. 破解我国城乡发展不均衡的需要

自新中国成立特别是改革开放以来，中国社会经济发展经历了40多年的高速发展过程，并取得了举世瞩目的成就，同时也出现了城乡发展的不均衡以及乡村经济的凋敝。这种城乡发展的不同步、区域发展的不同步所引发的二元社会结构，主要表现在以下几个方面：

（1）经济发展不均衡。在我国40多年的改革开放进程中，自然条件优越、区位优势明显的城市地区取得了巨大的发展，而没有便利的交通条件、良好的产业发展环境和产业发展政策的广大农村在过去较长时间如滚

芥投针,进展缓慢。农村建设向来是党和国家关注的重点,但由于市场发展不充分、交通通达性较差以及人力资源短缺,导致农村长期以来未能实现充分发展,加之资金、技术、人员等资源向城市和非农企业聚集,我国农业农村现代化进程受到一定的阻碍。

(2)基础设施和公共服务的供给不均衡。长期以来,基础设施建设和公共服务供给向城市倾斜,对城市化进程的快速推进起到一定的积极作用,而农村却日益贫穷落后,农村发展陷入恶性循环。

(3)城乡居民收入与社会保障水平的不均衡。习近平总书记在十九大报告中作出重要阐述:"民生领域还存在不少短板,脱贫攻坚任务艰巨,城乡区域发展和收入分配差距仍然较大,群众在就业、教育、医疗、住房和养老等方面面临了不少难题。"①

由此可见,我国城乡发展不均衡现象依然存在,为了更好地解决这一问题,必须施行乡村振兴战略。

2. 破解我国农村发展不充分的需要

综观我国经济社会发展全局,目前,最大的发展不充分主要是农村发展不充分。主要表现在以下几个方面:

(1)农业发展水平低。长久以来,我国与农业有关的基础设施建设落后,农业支持保护体系不健全,农业种植抵御风险和灾害的能力较弱。农产品市场没有充分开发,销售渠道不足,致使农产品滞销,挫伤了农民的生产积极性。

(2)农村发展水平不足。随着改革开放的实施与深化,沿海沿江地区的农村取得了巨大的发展,然而,广大内陆地区的农村长期发展不足。此外,部分村庄的治理体系还有待完善,治理能力有待提高,这些都不利于农村的发展。

(3)农民的发展保障不充分。目前,农民增收渠道单一,在医疗保险

---

① 习近平. 决胜全面建成小康社会 夺取新时代中国特色社会主义伟大胜利——在中国共产党第十九次全国代表大会上的报告[J]. 理论学习,2017(12):4-25.

与养老待遇上与城镇居民存在较大差异，大多数农村地区在文化、教育等方面存在明显短板。

3. 满足广大农村居民对美好生活需求的现实选择

当前，美好生活供给的最大短板在农村，满足广大农村居民对美好生活的需求是当前最大的现实问题。广大农村居民收入水平低，受到的基本公共服务保障水平也较低。现实表明，广大农民群体对美好生活的需求必须通过乡村振兴战略来实现，原因如下：第一，乡村人口占全国人口的比重依然会比较大。乡村居民将是未来新发展阶段对美好生活需要的最大群体。第二，乡村生活和美好生活的距离仍然很大，表现在乡村的基本公共服务供给和美好生活的目标差距甚大。补短板、增加相关领域的供给，将是未来一段时间亟待解决的主要问题。

（二）历史发展的必然选择

2020年的《农村发展报告》显示，到2025年，中国城镇化率预计将达到65.5%，新增城镇转移人口将超过8000万。这也意味着，仍会有几千万农村转移人口在一段时间里无法落户城镇，成为城市新移民，依然处于城市与乡村"候鸟迁徙式"的生活状态。所以，解决好乡村发展问题至关重要。当前，我国的发展进入了一个新的历史阶段。现阶段，我国发展不平衡不充分问题主要体现为农业农村发展的滞后。城镇化是解决"三农"问题的有效途径之一。在过去很长一段时间里，有些人一直认为：只要让农民进城落户就业，"三农"问题自然就解决了。这种说法经不住实践的检验。原因在于：第一，农业、农村和农民是一个不可分割的整体，很大一部分农民离开农业就失掉了其专业技能，加之城市生活成本较高，很难在城市过上体面的生活；第二，中国农业人口占总人口比例较高，随着经济发展由高速转为高质量增长阶段，企业用工需求发生了明显变化，吸纳农业剩余人口外出就业的岗位慢慢减少。

随着全面建成小康社会目标的实现，农村地区人民群众收入水平有了一定的提高，生活需求也有了新的变化，这就为农村地区转变发展观念、适应市场变化、建设新的产业体系提供了巨大的机会。农民工返乡创业人员逐渐增多，人才和资本下乡扶产业，新产业、新业态在农村不断出现，第一、第二、第三产业融合发展初见成效，从而表明农业、农村、农民在适应新形势发展的同时，乡村振兴战略的现实要求。1978年以来，我国农村出现过乡镇企业大发展期、外出务工高潮期，虽然为解决农业剩余人口的就业问题做出了很大贡献，但并没有从根本上解决农村农业剩余人口"剩余"的问题。因此，对农村原有产业及农业进行转型升级，延伸农业产业链，为农村居民尽可能多地提供新的就业空间是历史发展的要求。

实施乡村振兴，必须系统地、深入地正确看待我国农村目前的现实状况，特别是当今农村广泛存在的"空心化"和"老龄化"问题。当前农村常住居民中从事农业劳动的大部分是老人，中青年劳动力非常匮乏。此外，随着农业机械化生产规模的扩大和农业活动社会化服务体系的完善，农民在大规模农业生产中的直接劳动强度逐渐降低，减少了必要劳动时间。这样，不仅使老年人、妇女比以往任何时候都更有能力进行日常的生产活动，同时也使中青年劳动力从繁重的农业生产中解放出来，可以利用更多的时间从事其他工作。这是技术不断进步下农业生产的新特点，对农民群众生活水平的提高具有促进作用，但也在一定程度上造成农业剩余劳动力的增加。如果农民能够利用农业生产之外的空闲时间，在农村发展新业态，那么这既能满足时代发展的需求，也可消除技术进步带来的农民"失业"问题，这是实施乡村振兴战略的初衷之一。

二、主要内容

（一）发展目标

党的十九大报告明确指出，乡村振兴战略的发展目标是实现农业农村现代化。党的十九大为其制定了时间表和路线图："到2020年，乡村振兴取得重要进展，制度框架和政策体系基本形成；到2035年，乡村振兴取得决定性进展，农业农村现代化基本实现；到2050年，乡村全面振兴，农业强、农村美、农民富全面实现。"① "三步走"时间表的设定表明：首先，农业农村现代化的建设与社会主义现代化建设同步进行；其次，乡村振兴要长期推进和完善；最后，乡村振兴事业具有复杂性和长期性，不可操之过急。

（二）总体要求

党的十九大报告提出的乡村振兴战略总要求："产业兴旺、生态宜居、乡风文明、治理有效、生活富裕"，这"20字"相互关联，明确了推进乡村振兴战略的奋斗目标。

产业兴旺是乡村振兴的第一要求和基础。"产业兴旺"相对于"生产发展"的概念来说意味着范围更广、标准更高。要实现农村和农业的现代化，就要在产业形式和业态上进行创新。只有具备了一定的产业条件，才能实现农村经济的繁荣发展。乡村振兴战略是结合农业现代化和农村现代化两大目标提出的战略，只有发展好产业，才能兼顾农业和农村两大主体。

生态宜居是最具创新性的乡村振兴战略要求。体现了新时代对农村居住环境的要求，不仅要宜居，而且还是建立在生态基础上的宜居。村容整洁能达到宜居的标准，但生态宜居在乡村之美中有着更深刻的含义，即要求乡村之美是"生态美"。党的十八大至今，党中央多次强调要有序推进生态文明建设，并将其纳入国家总体布局中。以此为基础，乡村振兴战略提出"生态宜居"的目标，不仅让乡村居民感到生活舒适，还要实现人与自然的和谐共生。

乡风文明是乡村振兴的保障。党和政府向来重视社会主义精神文明建设，强调"两手抓，两手都要硬"。"乡风文明"是精神文明建设在乡村振兴战略制定目标过程中的具体应用。"乡风文明"实际上是对农村人力资本的建设要求，既可以让乡村居民之间和谐共处，又可以有效地降低人们

---

① 习近平. 决胜全面建成小康社会　夺取新时代中国特色社会主义伟大胜利——在中国共产党第十九次全国代表大会上的报告[J]. 理论学习, 2017(12): 4-25.

经济交往中的交易成本,有利于农村、农业和农民的长久发展。

治理有效是乡村振兴的组织基础。"治理有效"的提出,反映党的农村治理观念发生了显著变化。新农村建设中的"管理民主",强调通过农村的外部力量来管理农村社会,例如,由乡镇等各级政府管理村庄。另外,"治理"强调村民的实践主体性。村民之间的信息透明程度比较高,参与治理会更有利于村务公开,并加快农村组织现代化进程。此外,"治理有效"不仅提出的要求更高,而且更注重乡村振兴战略和其他目标之间的相互配合。

生活富裕是乡村振兴战略最根本的要求。"生活富裕"深刻回答了"振兴是为了谁"的问题,即振兴乡村的根本目的在于让村民的生活富足起来。乡村振兴关于"生活富裕"的要求深刻体现了发展为了人民的精神。

(三) 重点任务

1. 构建农业农村现代产业体系

生产力决定生产关系,实现农业农村现代化需要建立农村现代产业体系,在农业现代化目标上,乡村发展是关键。主要是实施优质农业和绿色农业战略,走高效生态之路,形成现代农业产业体系,提高农村生态产品和服务供给。要以农业发展为主,构建农村立体化现代产业体系,最终实现农村的"产业兴旺"。

2. 构建农业农村现代生产体系

农业现代化生产体系涵盖了农村生活的全部领域,包含五位一体的各个方面。随着我国经济的发展与综合国力的增强,农村基础设施建设日益完善,现代信息技术和物流运输体系也在农村得到发展,支持农业和农村现代化的物质技术条件逐渐成熟。要更加有效地把各种力量结合起来,使其充分发挥作用,努力形成"三农"发展的新局面。

3. 巩固和完善农村基本经营制度

农民是乡村振兴伟大战略实施的主体,农民的创造力直接影响乡村振兴的进程。相应的制度创新,不仅能给农民带来稳定的收入,同时也可以在很大程度上激发农民的积极性,让他们积极参与乡村建设。党的十九大报告明确规定了农村经营的基本制度:"巩固和完善农村基本经营制度,深化农村土地承包关系稳定并长久不变,第二轮土地承包到期后再延长三十年。"① 此外,还强调要深化农村集体产权制度改革,发展集体经济,增强农村党建活力。在生产方式上,要建设现代工农业体系、生产体系和管理体系,完善支持体系和农业保护体系,发展多形式的适度规模经营,培养新型农业经营者,完善农业社会化服务体系,实现小农与现代农业发展的有机结合,推动第一产业融合发展,鼓励农民就业创业,拓宽农民增收渠道,将传统农业引入现代农业体系,把自给自足的小规模农业转变为市场化、现代化大农业。

4. 加强"三农"工作队伍建设

为保证乡村振兴战略的顺利实施,党的十九大报告特别强调培养一批懂农业、爱农村、爱农民的"三农"工作队伍。懂农业,就是要深刻理解和把握社会主义市场经济背景下现代农业的发展规律。热爱农村,就是让广大涉农企业、事业单位和基层干部在思想上和行动上真正关注农村,深刻认识到中国本质上是一个农业大国,认识到农业繁荣是国家稳定和强大的基础。农业的健康发展是国民经济健康发展的基础,要把爱农村作为农业有关机构工作人员行事的基本准则。爱农民,就是要求各级领导干部和广大农村基层干部培养对农民的深厚感情,真心关心农民的生产生活条件。只有建立这样一支"三农"工作队伍,才能有效实施党和国家制定的乡村振兴战略。

三、乡村振兴测度指标体系的构成

为便于进行科学评价,文中以乡村振兴战略的科学内涵为出发点,根据全面性、代表性以及可操作性的原则,按照乡村振兴和农业农村现代化的总体要求,从多个维度选取指标进行测度体系设计。本书在文献阅读、

---

① 习近平. 决胜全面建成小康社会 夺取新时代中国特色社会主义伟大胜利——在中国共产党第十九次全国代表大会上的报告[J]. 理论学习,2017(12):4-25.

实地考察的基础上,参考相关政策文件和政府考评体系,采用咨询专家、走访座谈等方式,反复征询、修改,最终确定的测度指标如表3-1所示,其中一级指标5个,二级指标25个。

表3-1 乡村振兴评价指标体系

主体指标	分指标	分指标解释
产业兴旺	粮食单产	粮食产量/粮食作物播种面积
	劳动生产率	农业总产值/农业从业人数
	有效灌溉率	有效灌溉面积/耕地面积
	单位耕地面积农业机械总动力	农业机械总动力/耕地面积
	畜牧业产值比重	畜牧业产值/农业总产值
	农林牧渔服务业产值比重	农林牧渔服务业产值/地区生产总值
	第一产业产值比重	第一产业产值/地区生产总值
生态宜居	单位耕地面积化肥使用量	农用化肥使用折纯量/耕地面积
	单位耕地面积农药使用量	农药使用量/耕地面积
	森林覆盖率	森林面积/土地总面积×100%
	卫生厕所普及率	使用卫生厕所的农户数/农户总户数
	生活垃圾无害化处理率	无害化处理的乡村生活垃圾数量/乡村生活垃圾产生总量
	千人拥有乡村医生和医疗卫生机构床位数	(乡村医生和床位数/农村常住人口)×1000
	人均乡村邮政网络线路长度	乡村邮政网络线路长度/农村常住人口
乡风文明	教育及文化娱乐支出占比	教育及文化娱乐支出/生活消费总支出
	千人拥有村级体育健身场所数	(村级农民体育健身场所/农村常住人口)×1000
	广播电视覆盖率	(广播覆盖率+电视覆盖率)/2
	千人公共图书馆藏书量	(乡村公共图书馆藏书量/乡村常住人口)×1000
	城镇化率	城镇人口/总人口(均按常住人口计算,不是户籍人口)
治理有效	城乡社区事务支出占比	城乡社区事务支出/公共预算总支出
	千人刑事案件立案数	(各市刑事罪犯总数/各市常住人口)×1000
	农村最低生活保障人数占比	农村享受低保人数/农村常住人口

续表

主体指标	分指标	分指标解释
生活富裕	城乡居民收入倍差	城镇居民人均可支配收入/农村居民人均可支配纯收入
	农村居民家庭恩格尔系数	农村居民家庭食品支出/消费总支出
	人均消费品零售额	消费品零售总额/农村常住人口

（一）牢牢把握乡村振兴战略的主线

实施乡村振兴战略，要抓住人、地、钱的主线。

从人的角度看，随着大量中青年劳动力进城务工并在城市落户，我国农村的人口数量持续减少，推进了城镇化进程，农民工收入的增加也有利于农村发展。但也要注意到，中青年劳动力的大量流出并非完全积极的，它同时造成了农村"空心化""老龄化"等突出问题，对农业农村现代化建设造成了一定的影响。在现代化进程中，农村不能也不应该总是处于被支配地位，农村的发展要与城市建设并驾齐驱。因此，实施乡村振兴战略，不仅要充分调动农民的主观能动性开展建设，也要为广大农民充分发挥主观能动性创造条件，为有意愿返乡就业的农民提供岗位。

从土地的角度看，要加快农业农村现代化进程，就要以解决好农民与土地的关系为主线，继续推进农村土地制度的改革和完善。主要从以下三点展开工作：首先要推进土地所有权、承包权、经营权"三权分置"制度实施进程，在土地所有权集体所有的基础上，保持家庭土地承包权长期稳定，同时推动经营权短期流转；其次要发展适度规模经营，通过土地经营权的流转，扩大生产规模，实现规模效益，解决"地从哪来"的问题；再次，通过推进服务外包，深化农业生产专业分工，解决"如何种地"的问题；最后要稳定土地承包关系长期不变，以满足广大经营者对农业政策稳定的需求。

从钱的角度看，要多源开发，有效利用。按照"三农"优先发展的理念，公共财政支持必须坚持"三农"优先，要伴随乡村发展规划和相关政策制定的全过程；着力发展农村普惠金融工作，加强对农村产业的资金支持，引导"资本下乡"，为乡村振兴工作的实施奠定经济基础。

（二）科学理解乡村振兴战略的内涵

首先，乡村振兴战略是我国以往农村发展战略的延续和完善，虽然农村发展战略在不同阶段上有各自的特征，但不同阶段战略的根本方向是一致的。一些战略任务是可以分解的，而改革的艰巨性也要求这些任务必须分阶段完成。"乡村振兴"战略是与新中国成立70多年来我国的农村发展战略接轨的，不能抛开历史背景看待各个时期的农村发展战略。

其次，要从工业化城市化建设的时代主题出发来理解"乡村振兴战略"。新中国成立70多年来，一直处于推进工业化、城镇化的进程中。我国现在已经进入了发展稳定期，根据其他发达国家的历史经验，广大农村地区的相对落后是一种必然出现的现象。从城市化和工业化的视角看待这一问题，将有助于提出创新性对策。

再次，乡村振兴任重道远，不可能一蹴而就，中国仍然是世界上最大的发展中国家。在政策推进过程中，不能忽视中国的实际情况，不能抱有不切实际的幻想，不能罔顾发展规律。中央为"乡村振兴战略"制定了分三步走的整体规划，在实践中，要因地制宜、稳步实施。

最后，乡村振兴战略的实施主体是农民群众，乡村振兴的关键是实现"人的振兴"。政府引导和帮助只是外部因素，必须让农民认识到自己的实践主体地位和使命，自力更生，主动求变。

（三）准确把控好乡村振兴实施过程中的"三大关系"

1. 把控好乡村与城市的关系

城市的发展离不开农村作为基础的支撑，乡村振兴战略的推进也离不开城市化带来的机遇。作为两项国家重大战略，乡村振兴与城市化相互作用、密不可分。我国目前农业现代化和城市化进程都比较落后，其中，产业结构和劳动力结构的不匹配是农业现代化建设的突出问题，较高的农业就业人数和较低的农业GDP产出是其突出表现。通过城市化进程吸收农业人口，以解决这种不平衡问题，是实现农业现代化的一条有效路径。这也说明，城市化和乡村振兴战略要协调推进、有效衔接。

2. 把控好政府与市场的关系

在各项国家战略推进过程中，党和政府是推动政策落地生根发芽的主导力量。但是，政策落地后如何更好地"开花结果"，关键在于要处理好政府和市场之间的关系，让二者各尽所能、发挥长处。政府运营机制的主要优势是通过管理制度，降低市场的不确定性和交易成本；市场运营机制的主要优势是通过自由竞争激发生产积极性，降低管理成本。在乡村振兴战略进程中，为了最大限度地提高效率，在对非竞争性、非排他性的公共产品配置的过程中可以采取类似的制度。

3. 把控好短期与长期的关系

要搞好乡村振兴战略实施中的短期与长期关系，不仅要考虑长期目标与当前工作的结合，还要考虑远期结构改革与近期建设任务的结合。国家已经明确的构想和改革措施，要在短期内实施，大胆推进，努力争取成果和创新。对于国家还没有明确提出但符合实施原则的方案，要结合当地的实际和发展条件，稳步推进，为国家提供经验和参考。

第二节 《中华人民共和国乡村振兴促进法》的立法

一、立法背景

新中国成立70年来，立法工作为改革开放和社会主义现代化建设奠定了制度基础。改革开放40多年来，立法工作为中国特色社会主义现代化建设提供了有力保障，在各地区各领域的经济改革发展过程中发挥了重要作用。自1982年中共中央发出第一个关于"三农"问题的一号文件以来，截至2021年，中央连续18年发布以"三农"为主题的一号文件，其历年政策的不断变革，始终围绕全面建设社会主义现代化国家，实现中华民族伟大复兴，强调最艰巨最繁重的任务在农村，最广泛最深厚的基础在农村。当然，围绕上述"一号文件"的政策演化，国家通过立法工作不断完善这些政策，使依法治农、兴农作为核心内容出现在农村、农业法治建设目标里，并取得了长足发展。

1993 年颁布实施《中华人民共和国农业法》（以下简称《农业法》）是我国农业立法的里程碑事件。此后，各级立法机关和农业行政主管部门以《农业法》为核心，制定了一系列有关农村发展方面的法规、章程，适时对已经施行的多项涉农法律法规进行了修订和完善。初步形成了以《农业法》为基础，专门法为主体，有关规定为补充的综合性、多层次的农业法律体系。进入 21 世纪后，中国总体上进入工业化中期阶段①，农业现代化建设与城镇化进程不断加快，农村社会结构发生深刻变化，党和国家积极探索多举并行的农村法治建设之路。新形势下，全面深化农村改革，解决新时期"不平衡不充分发展"的主要社会矛盾以及农村发展的新需求与社会转型问题等，对农村法律制度保障提出了新的要求。乡村振兴作为对农村未来发展的重大战略部署，既是对以往"三农"政策、方针、制度的实践总结和升华，也是对推进农业农村现代化、重新确立新型城乡关系的理论探索。"立政之本则存乎农"，立足新发展阶段，全面推进乡村振兴战略，亟须新的立法为乡村振兴提供法治保障和制度创新法律基础。

《中华人民共和国乡村振兴促进法》的制定出台，为全面实施乡村振兴战略提供了有力的法治保障，对促进农业全面升级、农村全面进步、农民全面发展，全面建设社会主义现代化国家，实现中华民族伟大复兴中国梦，具有重要意义。

二、立法过程

建设法治乡村是乡村振兴战略的内在要求，是乡村振兴战略不可分割的组成部分。建设法治乡村必将为乡村振兴提供强有力的立法、执法、司法、守法保障，进而助推乡村振兴战略的实施。自党的十九大报告首次明确提出"建设法治乡村"以来，国内诸多专家学者、政协委员经过两年多时间研究探索与酝酿，于 2020 年 6 月 28 日提请全国人大常委会会议对《中华人民共和国乡村振兴促进法》草案进行首次审议。经过三次审议，

---

① 任保平. 工业反哺农业:我国工业化中期阶段的发展战略转型及其政策取向[J]. 西北大学学报(哲学社会科学版),2005(4):37-44.

最终由第十三届全国人大常委会第二十八次会议表决通过，于2021年6月1日开始正式施行。具体过程及主要内容详见表3-2。

表3-2 《中华人民共和国乡村振兴促进法》的立法过程及内容

时间	程序	主要内容
2020年6月28日	提请十三届全国人大常委会第十九次会议审议《中华人民共和国乡村振兴促进法（草案）》	草案分为十一章：依次为总则、产业发展、人才支撑、文化传承、生态保护、组织建设、城乡融合、扶持措施、监督检查、法律责任、附则，共七十六条。 乡村全面振兴的核心内涵和主要抓手：实现乡村产业振兴、人才振兴、文化振兴、生态振兴、组织振兴。 实施乡村振兴战略，必须重塑城乡关系，走城乡融合发展之路。 实施乡村振兴战略，必须解决钱从哪里来的问题。 建立实施乡村振兴战略的目标责任制和考核评价制度，考核结果作为有关领导班子和领导干部综合考核评价的重要内容
2020年12月24日	提请十三届全国人大常委会第二十四次会议进行二审	增加规定：全面实施乡村振兴战略，应当坚持中国共产党的领导，贯彻创新、协调、绿色、开放、共享的新发展理念，走中国特色社会主义乡村振兴道路。 增加规定：国家完善粮食加工、储存、运输标准，推动节粮减损，提高粮食加工出品率和利用率，防止和减少粮食浪费。 修改规定：各级人民政府应当采取措施增强脱贫地区内生发展能力，持续推进脱贫地区发展，健全防止返贫监测和帮扶机制，建立解决相对贫困的长效机制，实现巩固拓展脱贫攻坚成果同乡村振兴的有效衔接
2021年4月26日	提请十三届全国人大常委会第二十八次会议进行三审	增加规定：充分发挥乡村在保障农产品供给和粮食安全、保护生态环境、传承发展中华民族优秀传统文化等方面的特有功能。 增加规定：国家坚持以社会主义核心价值观为引领，大力弘扬民族精神和时代精神，加强乡村优秀传统文化保护和公共文化服务体系建设，繁荣发展乡村文化。每年农历秋分日为中国农民丰收节。 修改规定：将关于保障国家粮食安全的内容移至总则。增加："坚持藏粮于地、藏粮于技"。增加规定：国家实行重要农产品保障战略，构建科学合理、安全高效的重要农产品供给保障体系；严格控制农用地转为建设用地，严格控制耕地转为林地、园地等其他类型农用地。 增加规定：加强农业种质资源保护利用和种质资源库建设，实施育种关键技术攻关，鼓励种业科技成果转化推广，建立并实施种业国家安全审查机制，促进种业高质量发展等。 修改乡村产业发展的内容：一是促进乡村产业发展应当坚持以农民为主体，以乡村优势特色资源为依托。二是推动品种培优、品质提升、品牌打造和标准化生产。三是构建以企业为主体、产学研协同的创新机制，建设现代农业产业技术体系。四是引导新型经营主体通过特色化、专业化经营，合理配置生产要素，促进乡村产业深度融合。

续表

时间	程序	主要内容
2021年4月26日	提请十三届全国人大常委会第二十八次会议进行三审	增加规定：健全乡村人才工作体制机制、培养本土人才、引导城市人才下乡、推动专业人才服务乡村；加大乡村教师培养力度、对乡村教师在职称评定等方面给予优待、支持医师到乡村医疗卫生机构执业、培育乡村法律服务人才、培养农村创新创业带头人。修改支持城乡融合发展的政策措施：一是突出城乡融合发展的目标，即促进农业高质高效、乡村宜居宜业、农民富裕富足。二是增加按照方便群众生产生活、保持乡村功能和特色的原则，因地制宜安排村庄布局，依法编制村庄规划，分类有序推进村庄建设，严格规范村庄撤并，严禁违背农民意愿、违反法定程序撤并村庄。三是增加国家推进城乡最低生活保障制度统筹发展，提高农村特困人员供养等社会救助水平，加强对农村留守儿童、妇女和老年人以及困境儿童的关爱服务，支持发展农村普惠型养老服务和互助性养老。增加规定：省、自治区、直辖市人民政府可以依法发行政府债券，用于现代农业设施建设和乡村建设；建立农村低收入人口、欠发达地区帮扶机制，建立健全易返贫致贫人口动态监测预警机制
2021年4月29日	经由十三届全国人大常委会第二十八次会议表决通过	《中华人民共和国乡村振兴促进法》将于2021年6月1日起施行。《中华人民共和国乡村振兴促进法》在产业、人才、生态保护等领域，针对实行永久基本农田保护制度、建立健全农民收入稳定增长的机制、严格规范村庄撤并等重要问题进行了更加明确的规范

资料来源：中国人大网《中华人民共和国乡村振兴促进法》宣传专栏。

三、立法意义

（一）《中华人民共和国乡村振兴促进法》是实施乡村振兴战略的法治基石[①]

《中华人民共和国乡村振兴促进法》是第一部以乡村振兴命名的基础性、综合性法律，聚焦增加农民收入、提高农民生活水平、提升农村文明程度等核心任务，对乡村振兴的总目标、总方针、总要求做出了明确规定，把实施乡村振兴战略必须遵循的重要原则、重要制度、重要机制固定下来，阐明了乡村振兴往哪走、怎么走、跟谁走等重大问题。这是促进乡

---

① 唐仁健. 乡村振兴 法治先行——《乡村振兴促进法》6月1日实施[J]. 农民科技培训, 2021(7): 4-7.

村振兴的一部打基础、管长远、固根本的大法，与 2018 年中央一号文件、《乡村振兴战略规划》、《中国共产党农村工作条例》共同构成实施乡村振兴战略的"四梁八柱"，而且是"顶梁柱"，必将更好地发挥法律的规范、引领和推动作用，持之以恒、驰而不息地促进乡村振兴，确保党中央关于乡村振兴战略部署不折不扣贯彻落实。

（二）《中华人民共和国乡村振兴促进法》是实施乡村振兴战略的法治保障

习近平总书记在出席 2020 年中央农村工作会议时强调，全面实施乡村振兴战略的深度、广度、难度都不亚于脱贫攻坚，必须加强顶层设计，以更有力的举措、汇聚更强大的力量来推进。《中华人民共和国乡村振兴促进法》将党中央、国务院关于乡村振兴的重大决策部署和各地行之有效的实践经验法定化、制度化，对产业发展、人才支撑、文化繁荣、生态保护、组织建设等乡村振兴重点任务做出了全方位的规定，既指明了鼓励倡导的方向路径，又划出了禁止限制的底线红线，为尊重农民主体、坚持因地制宜、保持历史耐心，确保乡村振兴不走偏不走样提供了重要依据，有利于保持政策的连续性和稳定性，举全党全社会之力推进乡村振兴，为新阶段促进农业高质高效、乡村宜居宜业、农民富裕富足提供有力法治保障。

（三）《中华人民共和国乡村振兴促进法》是实施乡村振兴战略的法治利器

《中华人民共和国乡村振兴促进法》虽然没有规定法律责任，但从制度上将实践证明行之有效的政策体系、工作体系和责任体系规范化、法定化，强化了各级政府及有关部门推进乡村振兴的职责和任务，并对建立考核评价、年度报告、监督检查等制度规定了具体要求。针对城乡融合发展、"人地钱"支持、工作责任落实等重点难点问题提出了一揽子举措，为推动乡村振兴破难题、开新局、聚合力提供了有力抓手。

综上，《中华人民共和国乡村振兴促进法》是要解决好农业农村承担的保障好农产品供给安全、保护好农村生态屏障安全、传承好中国农村优秀传统文化等历史任务，明确了农业农村发展在国家发展中的战略定位。

《中华人民共和国乡村振兴促进法》是以增加农民收入、提高农民生活水平、提升农村文明程度为核心的振兴法，不只是促进经济发展，还要推动农业全面升级、农村全面进步、农民全面发展，对全面建设社会主义现代化国家、实现中华民族伟大复兴中国梦具有重要意义。

第三节　乡村振兴战略的时代意义

从总体上讲，实施乡村振兴战略的意义重大，实施乡村振兴战略是新时期做好"三农"工作的总抓手，其时代意义体现在以下四个方面。

一、乡村振兴战略是做好"三农"工作的总抓手

2017年中央农村工作会议中指出，农业农村农民问题是关系国计民生的根本性问题。没有农业农村的现代化，就没有国家的现代化。农业强不强、农村美不美、农民富不富，决定着亿万农民的获得感和幸福感，决定着我国全面小康社会的成色和社会主义现代化的质量。从根本上讲，全面小康是大目标，但若没有乡村振兴战略的落实，全面小康也就挂在了空挡上。全面小康社会的成色取决于乡村振兴战略的进程。乡村振兴给农村发展带来了新的机遇。从一定程度上讲，我国发展不均衡不充分的现象在乡村中体现明显，乡村振兴关系到我国能否从根本上解决城乡差距和乡村发展不均衡不充分的问题。在新的历史起点上，稳定推进乡村振兴战略的实施，顺应广大农民对美好生活的向往，是全面建设社会主义现代化国家的重要任务，是新时代做好"三农"工作的新旗帜和总抓手。

二、乡村振兴战略是确保粮食安全的有力抓手

1994年初，美国著名学者、作家布朗发表了著名的《谁来养活中国》一书。该书认为，到2030年，中国经济要继续保持高速增长，人口数量将超过16亿，每年小麦消费7亿吨。随着工业化、城镇化进程的加快，耕地和淡水资源将大幅减少，中国只能通过大量进口粮食来解决供给不足的问题。中国有能力买到世界市场上的粮食，但世界粮食市场却无法满足中国的需求，这必然会导致粮价的大幅度上涨，造成世界饥饿和灾难。

1998年，我国著名学者康晓光在其撰写的《地球村时代的粮食供给战略》一书中提出，随着中国进入中等发达国家行列，人民生活质量的普遍提高，饮食结构也将发生变化，对小麦的直接需求将显著减少，蔬菜、水果和水产品的大幅增加，其替代效应将大大缓解对小麦的独特需求，以此来反驳布朗。如果中国适当地控制人口、进行农业科技创新，粮食产量不仅不会减少，反而会增加全国粮食产量。虽然中国需要长期进口一些粮食，但这并不会导致全球饥荒和人类灾难。

党的十八大以来，以习近平同志为核心的党中央确立了以我为主、立足国内、确保产能、适度进口、科技支撑的国家粮食安全战略，将粮食生产作为农业生产的核心，放在绝对优先的发展位置。而乡村振兴战略就是要发展农业，随着"产业兴旺"和农业现代化目标的实现，中国人的粮食安全问题将免受国际粮食市场的影响和支配。

三、乡村振兴战略是弘扬中华优秀传统文化的重要途径

从城乡关系转型的角度看，传统意义上的中国乡土文化似乎不可避免地会逐渐消失，但它消解的道路是多元化的。转型期的中国城乡关系，不能简单地概括为"领土变迁"或"关系变迁"，而是更为复杂的"发展与进步""一体化与协调"的关系。农民没有了生存的土地，农村社会关系就会崩溃，农村就不复存在。一定程度上讲，维系农村生存的重要因素是在中国传统生产方式基础上建立起来的乡土文化。由于西方文化和城市文化的入侵，"乡土中国"正在变得卑微并慢慢被遗弃，如果不重视通过乡村地区的发展来保护乡土文化，中国的农村地区将只有一个躯壳。乡村振兴战略，是弘扬与创新性发展中华优秀传统文化的重要举措。

四、乡村振兴战略是建设农村现代化经济体系的新引擎

党的十九大报告，将社会主义新农村建设的要求"生产发展、生活富裕、乡风文明、村容整洁、管理民主"全面升华为乡村振兴战略的总体要求。其中，"产业兴旺"是在"生产发展"的基础上提出的新任务；"生态宜居"可以看作"村容整洁"的深化和拓展；"治理有效"则是在"人

民当家作主"这一思想指引下的具体目标。总体而言,以实现农业农村现代化为目标的"乡村振兴"战略总体要求更贴合我国发展阶段,体现了党和国家推动和加快构建现代化经济体系的勇气和决心。

从"新农村建设"到"美丽农村建设",再到"乡村振兴战略",从字面上看,是国家战略规划的完善。它的背后,体现了我们党对城乡关系的最深刻认识和最理性的思考。随着中央关于乡村各项政策的不断提出,农村的地位在现代经济体系中将逐渐提升。从工业反哺农业到把乡村发展列入国家七大战略,农村将成为我国全面建设社会主义现代化国家进程中的重要角色,成为统筹城乡发展建设现代化经济体系的新引擎。

第四章 我国乡村发展概况

第一节 我国乡村发展基本概况

中华民族是一个集种植业、养殖业、手工业于一体的"三业合一"的农耕文明社会。中华民族历经数千年的沧桑巨变，朝代更迭，直至近代，中国一直都是一个传统的农业国家。历史变革中作为生产主体的"华夏儿女"，大多都是在广大乡村地域生活的农民阶层，其浓浓的乡土文化，正如费孝通先生在《乡土中国》一书中诠释的，"是中华民族赖以生存的根基。在乡村与乡村的彼此联系中，才有了延绵久远的中华文明"。[①] 现代意义的"乡村"是相对于城市而言的，包含村落、乡镇的社会学概念，由于居住在其中的人们大多是从事与农业相关的生产活动的农民，所以也常被称作农村。

自古以来，乡村的发展主要由两股力量推动：农民和政府。农民推动乡村发展的动机很简单，乡村是他们从事生产和生活的地方，他们是乡村发展的直接受益者。新中国成立以前，广大农民主要进行着以家庭为基本单位的个体性劳动和乡村建设；政府推动乡村发展的动机也很明确，在旧中国，农业赋税基本上是政府的全部税收来源，政府对乡村发展的贡献，主要集中于社会秩序管理与制度建设、农业技术推广等方面。新中国成立以后，党和政府始终把农村建设作为治国理政的重心之一，先后实施了土地制度改革、大规模水利工程建设、免除农业税收等多项惠农举措，为我

---

① 费孝通. 乡土中国[M]. 上海：商务印书馆，2018：13.

国农村发展制定了全方位的扶持政策。

1982年1月1日，中共中央批转1981年12月的《全国农村工作会议纪要》，也就是我们通常所说的改革开放后第一个中央一号文件。此后，在历年党和政府政策（见表4-1）与国民经济发展的共同作用下，我国"三农"工作不断取得新进展。与此同时，伴随我国城镇化的快速推进，我国大量农村富余劳动力进入城市生活，在传统村庄数量不断下降的同时乡村固定资产投资却逐渐增多。与此同时，城镇就业人员数量超过乡村就业人员数量，我国第一产业就业人口比重减半；我国农业产值逐年提高，机械化水平和农机覆盖率不断提高，农业生产效率稳步提升；乡村人口快速减少，农民工由外出务工转为本地就业，农民工平均工资增长速度远超同期GDP增长速度；扶贫工作圆满完成，农村居民幸福感大幅提升。

表4-1 1982—2021年关于"三农"问题的中央一号文件主题内容

发布时间	主题内容	发布时间	主题内容
1982年	正式承认包产到户合法性	2011年	加快水利改革发展
1983年	放活农村工商业	2012年	加快推进农业科技创新
1984年	发展农村商品生产	2013年	进一步增强农村发展活力
1985年	取消统购统销	2014年	全面深化农村改革
1986年	增加农业投入，调整城乡关系	2015年	认识、适应、引领新常态
2004年	促进农民增加收入	2016年	用新理念破解"三农"新难题
2005年	提高农业综合生产能力	2017年	推进农业供给侧结构性改革
2006年	社会主义新农村建设	2018年	对乡村振兴进行战略部署
2007年	积极发展现代农业	2019年	优先发展做好"三农"工作
2008年	加强基础建设、"三农"投入	2020年	如期实现全面小康
2009年	实现农业稳定发展、农民持续增收	2021年	全面推进乡村振兴
2010年	统筹城乡发展、加大惠农力度		

一、乡村建设概况

(一) 乡村基层单位数量的变化

表 4-2 2009—2019 年乡村基层单位数量变化情况

年份	乡镇总数/个	乡数/个	镇数/个	行政村数/个
2009	34170	14848	19322	599078
2010	33981	14571	19410	594658
2011	33270	13587	19683	589653
2012	33162	13281	19881	588475
2013	32929	12812	20117	588547
2014	32683	12282	20401	585451
2015	31830	11315	20515	580856
2016	31755	10872	20883	559186
2017	31645	10529	21116	554218
2018	31550	10253	21297	542019
2019	30234	9221	21013	533073

资料来源：根据中华人民共和国农业农村部官方网站数据整理所得。

如表 4-2 所示，从乡村数量来看，随着城乡一体化建设、"撤村并镇"等工作的逐步推进，我国乡村数量出现了明显减少的趋势。农业农村部的统计数据显示，2009 年底，中国共有 34170 个乡镇和 599078 个行政村，截至 2019 年底，乡镇的数量已经下降为 30234 个，行政村的数量下降了 11%，减少至 533073 个，同时，镇的数量从 19322 个上升为 21013 个，同比增长 8.04%。乡村基层单位数量上的变化反映了城镇化建设取得的成果，大量农民借此机会在城镇定居。同时，基层行政单位数量的减少，也使得乡村行政人员数量降低。根据国务院发展研究中心、中央政法委、民政部等多个部委的数据，乡村行政单位的减少并没有降低行政效率。农村地区信访率在此期间有所下降，低于历史平均值；截至 2020 年底，农村社会治安满意度大幅提高，已经超过 90%；2015 年至今，共整治 11 万件乡村基层组织软弱涣散问题，进一步严明村两委班子换届纪律。

(二) 城乡固定资产投资的变化

从乡村固定资产投资变化上来看，随着经济体量的增长，我国整个社会固定资产投资快速增长。根据农业农村部《2020中国农业农村统计摘要》，1995年，我国的城镇固定资产投资为15644亿元，农村固定资产投资为2008亿元，当时的城乡固定资产投资比为7.79:1；到了2019年，城镇固定资产投资为551478亿元，与1995年相比增长了35.25倍，农村的固定资产投资为9396亿元，与1995年相比增长了4.68倍，城乡固定资产投资比为58.69:1。

受缺乏投资标的、农业生产周期长等因素的影响，农村地区吸引社会投资的能力较弱，由此加深了城乡固定资产投资的两极分化。基于此，自2013年起，中央政府开始大幅提高农村固定资产投资额，固定资产投资增速逐渐上涨，农村固定资产投资比例也逐渐扩大。

（三）城乡就业人数对比

表4-3 2009—2019年全国城乡就业人数变化情况

年份	农村就业人员数/万人	城镇就业人员数/万人	第一产业就业人口比重/%
2009	42506	33322	38.10
2010	41418	34687	36.70
2011	40193	36003	34.74
2012	38967	37287	33.49
2013	37774	38527	31.24
2014	36646	39703	29.30
2015	35404	40916	28.06
2016	34194	42051	27.42
2017	32850	43208	26.68
2018	31490	44292	25.75
2019	30198	45249	24.72

资料来源：根据《中国统计年鉴2020》数据整理所得。

如表4-3所示，2009—2019年，随着我国产业结构的不断调整和优化，截至2019年底，全国第一产业就业人口比重已经下降到24.72%，越来越多的人投身到第二、第三产业中；2013年，城镇就业人员数首次超过农村就业人员数；2009—2019年，近1.1亿农民完成了职业身份的转变，充分享受到了我国经济快速发展的红利。

二、乡村农业概况

（一）农业产值概况

1978年到2019年，随着经济的不断发展，中国农林牧渔业产值快速增长，从1207.5亿元提升到73567.1亿元，增长了59.92倍，这无疑显示出中国农业生产水平的极大提高。同期内，我国农业从业人员比例由1978年的70.5%下降到2019年的25.1%，减少近2/3，农业产业贡献率从27.9%下降到7.4%，说明我国产业结构正在不断优化。1978年至2019年期间，我国农业比较劳动生产率也发生了相应的变化，可细分为三个阶段。第一阶段，1978—1990年，农业产业贡献率保持基本稳定，农业就业人员占比迅速下降，比较劳动生产率缓慢上升。结合历史状况可知，由于工业体系尚处于建设阶段，工业化进程缓慢，农业比较劳动生产率处于上升阶段；第二阶段，1990—2010年，农业产业贡献率快速下降，农业就业人员占比在迅速下降后趋于稳定，农业比较劳动生产率也处于迅速下降阶段，这表明工业化进程的快速推进导致农业相对效率下降；第三阶段，2010—2019年，农业产业贡献率趋于稳定，农业就业人员占比不断降低，比较劳动生产率开始提升，说明我国经济进入此阶段后，农业效率相较于经济整体效率提升，说明我国经济发展形势面临新的变化。

（二）农业机械化概况

农业机械化水平是对机器（装备）在农业中使用程度、作用大小和使用效果的一种表达和度量，它直接影响农业生产效率，是现代农业建设的关键一环。根据农业农村部历年相关数据统计资料（见表4-4），截至2019年底，全国各地农作物综合机械化率已经达70.02%，机耕率更是达到了85.22%，全国有超过1亿公顷的土地实现了机械播种、耕作和采收，表明我国农业机械化发展水平较好。但基于我国人多地少、小农户经营等农业生产国情，因此，应当正确地判断我国当前农业机械化发展水平与所处的阶段，客观认识我国农业机械化水平明显的区域差异性和各地区发展水平的不平衡性，认真贯彻落实因地制宜、分类指导原则。另外，自2013

年以来,我国的农业生产中机械对人力的替代效应呈现逐渐加强的趋势。2013—2019年,我国乡村农业就业人员减少了近10%,而农业产业贡献率仅下降了1.8%,表明当前中国农业正逐渐朝着实现"高效农业""现代农业"转变。

表4-4 2013—2019年全国农业机械化率变化

年份	机耕面积/千公顷	机播面积/千公顷	机收面积/千公顷	全国农作物综合机械化率/%	机耕率/%	机播率/%	机收率/%
2013	113757.80	80309.60	77416	59.50	76	48.80	48.20
2014	117417.70	83956.30	83270	61.60	77.50	50.80	52.30
2015	119876.40	86651.20	87644.40	63.80	80.40	52.10	53.40
2016	121017.70	87917.80	91722.40	65.20	81.40	52.80	56
2017	122704	90045.70	94900.50	67.20	83	55	58.50
2018	123611.10	94440.60	100260.50	69.10	84	56.90	61.40
2019	124132.50	95085.30	101886.10	70.02	85.22	57.30	62.46

资料来源:根据中华人民共和国农业农村部官方网站数据整理所得。

三、乡村农民概况

(一)乡村人口数量变化

1978—2019年,农村人口从79014万人减少到55162万人,乡村人口占总人口比重持续下降,从82.1%下降为39.4%。随着城市化建设不断推进,乡村人口所占比重将进一步下降。然而在短期内,我国农村地区仍会有3亿~4亿农民,这个数量超过了世界上绝大多数国家的全国人口数量,在未来仍然是党和政府工作面临的主要问题。

(二)农民工数量的变化

2010—2020年,全国职业农民工的月平均收入从1690元上升为4072元,增加了1.4倍,得以实现"个人小康";农民工人数从25278万人上升为28560万人,整体数量上基本保持稳定。但值得关注的一个变化是外出农民工人数与本地农民工人数的此消彼长,这说明越来越多的农民工开始选择在本地就业。农民工选择本地就业的原因当然很多,如照顾子女学业、较低的生活成本、对本地社会较为熟悉等，但其中根本的原因可能在于，2017年党的十九大召开以来，伴随乡村振兴战略的逐步实施以及2020年的新冠肺炎疫情影响，国家鼓励大力发展县域经济的政策导向，由此带来本地就业岗位的增多，并且在本地就业的实际收入相较异地务工的实际收入有了一定的竞争力。

第二节 乡村脱贫居民幸福感实证研究

为了解乡村居民幸福感现状，本研究团队通过对比分析、方差分析、主成分分析、回归分析等多种研究方法，结合实地调查统计确定影响我国农村居民幸福感的主要因素，在此基础上建立数学模型，对城乡居民幸福感进行比较，并对农村居民幸福感的变化进行调研。借鉴不同学者的研究成果，设计关于我国农村居民幸福感的调查问卷。之后发放问卷，收集关于农村居民幸福感的相关数据，并对数据进行分析，进而来确定影响我国农村居民幸福感的实际因素。研究发现，自我国近三年精准脱贫攻坚战取得全面胜利和逐步实现建成全面小康社会的目标以来，农村居民的幸福感有了较明显的提高，但城乡居民幸福感仍有一定的差异。

一、问卷设计、发放与数据处理

（一）问卷设计

1. 指标体系构建原则

问卷的设计要遵循科学性原则，农村地区居民主观幸福感的问卷设计，在指标选取的时候应该以科学性、系统性和可获得性为指导，通过文献阅读查找相关资料，在原有量表的基础上进行创新与优化。

2. 指标体系构建

本研究调查问卷分为以下五个模块，采用五种决定因素，分别是社会人口因素、经济因素、情形因素、体制因素、公共因素[①]。

---

① Bruno S. Frey, Alois Stutzer. Happiness and Economics: How the Economy and Institutions Affect Human Well-Being[M]. Princeton University Press, 2010.

第一模块为社会人口因素，如年龄、性别、婚姻状况和教育。

第二模块为经济因素，如个人收入、就业。

第三模块为情形因素，如工作满意度、健康状况、亲朋关系等。

第四模块为体制因素，如社会保障制度、政策扶持满意度、政策参与等。

第五模块为公共因素，如社区环境、治安现状、公共设施完善程度等。

（二）问卷描述

问卷由两部分组成，主观幸福感的调查问卷为第一部分，影响因素探索问卷为第二部分。

主观幸福感问卷以通用量表作依据，通过实地调查后，结合农村地区居民实际情况设计编制而成，内容共8个问题，涉及个人感受、生活状况、对未来的期望和负面情绪等。

每个问题有五个选项，分别计分为1~5分，在这些问题中涉及负面情绪的问题，我们进行负向计分，然后将这些问题得分加总求和，来表示幸福感的分值。

影响因素探索问卷总共分七个部分，共有34题，第一部分为农户基本情况，第二部分为农户健康状况，第三部分为家庭状况，第四部分为社会生活状况，第五部分为农户对扶贫政策的认识，第六部分为农户的职业与收入，第七部分为社会保障。具体调查问卷涉及年龄、性别、受教育程度、身体健康情况、收入、社会保障、环境等问题。每一个问题都赋予一定的分值，计分标准为1~5分。

（三）问卷的发放

根据研究需要，问卷在多个地区进行了发放。通过对问卷结果进行信度和效度检验，再根据分析样本量确定调查问卷数量。

（四）调查问卷数量的确定

1. 确定原则

样本量的确定需要结合调查目的、性质和精度要求，以及实际操作的

可行性、经费承受能力等因素。从定量分析的要求考虑,样本量的大小主要取决于:

(1) 样本总体的大小。

(2) 调查抽样的方法。

(3) 研究对象的变化程度,即变异程度。

(4) 求和允许的误差大小,即精度要求。

(5) 求推断的置信度,一般情况下,置信度设置为95%。

2. 样本量的确定

在问卷抽样调查中,样本量采用随机抽样的方式,本研究决定采用随机抽样来计算样本量,其计算公式为:

$$n = \frac{p(1-p)}{\frac{e^2}{z^2} + \frac{p(1-p)}{N}}$$

正常情况下,在没有进行问卷调查之前,是不能得到公式中的 P 值的,所以在本节中取样本变异程度最大值为 0.5,求出一个相对保守的样本容量; e 取 0.05;设置误差界限为 ±5%,置信度为 95%,Z 取 1.96;N 是样本总数,根据网上相关资料,2019 年调研地区的脱贫人口为 68.7 万人,故 N 为 68.7 万。

计算得出样本量为:

$$n = \frac{p(1-p)}{\frac{e^2}{z^2} + \frac{p(1-p)}{N}} \approx 384$$

设计效应越大,说明复杂抽样的设计误差越大、精度越低,从而效率越低。若 $deff > 1$,表明所考虑的抽样设计效率低于不放回简单随机抽样;若 $deff < 1$,表明该抽样设计的效率高于不放回简单随机抽样。

由于设计效应的存在,在已知样本容量 n_0 的情况下,结合以往对抽样方式的认识,我们选定设计效应为 1.2(由于采取的抽样方式不同,这一数值有所差异),则:

$$n = n_0 \times deff = 384 \times deff = 460$$

此时我们需要收集到的有效样本量为460份，但由于在问卷的发放和回收中存在无效的情况，假设无效问卷占总问卷量的比例为2%，则应发问卷的总量为：

$$n_1 = \frac{n}{1-0.02} = 470$$

发放问卷数量取整为470份，为确保发放问卷的实际效果，最终确定发放问卷数量500份，以满足调查的需要。

（五）信度与效度分析

1. 信度（reliability）检验

信度即可靠性，是指采取同样的方法对同一对象重复进行测量时，其所得结果相一致的程度，即信度就是指测量数据的可靠程度。一般认为，信度系数在0.65~0.7为可接受的最小范围，0.7以上为良好，0.8以上为优秀。我们运用SPSS统计软件，对问卷中的幸福感问题计算的Cronbach's Alpha系数值如表4-5所示，Cronbach's Alpha值均大于0.8，表明主观幸福感量表及影响因素调查表的一致性很高，说明评价结果的信度优秀。

表4-5　可靠性统计量

问卷名称	Cronbach's Alpha
主观幸福感量表	0.858
影响因素调查表	0.804

2. 效度（validity）检验

效度即有效性，是指所测量到的结果反映想要考察内容的程度，测量结果与考察的内容越吻合，说明效度越高；反之，则效度越低。本节通过因子分析来检验问卷的效度，同时对相应的指标进行筛选。KMO是做主成分分析的效度检验指标之一，当KMO大于0.9时，说明非常适合做因子分析；当KMO在0.8~0.9时，说明很适合做因子分析；当KMO在0.7~0.8时，说明适合做因子分析；当KMO在0.6~0.7时，说明尚可做因子分析；当KMO在0.6以下则因子分析效果很差。

表 4-6　KMO 检验和 Bartlett 球形检验

检验类型		检验结果
KMO 检验		0.751
Bartlett 球形检验	近似卡方	573.792
	自由度	28
	显著性	0.000***

注：***表示在 99% 置信度下显著。

本次正式调查问卷的 KMO 检验和 Bartlett 球形检验的结果如表 4-6 所示，KMO 值为 0.751，大于 0.75，又因 Bartlett 球形度检验的近似卡方值为 573.792，自由度为 28，P 值为 0.000，小于 0.01，通过了显著水平为 1% 的显著性检验，由此说明，本研究回收的调查问卷具有极高的结构效度，适合进行因子分析。

（六）样本概况

本次调查通过发放问卷和访谈方式进行，共获得问卷 581 份，其中无效问卷 16 份，有效问卷 565 份。

在 565 份问卷中，男性 308 人，女性 257 人。男性占总人数的比重为 54.51%，女性占总人数的比重为 45.49%。

在年龄构成方面，20~30 岁的占 31.68%，所占比例最大，为 179 人，20 岁以下的 99 人，30~40 岁的有 123 人，40~50 岁的有 103 人，50 岁以上的有 61 人，分别占总人数的 17.52%、21.77%、18.23%、10.8%。

在受教育程度上，高中以下学历占比为 81.06%，人数最多。

在婚姻状况方面，已婚人数最多，有 457 人，占比为 80.88%，未婚和丧偶占比分别为 9.56% 和 1.42%，此外，就是离异，占比为 8.14%。

在被调查的人群中，进城务工的占比最高，有 203 人，占比为 35.93%；务农的其次，有 150 人，占比为 26.55%；个体有 100 人，占比为 17.7%；无业有 60 人，占比为 10.62%；开公司或工厂的比例最低，占比为 9.2%，有 52 人。

从以上的统计数据来看，本次调查地区农村居民的特征表现为，已婚人士居多、学历水平普遍不高、年龄分布比较平均、务农和外出务工的人员占一半以上。可以看出本次调研对象基本符合脱贫地区农村居民的现状与特征。

二、脱贫后农村居民幸福感状况分析

(一) 农村居民主观幸福感总体情况

1. 农村居民主观幸福感分布情况

表4-7 脱贫地区农村居民幸福感分布情况

幸福感	频数	百分比/%
幸福感较高	399	70.6
幸福感中等	91	16.1
幸福感较低	75	13.3

主观幸福感量表主要用于测量农村居民的主观幸福感,结合农村居民的具体情况和实地调查时的客观条件编制,内容涉及生活状况、生活态度、心情、个人感受等共计8个单选问题,每个问题设有5个选项。这8个问题共分为正向情感、负向情感和生活满意度三个类别,其中正向情感和生活满意度正向计分,负向情感负向计分。

所有问题得分之和为该名被调查者的幸福感评估值,分数越高,幸福感越低;分数越低,幸福感越高。为了更清晰地阐述农村居民幸福感的分布情况,我们将其幸福感得分均等地划分为3个等级:-10分至0分为高幸福感,1分至11分为中幸福感,12分至22分为低幸福感,则脱贫地区农村居民幸福感分布如表4-7所示。由表4-7中可以看出,脱贫地区农村居民幸福感呈现倒金字塔现象,处于高水平的被调查者最多,占比为70.6%,中水平次之,占比为16.1%,低幸福感者最少,仅占13.3%。

2. 农村居民主观幸福感变化情况

表4-8 脱贫地区农村居民幸福感变化情况

选项	频数	百分比/%
非常好	206	36.46
比较好	206	36.46
不好也不坏	71	12.57

续表

选项	频数	百分比/%
不太好	52	9.2
非常不好	30	5.31

如表 4-8 所示，整体来看，脱贫攻坚实现后，农村居民的幸福感呈上升趋势，超过半数的农村居民觉得较好，认为现在的生活水平超过了脱贫前。因此，探究农村居民幸福感水平提高的因素有哪些，将是本节后续研究的重点。

（二）农村居民主观幸福感的单因素分析

为确定各预设指标对于脱贫地区农村居民幸福感的影响，我们采用单因素方差分析进行处理，通过比较均值及显著性两个指标（一般认为显著性水平小于 0.05 代表显著差异）来判断样本间的幸福感差异性，并在此基础上进行相关性分析，计算相关系数，进而筛选出与脱贫地区农村居民幸福感具有显著联系的因素，为后续的建模做准备。

1. 个人基本情况与幸福感

（1）性别因素。

设性别为自变量，幸福感为因变量，进行单因素方差分析，分析结果如表 4-9 所示。变量的显著性水平大于 0.05，说明农村居民在主观幸福感上不存在显著差异，即可认为性别对脱贫地区农村居民主观幸福感未产生显著影响。

表 4-9 农村居民性别对幸福感的单因素方差检验

变量	性别	F	显著性（Sig.）
幸福感	男	0.041	0.840
	女	0.041	0.840

（2）年龄因素。

设年龄作为自变量，以幸福感作为因变量，进行单因素方差分析，以探究脱贫地区农村居民不同年龄阶段的幸福感是否存在显著性差别，分析结果如表 4-10 所示。幸福感的显著性水平小于 0.05，说明不同年龄阶段的农村居民在幸福感上存在显著性差异。

表4-10 农村居民年龄对幸福感的单因素方差检验

变量	年龄	F	显著性（Sig.）
幸福感	20岁以下	120.326	0.000
	20~30岁		
	30~40岁		
	40~50岁		
	50岁以上		

通过对调查数据的进一步分析发现，被调查的对象随着年龄的不断增大，大多对未来生活感到压力、自身的精力不足、在生活中感到孤独。从一定程度上来讲，可以认为是不同年龄阶段的人口特质对脱贫地区农村居民幸福感产生了影响。

对于当前中国的大多数年轻人来说，在实现了脱贫后，因其在生活方面还没有感受到未来来自社会的各种压力，且吃穿都可以得到很好的满足，所以相对于中年人，年轻人的幸福感高一些；而对于老年人，在常年的农村生活中，已经适应了过去未脱贫的生活，脱贫后由于生活方式的转变以及信息化的便捷，使其对脱贫后的生活方式产生了不适应，因而老年人感觉难以融入社会，幸福感相对较低，且在很多脱贫地区大多都是产业脱贫或者发展旅游业脱贫，生产生活方式发生了很大的变化，使得老年人感到无所事事，从而幸福感降低。

通过进一步分析被调查者的主观幸福感量表，研究团队发现，随着年龄的增长，被调查者普遍呈现出压力大、精力不足、孤独感加剧三个最为显著的变化，这在一定程度上说明农村居民主观幸福感水平与年龄所对应的人口特质有关。

(3) 受教育程度因素。

表4-11 农村居民受教育程度对幸福感的单因素方差检验

变量	受教育程度	F	显著性（Sig.）
幸福感	小学以下	43.624	0.000
	小学		
	初中		
	高中		
	大专及以上		

假设受教育程度为自变量，幸福感为因变量，进行单因素方差分析，结果如表4-11所示。不同受教育程度下幸福感的显著性水平小于0.05，表明幸福感存在明显的学历差异；经统计学分析，受教育程度与幸福感两者间存在相关关系。随着脱贫地区农村居民学历的升高，其幸福感也相应提高，但两者间的相关系数仅为0.565，表明相关度并不高，两者存在弱正相关关系。

结合研究团队通过实地走访进行合理推断，一方面因为随着教育程度的提升，人的思想会随之改变，对于幸福的理解和认知就会发生改变。另一方面因为大多脱贫地区教育水平相对落后，一些人在接受高等教育时，学历越高越是要离开该地区，去周边城市学习，在受教育过程中接触新事物的机会肯定高于本地，所以社会融入要强。由上述分析可知，受教育程度对于脱贫地区农村居民幸福感具有一定的影响。

2. 健康状况与幸福感

假设健康状况为自变量，以幸福感作为因变量，进行单因素方差分析，以探究不同健康状况的脱贫地区农村居民幸福感是否存在显著性差别，分析结果如表4-12所示。

表4-12 农村居民健康状况对幸福感的单因素方差检验

变量	健康状况	F	显著性（Sig.）
幸福感	非常健康	8.667	0.000
	比较健康		
	健康状况一般		
	不太健康		
	不健康		

幸福感的显著性水平小于0.05，说明不同健康状况的农村居民在幸福感方面存在显著性差异。为了对脱贫地区农村居民的健康状况进行更加全面的评估，除了健康状况自评外，本次问卷将平均每年看病次数及平均每次看病花费也纳入考察中。将脱贫前后的平均每年看病次数及平均每次看病花费进行对比，分析幸福感变化，分析如下。

（1）平均每年看病次数对比分析。

如表4-13所示，在脱贫前，仅有36.46%的村民平均每年看病次数10次以上，而平均每年看病次数为零的占比为14.16%。脱贫后，平均每年看病次数10次以上的村民占比下降至9.56%，幅度明显下降；平均每年看病次数为零的占比升至33.45%。因此，村民平均每年看病次数的减少，也是其幸福感提升的重要因素之一。

表4-13 脱贫前后平均每年看病次数占比对比

年均就诊次数	脱贫前占比/%	脱贫后占比/%
0次	14.16	33.45
1~5次	28.32	38.94
6~10次	21.06	18.05
10次以上	36.46	9.56

（2）平均每次看病花费对比分析。

如表4-14所示，在脱贫前，有将近1/4的村民平均每次看病花费超过1000元；而脱贫后，平均每次看病花费超过1000元的村民占比约10%，大大减少；平均每次看病花费在200元以下的及花费201~500元的占比均提高。

表4-14 脱贫前后平均每次看病花费占比对比

平均就诊花费	脱贫前占比/%	脱贫后占比/%
200元以下	21.24	30.8
201~500元	30.97	37.52
501~1000元	24.6	21.06
1000元以上	23.19	10.62

村民平均每次看病费用的减少是村民幸福感提升的又一因素。在脱贫后，由于经济发展、乡村基础设施、医疗卫生条件改善和医疗保险的全覆盖，使得脱贫地区农村居民"病有所依"。当个人的身体健康有所保障时，就提升了脱贫地区农村居民安全感。同时，随着社会发展、科技进步，医疗技术不断提高，一些曾经难以治愈的疾病临床研究也得到了新的突破，治疗成本、治疗效果较为理想。综上，由于政府全方位实施精准脱贫战略，贫困居民一些病情得到控制，一些疑难病情得以及时治疗，因而保障身体基本健康前提下的农村居民，其幸福感是上升的。

3. 家庭状况与幸福感

（1）婚姻状况对幸福感的影响。

如表4-15所示，婚姻状况方面，以婚姻状况为自变量，幸福感作为因变量，显著性水平远大于0.05，说明婚姻状况对于农村居民幸福感的影响并不显著。

在诸多已有研究的指标中，显示婚姻对幸福感的影响是显著的。在此，研究团队对得到的数据进行分析后，对婚姻状况对农村居民幸福感影响不显著的原因做如下解释。从选择效用的角度来分析是婚姻有助于幸福还是幸福有助于婚姻，两个个性相投的人更容易维持一个稳定的婚姻。当婚姻起到积极的作用时会导致幸福感的提升，那么这样看起来选择效用就不那么明显了。这也契合了现如今的一些研究结果，未婚的人的幸福感与已婚的人的幸福感之间的差异越来越小。因为贫困地区在没有脱贫前，大多数人都在解决生活问题，且因物质、教育、生活环境等多方面的影响，导致了人们也觉得婚姻可有可无，且一部分婚姻也没有起到积极的作用，所以婚姻对于幸福感的影响就不那么显著。

表4-15 农村居民婚姻状况对幸福感的单因素方差检验

变量	婚姻状况	F	显著性（Sig.）
幸福感	未婚	0.521	0.668
	已婚		
	离异		
	丧偶		

（2）脱贫前后一同生活的家人人数对比分析。

如表4-16所示，脱贫后，2人以下、6人以上一同生活的比例下降，3~4人与5~6人一同生活的比例上升。为此，研究团队做了一个合理的猜想，有一部分原因应该是，婚丧嫁娶导致6人以上生活的比例下降，同时还有一部分人结婚后生子，导致2人以下生活的比例下降。

表4-16 脱贫前后共同生活的家人人数

脱贫前		家庭人数	脱贫后	
小计	比例	选项	小计	比例
134	23.72%	2人以下	110	19.47%
227	40.18%	3~4人	242	42.83%
130	23.01%	5~6人	148	26.19%
73	12.92%	6人以上	63	11.15%
1	0.18%	（空）	2	0.35%

亚里士多德曾指出，人是群居动物。基于上述猜想，结合笔者进行的实地访谈不难看出家庭与人际关系的重要性。拥有亲人、朋友都会在一定程度上提升幸福感。2人以下的家庭在脱贫后，经济提升后会选择生育小孩，新生命的到来让这个家庭的幸福感又得到了提升。原先6人及其以上的家庭，在经济提升后，会选择安排儿女的婚事。在传统的中国农村思想中，儿女结婚是父母的心头大事，所以在一个家庭中，当有一个新的家庭组建时，老一辈人也会感到高兴，这也对幸福感的提升起到了贡献作用。

4. 社会生活与幸福感

（1）脱贫前后度过休闲时光的方式对比。

表4–17 脱贫前后度过休闲时间的方式

脱贫前		选项	脱贫后	
小计	比例		小计	比例
176	31.15%	A. 在家度过	156	27.61%
136	24.07%	B. 拜访亲戚	176	31.15%
164	29.03%	C. 与朋友聚会	132	23.36%
88	15.58%	D. 外出旅游	99	17.52%
1	0.18%	E. 其他	2	0.35%

如表4–17所示，通过对比分析发现，在家度过休闲时光的人数减少，拜访亲戚和外出旅游的比例上升。从这一结果可知，脱贫地区农村居民随着该地区的脱贫，在休闲生活方式方面改变很明显。生活方式的多样化体现了脱贫地区农村居民的生活状况的改变，生活状况的改变提升了幸福感。

（2）脱贫后社交频率的变化。

通过收集到的样本数据统计发现，有将近2/3的被调查村民表示，脱贫后社交活动的频率明显增加，表明大家在生活条件变好之后，有时间、有心情去参加社交活动，进一步提升了村民的主观幸福感。

表4–18 农村居民脱贫后社交频率对幸福感的单因素方差检验

社交频率	F	显著性（Sig.）
大幅度增加		
小幅度增加		
没有变化	2.463	0.044
小幅度减少		
大幅度减少		

设社交频率为自变量，以幸福感作为因变量，进行单因素方差分析，以探究脱贫地区农村居民社交频率对村民的主观幸福感是否存在显著性差别，分析结果如表4–18所示。幸福感的显著性水平小于0.05，说明社交频率对农村居民的幸福感影响方面存在显著性差异。通过SPSS进行相关

性分析,得到相关系数为 0.616,这也说明社交频率的增加对于幸福感的提升有显著影响。

(3) 社会环境融入程度。

设社会环境融入程度为自变量,以幸福感作为因变量,进行单因素方差分析,以探究不同社会环境融入程度的脱贫地区农村居民幸福感是否存在显著性差别。分析结果如表 4-19 所示,幸福感的显著性水平小于 0.05,说明不同社会环境融入程度的农村居民,在幸福感方面存在显著性差异。

表 4-19 农村居民社会环境融入程度对幸福感的单因素方差检验

变量	融入程度	F	显著性(Sig.)
幸福感	完全融入	3.680	0.006
	较能融入		
	努力后可以融入		
	很少融入		
	完全不能融入		

在地区脱贫后,随着新事物的涌入,当脱贫地区农村居民对于新事物的接纳程度越高的时候,相应地就会认为与城市或者较发达地区的差异越来越小,因此与之前贫困时对比觉得现在比以前要好,从而幸福感提升。新事物所带来的便利便捷,也会在一定程度上让脱贫地区农村居民的获得感增强,从而使幸福感得到提升。

5. 扶贫认识与幸福感

(1) 对扶贫的认识。

表 4-20 脱贫地区农村居民对扶贫的认识

选项	频数	百分比/%
A. 意义重大	503	89.03
B. 没有意义	62	10.97

如表 4-20 所示,将近九成的被调查者认为扶贫是意义重大的。

(2) 对扶贫工作成果的认识。

如表 4-21 所示,将近 2/3 的被调查者对扶贫工作成果是满意的。

表4-21 脱贫地区农村居民对扶贫工作成果的认识

选项	频数	百分比/%
A. 很满意	195	34.51
B. 比较满意，还有地方需要提升	176	31.15
C. 一般	89	15.75
D. 不太满意，很多地方不好	73	12.92
E. 不满意	32	5.66

（3）交叉分析。

将脱贫地区居民对扶贫的认识及扶贫工作成果的认识进行交叉分析，结果如表4-22所示。第一，认为扶贫意义重大。被调查者中有35.98%的人对扶贫成果很满意，大于总体的34.51%；而认为扶贫意义一般的被调查者中仅有22.58%的人对扶贫成果很满意，小于总体的34.51%。第二，对扶贫成果很满意。被调查者中约93%的人认为扶贫意义重大，大于总体的89.03%；对扶贫成果不满意的被调查者中约84%的人认为扶贫意义重大，小于总体的89.03%。第三，通过交叉分析发现，认为扶贫工作意义重大，对扶贫工作成果满意度越高，同样，对扶贫工作成果满意的，也会认识到扶贫工作意义重大，两者相辅相成。可见，消除贫困、改善民生、实现共同富裕，是一件意义重大的事情，并在中国政府和人民的不断实践探索中，取得了历史性重大成就和令党和人民满意的结果。这种成就感与脱贫地区农村居民积极参与、个人荣誉感的满足以及脱贫地区实质性的生活、物质、精神层面的改变，无疑提升了脱贫地区农村居民的幸福感。

表4-22 脱贫地区农村居民对扶贫的认识及扶贫工作成果的认识的交叉分析

X/Y	A. 很满意	B. 比较满意	C. 一般	D. 不太满意	E. 不满意	小计
A. 意义重大	181 (35.98%)	156 (31.01%)	75 (14.91%)	64 (12.72%)	27 (5.37%)	503
B. 意义一般	14 (22.58%)	20 (32.26%)	14 (22.58%)	9 (14.52%)	5 (8.06%)	62
小计	195	176	89	73	32	565

6. 收入与幸福感

（1）工作与幸福感。

①脱贫前后从业情况对比分析。

在国家相关产业政策的带动下，贫困地区居民从业结构得以改变。同时，良好的促进就业创业政策带来的福祉提升，相对稳定的工作带来的安全感和劳动获得感的提升，促进了幸福感的提升，如表4-23所示。通过脱贫前后农村居民职业分布情况对比发现，脱贫后，农村居民务农及无业的人数明显减少，打工占比基本不变，而自己做买卖和自己经营公司或工厂的人数明显上升。

表4-23 脱贫前后农村居民从业结构分布情况对比

从业	脱贫前/%	脱贫后/%	脱贫前后对比/%
务农	26.55	18.76	↓ 7.79
打工	35.93	35.22	↓ 0.71
个体（自己经营买卖）	17.7	28.14	↑ 10.44
个体经营公司或企业	9.2	17.35	↑ 8.15
无业	10.62	0.53	↓ 10.09

②脱贫前后更换工作的次数对比分析。

根据脱贫前后更换工作次数的对比情况（见表4-24），更换5份及以上工作次数的人数大大减少，更换1份及以下工作次数的人数有很大的上升。设脱贫后农村居民更换工作的次数为自变量，以幸福感作为因变量，进行单因素方差分析，以探究脱贫地区农村居民更换工作的次数的主观幸福感是否存在显著性差别，分析结果如表4-25所示。幸福感的显著性水平小于0.05，说明更换工作次数对农村居民的幸福感影响方面存在显著性差异。

表4-24 脱贫前后农村居民更换工作的次数

脱贫前		选项	脱贫后	
频数	百分比/%		频数	百分比/%
134	23.72	A. 1份及以下	195	34.51

续表

脱贫前		选项	脱贫后	
频数	百分比/%		频数	百分比/%
181	32.04	B. 2~3份	181	32.04
147	26.02	C. 3~4份	130	23.01
103	18.23	D. 5份以上	59	10.44

表4-25 脱贫后农村居民更换工作的次数对幸福感的单因素方差检验

变量	更换工作次数	F	显著性（Sig.）
幸福感	1份及以下	8.352	0.000
	2~3份		
	3~4份		
	5份以上		

2017年中央一号文件指出："支持进城农民工返乡创业，带动现代农业和农村新产业新业态发展。"在此背景下，国家在移民回流创业层面实施了很多支持、鼓励、吸引其返乡创业的相关政策，这在一定程度上提高了农民从事个体或者自己开公司或工厂的比例，进而为乡村脱贫提供了新的就业岗位。另外，脱贫地区利用相应产业或者全域旅游业带动当地经济社会发展，也创造了更多的新的就业岗位，使得无业人员的比例明显下降。相较脱贫前，从更换工作的频率来看，由于本地周边企业或者工作岗位的缺少，为了生活所需和增加收入，农村居民不得不面临经常更换工作的风险和两难选择，兼职数种不同的零工、散工。

（2）经济与幸福感。

①脱贫前后家庭年收入对比分析。

如表4-26所示，脱贫前，家庭年收入为5000元以下和5000元至1万元的人数占比将近60%；脱贫后，家庭年收入为5000元以下和5000元至1万元的人数占比大大降低，收入为5万元以上的大幅上升。以上迹象从侧面表明脱贫成果显著。

表4-26 脱贫前后农村居民家庭年收入情况对比

选项	脱贫前占比/%	脱贫后占比/%
（空）	0.35	0.35
5000元以下	28.14	5.66
5000~1万元	30.62	8.85
1万~2万元	23.54	24.07
2万~5万元	16.81	26.02
5万元以上	0.53	35.04

接着，假设家庭年收入为自变量，以幸福感作为因变量，进行单因素方差分析，以探究家庭年收入对农村居民的主观幸福感是否存在显著性差别，分析结果如表4-27所示。幸福感的显著性水平小于0.05，说明家庭年收入对农村居民的幸福感影响方面存在显著性差异。

表4-27 家庭年收入对幸福感的单因素方差检验

变量	家庭年收入	F	显著性（Sig.）
幸福感	5000元以下	5.762	0.000
	5000元~1万元		
	1万~2万元		
	2万~5万元		
	5万元以上		

②脱贫前后家庭收入主要来源对比分析。

如表4-28所示，脱贫前，家庭收入主要来源占比最多的是务农，超过1/3；脱贫后，务农人员占比减少，外出打工、房屋出租、村集体分红占比明显提高。

表4-28 脱贫前后农村居民家庭收入主要来源情况占比对比

选项	脱贫前占比/%	脱贫后占比/%
务农	32.57	19.654
外出打工	31.5	35.58
房屋出租	17.17	23.72
村集体分红	11.33	13.98
其他	7.43	7.08

诸多已有研究结论显示，收入的增加会提升幸福感，虽然有著名的伊斯特林悖论，但是伊斯特林悖论研究的是发达国家，脱贫地区的收入远远没有达到这个程度，所以在显著的脱贫效果下，收入的提升对于幸福感的提升最直接且明显。脱贫后，务农的比例下降，因为相对于原来务农来说其他的工作更加轻松，且由于产业脱贫和旅游脱贫所带来的村集体分红也提升了脱贫地区农村居民的幸福感。

（3）工作满意度与幸福感。

①脱贫后工作满意度分析。

设工作满意度为自变量，幸福感为因变量，进行单因素方差分析，探究工作满意度对脱贫地区农村居民幸福感是否存在显著性差别，其分析结果如表4-29所示。分析结果表明，幸福感的显著性水平小于0.05，说明工作满意度不同的农村居民在幸福感方面存在显著性差异。

表4-29 农村居民工作满意度对幸福感的单因素方差检验

变量	工作满意度	F	显著性（Sig.）
幸福感	非常满意	3.739	0.005
	比较满意		
	一般		
	不太满意		
	非常不满意		

②脱贫后去劳动时交通便利程度分析。

假设交通便利程度为自变量，幸福感作为因变量，进行单因素方差分析，以探究交通便利程度对脱贫地区农村居民幸福感是否存在显著性差别，分析结果如表4-30所示。分析结果表明，幸福感的显著性水平大于0.05，说明交通便利程度不同的农村居民在幸福感方面不存在显著性差异。

表4-30 农村居民脱贫后交通便利程度对幸福感的单因素方差检验

变量	交通便利程度	F	显著性（Sig.）
幸福感	相比较之前非常方便	1.277	0.278
	相比较之前比较方便		
	一般		
	相比较之前不太方便		
	相比较之前不方便		

7. 社会保障与幸福感——脱贫前后有无社保对比分析

表4-31 农村居民脱贫前后有无社保调查情况

脱贫前		选项	脱贫后	
小计	比例		小计	比例
143	25.31%	A. 有	480	84.96%
422	74.69%	B. 没有	85	15.04%

如表4-31所示，通过对比分析，笔者发现，脱贫前有社保的被调查者仅占1/4，而脱贫后有社保的被调查者占比上升为84.96%。在脱贫地区政府的领导下，随着医疗保障与社会保障的大力普及，农村居民享受到了切实福利，具有更大的安全感，幸福感大幅上升。

8. 居住环境与幸福感

分别设自然环境、治安情况、配套设施、交通出行为自变量，幸福感为因变量，进行单因素方差分析，以探究这四个因素对脱贫地区农村居民幸福感是否存在显著性差别，分析结果分别如表4-32、表4-33、表4-34、表4-35所示。配套设施因素作为自变量时显著性水平大于0.05，说明配套设施对农村居民主观幸福感方面不存在显著性差异；自然环境、治安情况、交通出行这三个因素作为自变量时显著性水平小于0.05，说明这三个因素对脱贫地区农村居民主观幸福感的影响存在显著差别。

综上所述，调研发现农村居民主观幸福感与年龄、受教育程度、健康状况、平均每年看病次数、平均每次看病花费、脱贫后社交频率的变化、社会环境融入程度、更换工作次数、家庭年收入、工作满意度、社保、自然环境、治安情况、交通出行，共计14个指标显著相关；而与性别、婚姻状况、脱贫后去劳动的交通便利程度、配套设施,共计4个指标相关性不显著。

表4-32 农村居民自然环境对幸福感的单因素方差检验

变量	自然环境	F	显著性(Sig.)
幸福感	非常好	4.460	0.001
	比较好		
	一般		
	不太好		
	非常不好		

表4-33 农村居民治安情况对幸福感的单因素方差检验

变量	治安情况	F	显著性(Sig.)
幸福感	非常好	3.477	0.008
	比较好		
	一般		
	不太好		
	非常不好		

表4-34 农村居民配套设施对幸福感的单因素方差检验

变量	配套设施	F	显著性(Sig.)
幸福感	非常完善	2.086	0.081
	比较完善		
	一般		
	不太完善		
	非常不完善		

表4-35 农村居民交通出行对幸福感的单因素方差检验

变量	交通出行	F	显著性(Sig.)
幸福感	非常便捷	3.650	0.006
	比较便捷		
	一般		
	不太便捷		
	非常不便捷		

三、脱贫后农村居民主观幸福感实证分析

(一) 综合因子确定

经过前文的单因素分析,我们筛选出了与农村居民主观幸福感存在明显相关关系的 14 个指标。结合前文中影响因素调查表效度检验的结果:KMO 值为 0.751,巴氏检验显著性 P 值为 0.000,说明这些指标之间有共同因素存在,适合进行因子分析。

综上分析,在这里为了减少变量个数、排除变量间的重复关系,我们采用主成分分析法,将这 14 个具有线性相关特征的变量 X_1,X_2,X_3,…,X_{14} 转换成另一组不相关的变量,即主成分因子 F_1,F_2,F_3,…,F_{14},然后对这些新的综合因子进行因子分析,考察它们与原始指标间的数量关系,确定综合因子的内部结构及其所代表的经济意义。以 14 个原始指标为基础,利用 SPSS 进行主成分分析,结果如表 4-36 所示。

根据累计总方差不低于 80% 与特征根大于 1 的原则提取公因子,如表 4-36 所示,前 5 个因子的特征根均大于 1,累计方差贡献率达到 80.095%。据此,我们可以认为这 5 个主成分反映了影响农村居民主观幸福感水平的绝大部分原因。

表 4-36 总方差解释

成分	初始特征值			提取载荷平方和		
	总计	方差百分比/%	累计百分比/%	总计	方差百分比/%	累计百分比/%
1	4.823	39.274	39.274	4.823	39.274	39.274
2	2.885	14.230	53.504	2.885	14.230	53.504
3	1.967	12.753	66.257	1.967	12.753	66.257
4	1.562	8.865	75.122	1.562	8.865	75.122
5	1.034	4.973	80.095	1.034	4.973	80.095
6	0.965	4.012	84.107			
7	0.920	3.828	87.935			
8	0.754	3.085	91.020			
9	0.602	2.982	94.002			
10	0.450	2.547	96.549			

续表

成分	初始特征值			提取载荷平方和		
	总计	方差百分比/%	累计百分比/%	总计	方差百分比/%	累计百分比/%
11	0.278	1.830	98.379			
12	0.163	0.997	99.376			
13	0.073	0.590	99.966			
14	0.025	0.034	100.000			

注：提取方法为主成分分析法。

表4-37 旋转成分矩阵

相关指标	成分				
	1	2	3	4	5
年龄	-0.794	-0.222	-0.122	-0.204	-0.167
受教育程度	0.845	0.056	0.403	0.036	0.166
健康状况	0.346	0.605	0.185	-0.425	-0.103
平均每年看病次数	0.032	0.879	0.005	0.352	0.155
平均每次看病花费	0.234	0.768	0.157	0.040	0.102
社交频率的变化	0.116	0.124	0.886	0.115	0.023
社会环境融入程度	0.088	0.026	0.905	0.071	0.085
更换工作次数	-0.730	0.084	0.086	-0.386	-0.167
家庭年收入	0.082	0.028	0.078	0.798	-0.116
工作满意度	0.587	0.076	0.202	0.064	0.047
社保	-0.106	0.009	0.178	0.806	0.036
自然环境	0.004	0.353	0.166	0.083	0.876
治安环境	0.012	0.166	-0.304	0.120	0.646
交通出行	0.486	0.126	0.212	0.245	0.509

注：提取方法为主成分分析法。

为进一步探究这五个主成分的构成并赋予其逻辑意义，我们采用因子正交旋转的方法，简化因子负载矩阵的行与列，使五个主成分的因子负载荷矩阵中的每一列元素的绝对值向0和1两极化，分析结果如表4-37所示。表明因子1在年龄、受教育程度、工作满意度、更换工作次数（即职业稳定性）上有较大载荷，因此，将其命名为劳动力资本因子；因子2在健康状况、每年看病次数和每次看病花费上有较大载荷，故将其命名为健康状况因子；因子3在社交频率的变化和社会环境融入程度上有较大载荷，将其命名为城市适应因子；因子4在家庭年收入、有无社保上有较大载荷，因此，命名为生活保障因子；因子5在自然环境、治安情况、交通出行上有较大载荷，因此，命名为环境因子。

（二）模型构建

根据主成分分析，本节将影响农村居民主观幸福感的因素归纳为5个因子，故农村居民主观幸福感函数可以表述为：

$$SWB_i = f(F_1, F_2, F_3, F_4, F_5) + \varepsilon_1$$

其中，SWB_i表示第i位被测者的主观幸福感；F_1，F_2，F_3，F_4，F_5分别表示上述5种对失地农民幸福感存在影响的主成分；ε_1表示随机误差。

在幸福感函数$f(x)$的具体计算上，目前学界主要有两种取向：一是将幸福感视为连续变量，采用最小二乘法（OLS）分析各因子对幸福感的影响；二是将幸福感视为定序变量，通过Probit或Logit模型来估计各影响因素的作用。实际上，很多学者对上述两种方法计算出的结果进行了比较，结果发现差异并不显著。

考虑到本节所采用的主观幸福感量表所测得的幸福感指数为[-10, 22]内的整数，取值较多，因此，在这里我们将幸福感近似视为连续变量，选择OLS估计法来确定农村居民主观幸福感函数模型。故农村居民主观幸福感函数可以变形为：

$$SWB = \beta_1 F_1 + \beta_2 F_2 + \beta_3 F_3 + \beta_4 F_4 + \beta_5 F_5 + \alpha$$

其中，SWB为农村居民主观幸福感；F_1，F_2，F_3，F_4，F_5为主成分分析获得的综合因子；β_1，β_2，β_3，β_4，β_5表示5个因子对应的系数，α为常数项。

基于调研数据，利用SPSS计算各因子系数，计算结果如表4-38所示。

表4-38 幸福感回归模型各因子系数

模型	未标准化系数		标准化系数	t	显著性
	B	标准误差	Beta		
常量	16.863	0.525		30.935	0.000
F_1	1.374	0.536	0.685	6.382	0.000
F_2	1.532	0.487	0.306	4.993	0.001
F_3	1.850	0.473	0.368	2.527	0.023
F_4	1.291	0.583	0.256	2.903	0.006
F_5	0.387	0.542	0.076	2.163	0.037

结合表4-38，可以得出农村居民主观幸福感函数模型为：主观幸福感=0.685×劳动力资本因子+0.306×健康状况因子+0.368×城市适应因子+0.256×生活保障因子+0.076×环境因子。模型回归结果表明，各因子系数在95%的置信度下显著，通过显著性检验；同时，模型整体拟合结果如表4-39所示，调整后的R^2为0.807，说明整体拟合较优，构建的模型可接受。

表4-39 幸福感回归模型检验

R	R^2	调整后的R^2	标准估计的误差
0.902	0.835	0.807	3.675

从上述构建的农村居民主观幸福感模型来看，5个因子所对应的系数均为正值，因此，我们可以认为农村居民的主观表现在这5个因子上的得分越大，那么他们的幸福感水平也就越高，反之，则越低。因而，通过分析脱贫前后这5个因子得分的变化，我们就可以大致掌握农村居民主观幸福感的变化情况及其内在原因。

（三）脱贫地区农村居民幸福感水平提高的原因分析

基于农村居民主观幸福感模型，本章将从劳动力资本因子、健康状况因子、城市适应因子、社会保障因子和环境因子等角度出发，结合农村居民幸福感的实际情况，对其幸福感整体水平提高的原因进行分析。

1. 劳动力资本因子分析

由前述分析可知，劳动力资本因子与农村居民年龄、更换工作次数呈反比关系，与其受教育程度和工作满意度呈正比关系。

就本次调查的样本来看，农村居民的年龄普遍年轻化，50岁及以上的中老年人仅占样本总量的10.98%，半数以上的人年龄集中在20~40岁，整体呈现出人口年轻化趋势。

在脱贫政策实施前，中国大多数农村对于知识和技术没有太高的要求；然而，随着中国经济的发展、义务教育制度的实施、脱贫工作的开展等，原有的农村生活生产模式被打破，大量农民进入城市，为了获得工作必须参与激烈的竞争。在这一过程中，学历成了重要的竞争手段。农村居民的受教育程度普遍提高，受访者中，小学及以下学历仅占18.23%，近六成的人学历在高中及以上，说明我国义务教育普及程度有了显著提高。

调查数据显示，与脱贫前的职业相比，有近六成被调查者表示对工作非常满意或者比较满意，约两成的人认为工作一般，约两成的人表示对工作不满意或者非常不满意。

年龄与工作满意度的交叉分析结果如表4-40所示，在对工作非常不满意的年龄分布中，30~40岁与40~50岁这两个年龄段的调查者对于工作的不满意度相对较低，而较为年轻的30岁以下及50岁以上的调查者对于工作的不满意度与平均值相比偏高，说明30~50岁的调查者正值就业能力水平最佳时期，且具有一定的工作经验加上正处于壮年时期，因此，该人群找到的工作相对比较满意；而30岁以下的人群由于工作经验不足，职业技能处于上升期，加上自身对于工作的回报期望值偏高，因此，对于当前从事或者能够找到的工作满意度不高；50岁以上的人群，基于年龄较大，对于社会新技能适应能力较差等因素，不容易找到他们满意的工作。

在更换工作次数方面，将农村居民脱贫前后更换工作次数进行对比发现，更换5次及以上工作次数的人数大大减少，更换1次及以下工作次数的人数有所增加。

综上所述，受年龄、受教育程度、工作满意度和更换工作次数这4个因素的影响，农村地区实现脱贫后，农村居民在劳动力资本因子上的得分有所上升。

表4-40　年龄与工作满意度的交叉分析

X/Y	A. 非常满意	B. 比较满意	C. 一般	D. 不太满意	E. 非常不满意	小计
20岁以下	27 (27.27%)	26 (26.26%)	20 (20.20%)	13 (13.13%)	13 (13.13%)	99
20~30岁	38 (21.23%)	57 (31.84%)	45 (25.14%)	21 (11.73%)	18 (10.06%)	179
30~40岁	39 (31.71%)	44 (35.77%)	22 (17.89%)	10 (8.13%)	8 (6.50%)	123
40~50岁	38 (36.89%)	32 (31.07%)	15 (14.56%)	13 (12.62%)	5 (4.85%)	103
50岁以上	15 (24.59%)	22 (36.07%)	14 (22.95%)	3 (4.92%)	7 (11.48%)	61

2. 健康状况因子分析

健康状况因子与农村居民健康状况成正比，与其平均每年看病次数和平均每次看病花费成反比。

根据本次受访者问卷，农村地区脱贫后医疗水平有了显著提高，使得村民的健康水平有了显著提高。据统计，目前健康状况良好（即选择"非常健康"和"比较健康"）的原住民将近七成，少部分的农村居民处于"不太健康"和"不健康"的状态。

脱贫前后平均每年看病次数和脱贫前后平均每次看病花费对比情况分别如表4-41、表4-42所示。

就看病次数而言，脱贫后，农村居民平均每年看病次数的分布仍呈逐渐下降趋势，每年看病次数在5次以下的人群有所增加；就看病花费而言，脱贫后，农村居民平均每次看病花费呈现降低的态势，平均每次看病花费在200元以下及201~500元的人有所增加。

村民平均每年看病次数和平均每次看病花费的减少，也是村民幸福感提升的一个因素。在脱贫后，由于经济的发展以及政府对于医保的全面普及，使得脱贫地区农村居民病有所医，当个人的身体健康可以得到保障的时候，就在某一方面提升了脱贫地区农村居民的安全感。总之，脱贫后，由于卫生和医疗条件的改善，农村居民在健康状况因子上的得分有所提高。

表4-41 脱贫前后平均每年看病次数对比

状态	统计	0次	1~5次	6~10次	10次以上
脱贫前	频数	80	160	119	206
	占比/%	14.16	28.32	21.06	36.46
脱贫后	频数	189	220	102	54
	占比/%	33.45	38.94	18.05	9.56

表4-42 脱贫前后平均每次看病花费对比

状态	统计	200元以下	201~500元	501~1000元	1000元以上
脱贫前	频数	120	175	139	131
	占比/%	21.24	30.97	24.6	23.19
脱贫后	频数	174	212	119	60
	占比/%	30.8	37.52	21.06	10.62

3. 城市适应因子分析

城市适应因子与农村居民社交频率和社会环境融入程度呈正比例关系。本章根据城市适应因子的构成将其划分为心理适应和生理适应两个维度，心理适应主要是指人际关系的适应，通过社交频率来反映；生理适应则是对社会环境的适应，通过社会环境融入程度来反映。

心理适应方面，脱贫后，农村居民之间的关系有所上升。统计数据显示，有约65%的农村居民认为他们的社交频率比脱贫前提升，有将近两成的人表示社交频率没有变化，只有小部分人表示社交频率有所减少。造成这一现象的原因，很大程度上在于脱贫后家庭成员间工作相对稳定，不用再为生活担忧，有时间进行社交。

在生理适应方面，脱贫后，只有不到两成的人表示很少融入或者完全不能融入社会环境，其余表示都可以融入。主要原因在于人民收入提高，幸福感提升，心理通畅，可以比较好地融入社会环境。总之，脱贫后，由于社交频率的增加和社会环境的融入，农村居民在城市适应因子上的得分提升。

4. 社会保障因子分析

如表4-43所示,社会保障因子与家庭年收入、有无社保成正向关系。脱贫后,农村居民家庭的年收入水平有了很大提升,主要原因在于居民在实现脱贫期间,政府鼓励有能力的村民就近或外出打工,加上国家对耕地实行的保护政策,使得家庭年收入有了很大提升。

表4-43 脱贫前后农村居民家庭年收入情况对比

状态	统计	(空)	5000元以下	5000~1万元	1万~2万元	2万~5万元	5万元以上
脱贫前	频数	2	159	173	133	95	3
	占比/%	0.35	28.14	30.62	8.85	16.81	0.53
脱贫后	频数	2	32	50	136	147	198
	占比/%	0.35	5.66	8.85	24.07	26.02	35.04

如表4-44所示,脱贫后农村居民的社保覆盖率高了很多。在本次调查中,脱贫后有社保的农村居民占比为近85%,相比于脱贫前社保覆盖率有了较大提升。尽管参加社保后,农村居民每月每人所需承担的生活支出费用有所增加,但到了退休年龄后,相应的退休金也会增加,且医保指定的医院数量和医疗水平也在上升,报销的额度也将增大。整体上看,因为家庭年收入的增加和社保覆盖率的大幅提高,农村居民在社会保障因子上的得分上升。

表4-44 脱贫前后农村居民有无社保对比

状态	统计	有社保	无社保
脱贫前	频数	143	422
	占比/%	25.31	74.69
脱贫后	频数	480	85
	占比/%	84.96	15.04

5. 环境因子分析

环境因子与自然环境、治安情况、交通出行均呈正比关系。

调查数据显示,脱贫后人们对自然环境、治安情况、交通出行的满意度均提升。原因在于脱贫后居民收入提高,可能搬到了更好的居住地方,好的居住地方往往有好的自然环境、治安良好和交通便利。

分析表明，脱贫后，劳动力资本因子、健康状况因子、城市适应因子、社会保障因子和环境因子的得分都呈现上升趋势，进而出现脱贫后农村居民幸福感水平整体上升的现象。

四、提升乡村居民幸福感的政策建议

1. 劳动力因子方面

进一步完善就业保障体系，提升脱贫地区农村居民就业工作质量。随着国家脱贫攻坚战的胜利，脱贫后的地区，再就业和更换工作的频率（就业稳定性）较未脱贫时整体情况都有了很大改善，但与发达地区的差距仍然存在。所以，为了进一步提升脱贫地区农村居民幸福感，政府应该从内、外两方面改善劳动力的就业。

第一，乡村内部，政府为了能使更多的无业人员就业，开展了大量的培训活动。但是实际上，培训的效果并不理想，这是因为其培训内容单一，且缺少宣传。对此，政府应该通过有效的现代媒体宣传手段进行宣传和推广，一方面宣传培训的内容，另一方面宣传培训后的好处；另外，应该根据脱贫地区农村居民的实际情况，制定真正适合该地区居民的培训内容，培训后对参与培训人员进行考核，考核通过的，方可辅助其就业。

第二，乡村外部，政府应该通过出台合理的税收政策和帮扶政策，吸引更多的企业和创业公司进驻，拓宽就业渠道和创造更多的就业机会，以达到更好的就业效果。对于创业公司的产品，政府可以为其宣传，以使公司产能增加，扩大规模，从而增加就业人员数量，同时也能提高就业者的收入。

2. 健康状况因子方面

进一步提高医疗保障系统，切实提升脱贫地区农村居民健康状况。在脱贫后，脱贫地区的农村居民健康状况有了进一步的改善，但是相对于城市及较发达地区差距还是很大的。为了进一步提升脱贫地区农村居民幸福感，政府应在整体和局部两个方面进行努力。

整体层面，应该加快农村医疗体系的建设，切实保障居民的身体健康。通过生态手段和科技手段改善人居环境，创造更加生态宜居的居住环境。通过开展医疗知识的宣讲等活动使居民都有更好的生活习惯和更好的预防疾病的能力。

因地具体层面，对于一些身体健康状况差的孤寡老人、留守儿童等，应进行对口帮扶，以提供更多的护理关怀。对于有重病的居民，应为其提供去大城市治疗的相关帮扶和补助政策。

3. 城市适应因子方面

在城市适应因子方面，社交频率的提升和城市适应性（社会融入）的增强，都能显著地提高脱贫地区农村居民幸福感。

社交频率方面，村集体可以定期组织一些休闲娱乐活动，以便更好地增加村民之间的交流，组织一些活动，让原本枯燥的农村生活变得丰富多彩。

社会融入方面，相对而言，中青年人做得相对较好，年龄偏大的人就相对差一点。所以，可以由村集体组织一些科普讲座，把现代科技进步带来的实际便利与实惠带给更多的老年人。

4. 生活保障因子方面

生活保障因子方面，要进一步改善社会保障体系，重点完善劳动力市场。在这两方面，政府应该着重加强。

社会保障方面，政府应进一步扩大社保普及力度，让更多的人老有所医、老有所养。通过媒体的宣传，提高脱贫地区农村居民的参保意识，尽可能地做到让每一个人都有社保。同时在社保资金渠道方面，应该与更多的慈善机构以及爱心企业建立联系，使社保体系更加完善。

收入方面，应该破除劳动力市场上的就业歧视，降低行业准入门槛，让更多的脱贫地区的农村居民都有工作可做。完善户籍，让劳动力流动性得以提升。对于小微企业和初创企业不仅要有好的税收政策的支持，还应该给予技术上的帮扶，技术帮扶应该更加具体和实用。

5. 环境因子方面

环境、社会治安的改善，都对幸福感提升具有积极作用。当前，我国的治安环境已经非常好，现就生态环境和人居环境两个方面提出建议。

在生态环境上，应该继续贯彻落实《生态扶贫工作方案》，牢牢铭记"绿水青山就是金山银山"，在发展经济的同时，不能忽略了生态保护。政府也应该在发展的同时，加强对自然环境方面的监管与治理，制定合理的发展政策和奖惩方案。

在人居环境上，应该增加基础公共设施的建设，对现有的生活环境条件做进一步的提升，如厕所改革要贯彻落实，提倡农村垃圾分类，通过媒体宣传让垃圾分类的观念深入人心，政府也应该完善垃圾分类的基础条件，天然气改造工作也应该尽快完成，最大限度降低烧火做饭导致的废气排放等问题。农膜使用等问题都应该出台相关的政策，同时通过媒体进行宣传，让老百姓在思想上建立环保意识。

"小康路上，一个都不能少"。让脱贫地区农村居民的主观幸福感得到显著提升，是我党长期以来执政为民理念的充分体现。当前，在我国全面建成小康社会，在脱贫攻坚战取得全面胜利之际，不断提升人民群众的幸福感、获得感和安全感依然任重道远。因此，为了使脱贫地区农村居民的幸福感能够持续提升，党和政府还需在诸多方面做得更加仔细、更趋完善，继续努力前行。脱贫之后，面临的最大的风险点就是重新返贫。因此，未来五年巩固脱贫成果，防止返贫现象的发生，确保全民的幸福感、安全感、获得感，将成为"十四五"期间一项重要工作。

第三节 "十四五"时期乡村振兴面临的主要问题

一、城乡差距依然明显

当前，农村居民与城镇居民在收入水平和生活水平方面依然存在较大差距。2019 年，我国城乡居民人均可支配收入比为 2.64∶1，虽然相对 2010 年的 3.01∶1，已下降 36 个百分点，但差距依然很大。按常住地分，

2019年城镇居民人均消费支出28063元，农村居民人均消费支出13328元，其比值为2.11，高于工业化初期平均水平。

（一）城乡公共资源配置差距大

我国城乡公共设施水平的差异十分明显，各项公共设施基本上均呈现"城市—县城—建制镇—乡驻地—村庄"梯度递减的显著特征，如表4-45所示。

表4-45 2019年全国城乡公共设施水平

行政单位	用水普及率/%	燃气普及率/%	污水处理率/%	人均硬化道路面积/平方米	人均绿化面积/平方米
市	98.78	97.29	96.81	17.36	14.36
县	95.06	86.47	93.55	18.29	13.10
镇	88.98	54.45	54.43	15.23	2.71
乡	80.50	26.81	33.30	20.16	1.59
村	80.98	31.36	—	11.76	—

数据来源：《中国城乡建设统计年鉴》（2020）。

近年来，在生态文明建设与乡村振兴战略的推进下，我国城镇与乡村在污水处理率、用水普及率、人均绿化面积、燃气普及率、供水普及率等基础环境设施建设方面都发展较快，但存在的差距依然较大。在基本生活设施方面，城市、县城、建制镇、乡驻地、村庄依次递减，城市与村庄之间的供水普及率相差17.8个百分点，燃气普及率之间相差65.93个百分点。在环境基础设施方面则表现得更为明显，城市与乡村之间的污水处理率相差63.51个百分点。城镇与乡村在生活设施、公共环境等方面的差距较为明显，表现为农村地区基础设施供给总体规模不足、设施质量不高、服务保障欠缺，人居环境有待继续改善。基于此，建立健全城乡融合发展体制机制和政策体系，持续加大乡村建设投入，统筹规划，有助于乡村振兴战略的推进实施。

（二）乡村社会保障水平仍然较低

与城镇居民相比，农村居民享有的医疗、养老保障水平较低，保障能力有限。2020年，全国农村乡镇医疗卫生机构床位仅有139万张，仅占城市的49.4%,农村每千人口卫生技术人员仅为城市的51.4%,而且这两个指标的城乡差距总体上呈现不断扩大的趋势。此外,2019年底具有卫生室的村庄比例为95%,表明全国还有27000多行政村没有医疗室。中国城镇居民主要参加职工基本养老保险,农村居民主要参加城乡居民社会养老保险。人社部统计公报显示:2020年城镇职工基本养老保险基金支出为51301亿元,而同期城乡居民基本养老保险基金支出3355亿元,后者仅为前者的1/15;2020年,城镇职工离退休人员人均领取40198元,而城乡居民养老保险参保人员人均领取仅为2088元,前者是后者的19.25倍,虽然相对于2019年的20.7倍有所下降,但这种差距依然较大。第七次全国人口普查数据显示,乡村60岁以上老人比重已在40%以上,随着老龄化的加深,养老服务需求与养老服务供给之间的矛盾将日益尖锐。

(三) 乡村居民文化资本较为匮乏

文化资本这一概念最早由布迪厄提出,用来表示作为一种资本形式的文化,指对社会上层或主流文化的熟悉和掌握程度。国内大部分学者认为,现阶段农民文化资本的欠缺在一定程度上制约了他们的发展。农民从熟悉的乡村社会进入到工业化社会以后,面临着多重文化障碍,其文化资本的缺乏直接或间接制约了他们经济资本、社会资本的积累,进一步限制其发展。

如表4-46所示,城乡之间教育、文化、娱乐支出仍有一定的差距,这不仅体现在支出总量上,也体现在支出比例上。2020年,城市人均教育、文化、娱乐支出与农村人均教育文化娱乐支出的比值为1.98,相对于2013年的2.63来说有所下降,但总量上仍有1000多元的绝对差值,且在支出比例上城市地区也一直领先农村地区。城市与农村之间的文化资本差距的逐渐拉开,不仅会导致农村居民在社交、就业等方面竞争力的下降,进一步拉开城市和农村的差距,而且也会加速社会阶层的分化,造成新的社会矛盾。

表4-46 城乡教育文化娱乐支出及占比对照

年份	农村人均教育、文化、娱乐支出/元	农村人均消费性支出/元	城市人均教育、文化、娱乐支出/元	城市人均消费性支出/元	农村支出占比/%	城市支出占比/%
2013	754.6	7485.2	1988	18487	10.08	10.75
2014	859.5	8382.6	2142	19968	10.25	10.73
2015	969.3	9222.6	2383	21392	10.51	11.14
2016	1070	10130	2638	23079	10.56	11.43
2017	1171.3	10954	2847	24445	10.69	11.65
2018	1302	12124	2974	26112	10.74	11.39
2019	1482	13328	3328	28063	11.12	11.86
2020	1309	13173	2592	27007	9.94	9.60

资料来源：历年《中国统计年鉴》。

二、农业生产积极性不足

（一）农民主要收入来源发生转变

2015年后，农村居民收入来源中，工资性收入超过了经营净收入所占比重，农民增收越来越依赖外出务工工资和转移性净收入。2016—2019年工资性收入对农村居民收入增加的贡献率为43.1%，转移净收入的贡献率为26.8%，两者合计已经达到70%，经营净收入增长率一直远低于总收入增长率，成为农民增收的"包袱"。随着全国城镇化速度的降低，外出农民工数量增长率已经从2011年的4.35%快速下滑到2019年的0.84%。未来，农民的工资会更多地从本地就业中获取，而转移净收入占比也不可能无限制扩大。农民的财产净收入在2016—2019年增长了近六成，但因其占比过低，对农民收入增加的贡献率仅有2.7%，短期内还难以成长为农民的主要收入来源。

今后一个时期，按照近五年的农村收入增长率变化情况（见表4-47），经营净收入在农民的收入来源中还会进一步下降，而财产净收入和转移净收入还暂未形成可持续推动农民增收的条件，解决农民经营净收入和工资性收入协调增长的问题,将成为接下来一段时期"三农"工作的主线之一。

表4-47 2014—2019年农村居民收入增长率变化   (%)

年份	工资性收入增长率	经营净收入增长率	财产净收入增长率	转移净收入增长率	总收入增长率
2014	10.77	6.28	13.24	10.07	8.89
2015	9.16	5.28	8.19	12.67	8.24
2016	9.49	6.04	11.36	11.81	8.65
2017	9.05	6.58	12.90	12.19	8.82
2018	9.80	7.54	10.29	12.92	9.60
2019	5.93	5.47	11.00	11.02	6.93

资料来源:根据中华人民共和国农业农村部官方网站数据整理所得。

(二)农业生产收益率依然较低

如表4-48所示,我国粮食价格一直处于低位波动之中,从2011年到2020年,除大豆外的主要农产品价格涨幅都在0.2元/千克左右。虽然有粮食产量提升、粮食补贴共同促进农民增收,但种粮的收入相较于从事其他工作依旧很低;从农产品价格200指数变化上来看,粮油产品的贡献率也远低于菜篮子产品。因此,一部分农民转向蔬菜种植、禽畜养殖等方向。但由于我国部分农产品市场一度出现供需矛盾突出、价格波动较大的情况,使进场时机不佳的农户损失惨重。如表4-49所示,2016—2019年,由于生猪生产周期和非洲猪瘟共同作用,国产生猪产量下降了29.8%,但猪肉价格波动仍在合理范围内;2019年猪肉供需矛盾再度深化,猪肉产量下降近1000万吨,致使猪肉价格直线上涨近50%;2020年产量恢复,猪肉价格又下降到2019年的水平。在这期间,生猪价格以及作为饲料的豆粕等农产品价格波动巨大,大量没有参与到价格保障体系中(购买农业保险)的养殖户在这场波动中亏损严重,进一步丧失了养殖生产积极性。

表 4-48 2011—2020 年主要农产品价格变化

单位：元/千克

年份	粳稻	早籼稻	晚籼稻	小麦	大豆
2011	3.29	2.54	2.57	2.16	4.02
2012	3.47	2.89	3.10	2.20	4.36
2013	3.60	2.76	3.00	2.48	4.78
2014	3.62	2.82	2.98	2.53	4.64
2015	3.70	2.95	3.08	2.45	4.01
2016	3.65	2.93	3.08	2.43	3.68
2017	3.76	2.91	3.12	2.51	3.79
2018	3.78	2.87	2.99	2.48	3.49
2019	3.25	2.74	2.82	2.40	3.45
2020	3.38	2.74	2.82	2.44	4.43

表 4-49 2016—2021 年猪肉价格变化

单位：元/千克

年份	全国	东北	华北	西南	华东	华中	华南
2016	22.65	24.42	22.53	24.04	22.88	24.11	22.54
2017	19.91	19.89	19.52	20.45	19.81	19.73	20.96
2018	17.21	15.96	17.09	19.09	17.65	17.31	18.88
2019	29.63	28.73	30.63	32.27	31.52	29.84	32.72
2020	42.58	41.26	43.33	46.98	44.84	44.73	46.41
2021	25.35	24.10	25.15	27.22	26.35	26.04	29.79

资料来源：根据中华人民共和国农业农村部网站数据整理所得。

三、农村社会内部分化现象凸显

（一）农村之间的发展差距逐渐扩大

当前中国的农村，可划分为沿海沿江经济发达地区的农村以及广大的中西部一般农村。得益于地理条件以及较早开展乡村工业化运动，在21世纪前，经济发达地区的农村发展较快，基本实现了农业农村现代化，由于第二、第三产业发达，当地大多数农民早已进入第二、第三产业就业，同时城镇化、工业化建设吸引了大批外地农民工来这些地区就业。较为发达的产业基础和大量人口净流入，造成土地的价值大幅度提升，其中最明显的表现就是一般在农村无人问津的宅基地具有了较高的潜在市场价值，当地农民财产性收益大幅增加。

相对发达地区的农村而言，在占全国农村和农民80%以上的中西部地区，农民在农村中缺乏甚至就没有就业与发展机会。于是，农村青壮年劳动力进城务工经商，老弱病残群体留守农村，农业变成以老年人为主的老人农业。由于第二产业、第三产业不发达和老人农业的共同作用，中西部农村无法通过传统农业致富。改变传统农业，从种粮食到种经济作物的转变，是几十年来中西部大多数普通农村的发展轨迹。不过，高附加值的经济作物也具有高风险和高投入的特征，扣除风险与投入因素，当市场进一步扩大和发展时，种经济作物的收入与种普通粮食作物的收入相差无几。

按照中国社会目前所处的发展阶段，根据国内外已有研究的相关经验，在广大农村地区实现产业兴旺主要有三条路径：一是乡村工业化；二是发展新业态；三是扩大农业经营规模。然而，由于市场机制和资本流动规律，普通地区仅有的工业企业也正在逐渐向高新区集聚，乡村工业化的机遇已经过去，这条道路无法走通；扩大农业经营规模是发达国家乡村发展最常规的方法，但是，中国现有20亿亩耕地规模，2.2亿户农户，按户均计算耕地面积不到10亩，显然扩大农业经营规模只会让部分农民成为"事实上的无产阶级"，容易引发严重的社会问题。

因此，广大农村地区想要实现产业兴旺只能走发展新业态的道路。当前，大部分乡村地区发展新业态的方向为休闲农业或乡村全域旅游。但依靠城市人"乡土情结"赚钱的机会并不多，也过于被动。另外，发展休闲农业和乡村全域旅游必须具备较好的地域条件，诸如：自然风光独特、交通便利等，而往往具备这些条件的乡村并不缺乏发展机遇，同时其乡域经济条件不会太差。因此，仅仅依靠休闲农业和乡村旅游机遇带动农村产业兴旺，并不具有普适性，这类农村发展模式和实现路径，不能在一般农村复制和广泛推广。

当前中国存在三种不同形态的农村：一是经济发达地区的农村，以江浙沪地区的农村最为典型，这类农村早已实现工业化，占全国农村总数的两成左右；二是广大普通农村，主要从事传统农业，占全国农村七成以上；三是具有一定区位条件或旅游资源，适合发展休闲农业和乡村旅游的农村地区，占全国农村一成左右。而实现农业农村现代化的最大重点和难点，就是发展占全国农村七成以上的普通农村。

（二）农民的收入差距日益凸显

近年来，随着脱贫攻坚和全面小康建设农村经济快速发展，农村各地区经济差距总量上不断下降，但农民的家庭收入差距却在不断拉大，农民内部也出现收入差距悬殊的现象。农村的经济和知识精英与普通农民之间分化现象严重，普通农村往往出现"精英进城、老人留守、村庄空心化"的衰败景象。当前农村地区主要存在三种农户：一是家庭经济条件比较好、举家进城的农户；二是农户家庭中青壮年劳动力进城、老年人留守务农的农户；三是全家留村的农户。其中第二种农户占比最大，此类半工半农农户，一旦在城市中稳定就业，具备了全家进城的条件，就可能全家入城买房安居。大多数"半工半农"的农户家庭缺少全家进城的经济能力，只能凭借家庭代际分工获得务工和务农收入，实现渐进式入城。此外，还有部分农户因不能或不愿进城而全家留村。全家留守，尤其是青壮年劳动力留村，仅靠种自家承包土地的收入无法获得最基本的农村体面生活，因此，他们便会想方设法扩大农业经营规模，以得到更多收益。大量举家进城的农民致使众多土地荒废，留守农村的青壮年劳动力便可以通过承包土地的方式获得不低于外出务工的收入，这些农民就成为"中坚农民"。有时正是因为"中坚农民"具有在农村获利的机会，他们才能不进城务工经商也可以保持农村的体面生活。除此以外，农村还有一部分缺少进城机会的老弱病残群体，他们的存在使农民的收入差距问题更加明显。

第五章 乡村产业经济振兴

第一节 乡村产业经济振兴的基础

一、总体经济发展成效

(一) 宏观层面

回顾改革开放以来的 40 多年，中国的经济发展取得了举世瞩目的成就，社会生产力和综合国力不断增强，各项社会事业全面发展，人民生活总体上实现了由温饱到小康的历史性跨越，中国实现了从"赶上时代"到"引领时代"的伟大跨越。纵观其发展历程，我国经济发展经历了快速、高速增长到随着中国经济步入新常态，中国经济增长从高速转为中高速的演化，为实施推进乡村振兴战略奠定了良好的经济基础。

回顾过往的"十三五"发展时期，为全力推进经济结构优化和转型升级，2015 年党的十八届五中全会提出了"释放新需求，创造新供给"的指导方针。在前期经济增长所依靠的人口红利、低廉劳动力等比较优势渐显疲态，政策手段刺激经济的安全空间也已收窄的情况下，通过缩小城乡间的购买力差距来释放出新的市场需求，以及在产业由低端向中高端的爬行升级中提供新的供给侧改革便显得愈加重要。2016—2020 年，我国以提高发展质量和效益为中心，加快形成引领经济发展新常态的体制机制和发展方式，国内经济发展成效显著。

1. 经济发展整体向好

国内生产总值（GDP）指的是一个国家或地区在一定时期内，将全部生产要素投入生产所产出的全部最终的市场价值。GDP作为衡量一个国家或地区的经济状况与发展水平的重要指标，在国民经济核算中居于核心地位，通过对GDP进行核算、分析，可以清晰地了解该国或地区的经济发展状况和财富积累情况。"十三五"期间我国国内生产总值由2015年的676708亿元增长至2020年的1015986亿元，增速显著。

表5-1 2015—2019年六大行政区国内生产总值

单位：亿元

年份	华北	东北	华东	中南	西南	西北
2015	99951.89	57815.82	265837.90	188773.00	70918.49	39465.80
2016	106803.48	52409.79	292559.98	207914.29	78391.68	41990.74
2017	112205.08	54256.45	320111.56	226624.91	87633.04	46309.06
2018	119247.22	56751.59	345737.73	246310.52	95206.52	51453.88
2019	118819.29	50248.95	375472.59	274056.77	111912.50	54823.01
合计	1457031.9	271482.6	1599719.7	1143679.4	444062.23	234042.49

资料来源：《中国统计年鉴》(2020)。

如表5-1所示，以六大行政分区的视角来看，华北地区（北京市、天津市、河北省、山西省、内蒙古自治区）、东北地区（辽宁省、吉林省、黑龙江省）、华东地区（上海市、江苏省、浙江省、安徽省、福建省、江西省、山东省）、中南地区（河南省、湖北省、湖南省、广东省、广西壮族自治区、海南省）、西南地区（重庆市、四川省、贵州省、云南省、西藏自治区）、西北地区（陕西省、甘肃省、青海省、宁夏回族自治区、新疆维吾尔自治区），除东北以外的其他各地区经济在"十三五"规划期间都实现了可观的发展。其中增长幅度最大的为西南地区，其2019年GDP总量达到111912.5亿元，是2015年70918.49亿元的1.57倍。另外四个地区的增长幅度如下，华北地区2019年GDP总量为118819.29亿元，为2015年总量99951.89亿元的118%；华东地区2019年GDP总量为375472.59亿元，为2015年总量265837.9亿元的141%；中南地区2019年GDP总量为274056.77亿元，为2015年总量188773亿元的145%；西北地区2019年GDP总量为54823.01亿元，为2015年总量39465.8亿元的

138%。东北地区较 2015 年相比 GDP 总量略有下降，2019 年东北地区的 GDP 总量为 50248.95 亿元，是该地区 2015 年 GDP 总量的 87%。

2. 经济实力不断增强

2019 年全国人均 GDP 已达到 70892 元，相比于 2015 年的 50237 元，2019 年的人均 GDP 增长了 41%。除东北地区外，各地区人均 GDP 也均有不同程度的增长，其中增长幅度最大的依然是西南地区，在 2019 年人均 GDP 达到 54976 元，与 2015 年相比增长了 53%。华东地区的人均 GDP 为 2019 年各地区中最高，达到了 96851.71 元。在财政收入方面，全国范围内各地区排名如下：华东地区位居第一，达 38265.78 亿元；其次是中南地区 22711.02 亿元，华北地区 16373.94 亿元，西南地区 10268.78 亿元，西北地区 5421.85 亿元；东北地区最少，为 5032.11 亿元。其中与 2015 年相比增幅最高的是华东地区，其 2019 年财政收入是 2015 年的 123%。

"十三五"期间，全国人均可支配收入增长迅速。根据《中国统计年鉴》数据，2019 年全国人均可支配收入达到 30732.8 元，是 2015 年 21966.2 元的 1.4 倍。如表 5-2 所示，全国各地区人均可支配收入增长幅度明显。

表 5-2 全国居民按地区分组的人均可支配收入

单位：元

地区	2015 年	2016 年	2017 年	2018 年	2019 年
东部	28223.3	30654.7	33414	36298.2	39438.9
中部	18442.1	20006.2	21833.6	23798.3	26025.3
西部	16868.1	18406.8	20130.3	21935.8	23986.1
东北	21008.4	22351.5	23900.5	25543.2	27370.6

资料来源：《中国统计年鉴》(2020)。

（二）微观层面

伴随改革不断向前推进，我国经济持续不断地高速发展，中国经济社会进入了新发展阶段。根据经济发展相关理论和发达国家的发展经验来看，在经济发展进入新阶段之后，经济增长的主要动力源将会与之前截然不同，资源和环境"硬约束"趋紧的国情必然要求其放弃主要依靠资源要素投入支持的粗放型经济增长方式。基于此，提高生产要素利用率走集约型增长道路，就成为驱动经济持续快速增长的必然选择。由此，如何促进生产率增长成为迫切需要研究解决的关键问题。综观已有研究，生产率提高的关键在于优化产业结构、科技进步以及内生动力增长等。优化产业结构是经济增长研究的重要观点，自库兹涅茨的现代经济增长概念提出以来，学术界就经济增长与产业结构转型的关系进行了大量的理论和实证研究。产业结构转型不同于科技进步和内生经济增长等通过提高部门生产率来提升整个经济效率，其对生产率的影响表现在：将生产要素从低生产力部门向高生产率部门转移，以平衡不同部门要素生产率、提高全社会平均生产率水平。目前，由于机制体制、政策影响等，我国不同部门之间生产力的不平衡现象十分普遍。因此，通过产业结构的调整升级，实现产业间生产力的平衡，对促进我国经济发展具有重要的现实意义。

表5-3 三次产业贡献率 （%）

年份	第一产业	第二产业	第三产业
2015	4.4	39.7	55.9
2016	4	36	60
2017	4.6	34.2	61.1
2018	4.1	34.4	61.5
2019	3.8	36.8	59.4

资料来源：《中国统计年鉴》（2020）。

如表5-3所示，"十三五"期间全国三次产业对国民生产总值的贡献率略有变化。2015年，三次产业贡献率分别如下：第一产业为4.4%，第二产业为39.7%，第三产业为55.9%。此后的两年间第二产业GDP贡献率连续下降，2016年为36%，2017年下降至34.2%。2018年开始略有反弹，截至2019年第二产业的GDP贡献率回升至36.8%。表5-3中数据表明近年来第一产业对经济发展的贡献率最低，仅在4%左右；第三产业对我国GDP增长贡献率最高，对经济增长的支持最强。

表 5-4 三次产业就业人数

单位：万人

年份	第一产业	第二产业	第三产业
2015	21919	22693	32839
2016	21496	22350	33757
2017	20944	21824	34872
2018	20258	21390	35938
2019	19445	21305	36721

资料来源：《中国统计年鉴》（2020）。

如表 5-4 所示，从三次产业的从业人数变动看，"十三五"期间第一、第二产业的就业人员持续不断地向第三产业流动。2015 年，第一产业的就业人数为 21919 万人，第二产业为 22693 万人，第三产业为 32839 万人。截至 2019 年，三次产业的就业人数为：第一产业就业人数减少至 19445 万人，第二产业就业人数减少至 21305 万人，第三产业就业人数迅速增长至 36721 万人。总体来看，第一产业与第二产业就业人数近年不断下降，第三产业就业人数持续上升。

（三）经济发展成效的作用

改革不仅要有顶层设计，也要有评价标准。用什么样的标准来判断我国改革开放的成效，不仅是改革过程中面临的一个重大理论问题，也是一个重大的现实问题。改革开放初期，邓小平同志提出了"三个有利于"的重要思想，为我国评价改革开放提供了科学的判断标准。在 2016 年 2 月 23 日召开的中央全面深化改革领导小组第二十一次会议上，以习近平同志为核心的党中央提出改革的评价新标准：把"是否促进经济社会发展、是否给人民群众带来实实在在的获得感"作为改革成效的评价标准。这是在中国经济发展进入新常态、社会发展步入新阶段、改革全面深化呈现新态势的宏观格局下，提出的关于改革成效评价的重要标准。

首先，"两个是否"新标准与"三个有利于"思想是一脉相承的，体现了我国改革理论创新和改革进程的内在延续性和异质性。其次，我国改革过程中不同时期所面临的主要问题不同，发展重点不同，评价标准也必须与时俱进，不断赋予其新的内涵。"两个是否"的评价标准，是适应全面深化改革新形势、经济发展新常态的新论断、新思想，恰恰是对我国改革实践的新认识。其中，改革是推动中国经济社会发展的最强大动力。经济社会发展评价体系是改革的"指挥棒"，对改革具有极其重要的引导作用。同时，人民群众是历史的创造者和社会主义国家的主人，人民群众的拥护和支持是我党的力量源泉和胜利之本。因此，人民群众的获得感既是改革的目的，也是检验改革成效的标准。正如习近平总书记在庆祝中国共产党成立100周年大会上的重要讲话中强调，把人民对美好生活的向往作为奋斗目标，让人民生活幸福是"国之大者"。由此，"让人民群众有更多的获得感"既是对新一轮深化改革的要求，也是广大人民群众内心深处最深切的期盼。

自2015年开始，我国国内消费对国民经济增长的贡献率超过50%，伴随"十三五"时期国家经济总量的不断提高，经济发展水平的不断上升，我国人均可支配收入逐年提升，人民收入水平整体呈现富足的态势。居民消费能力的不断提升，不仅有利于满足人民对美好生活的向往，解决发展不平衡不充分之间的矛盾，同时也能够更好地激发居民的消费活力，促进经济的可持续发展。

二、乡村经济发展成效

（一）特点

1. 第一产业增加值占GDP比重持续下降

历年《国民经济和社会发展统计公报》数据显示，2016—2020年我国三次产业增加值占国内生产总值的比重变化为：第一、第二产业增加值占比持续下降，第三产业增加值占比持续逐年上升。以2019年为例，第一产业在GDP的构成中占比仅为7.1%，而在就业人数中，第一产业所占比重为25.1%。与第一产业就业人数相近的是第二产业，所占比重为27.5%，而第二产业占GDP构成的比重为39%。说明社会上有25%左右的人力资本进入第一产业，然而只产出了总量不到1/10的生产总值。近年来，基于不同产业间的收入差距引力作用，使得大量农业人口流入第二、第三产业。

2. 主要农产品产量总体稳定，粮食生产能力持续提高

2004—2018年，我国粮食实现"十六连丰"，总产量增加了54%，单产提高对总产增长的贡献达到66%。2019年我国粮食产量达66384.3万吨，比上年增产595.1万吨，增长0.9%，也是近年来产量最高的一年。2019年全国粮食种植面积为116064千公顷，比上年减少974千公顷，下降0.8%。全国粮食平均产量每公顷6272千克，比上年增长152千克，增长2%。

2020年相关统计数据显示，2014—2019年，我国第一产业主要畜产品产量整体有所下降。2019年，全国肉类总产量7758.8万吨，相比2018年的8624.6万吨，下降10%；其中猪肉产量4255.3万吨，相比2018年（5403.7万吨）下降21%；牛肉产量667.3万吨，相比2018年（644.1万吨）上升3%；羊肉产量487.5万吨，相比2018年（475.1万吨）上升3%。

3. 农村居民收入不断增加，脱贫攻坚不断推进

2019年，全国农村居民人均可支配收入为16020.7元，比上年（14617.0元）增长9.6%。农村居民生活水平不断提高，幸福感持续上升。脱贫攻坚战略推进目标良好，截至2019年，全国贫困人口551万人，贫困发生率为0.6%；相比上年（贫困人口1660万人，贫困发生率1.7%），贫困人数以及贫困发生率均下降显著。

4. 城乡一体化进程加快

改革开放以来，我国的城市化进程在经历了高速的发展阶段以后，到2011年城镇化率达到51.3%，也就意味着我国过半数的人口进入了城市生活。截至2019年，全国常住人口城镇化率已经超过60%，城市常住人口已达84843万人，说明我国城镇化的程度进一步加深。国家发改委印发的《2019年新型城镇化建设重点任务》中提出，深入推进城市群发展和培育发展现代化都市圈，表明我国城市化的中心任务将由乡村到城市转变为将城市发展为"城市带"，提升户籍人口城镇化率将是未来一段时间努力的目标。同时，根据《国家人口发展规划》，到2030年我国的城镇化率发展目标将达到70%，但未来我国仍会有大约4.5亿人生活在农村，推进城乡一体化发展仍是破解乡村经济问题的根本途径。

(二) 未来面临的问题

1. 农村产业兴旺任务艰巨

当前，农村产业涵盖农业、制造业和服务业，即由第一、第二、第三产业构成，但基于农村工业发展面源污染和缺少集聚效益，因此，乡村产业中第二产业就缺乏发展基础。当前全国和绝大多数农村主导产业是农业，并且是以家庭为基础的小规模农业，其中相当一部分是年轻人进城务工经商后由留守老年人从事的家庭农业（或者称为老人农业）。这些家庭农业由于其规模小、产业结构单一以及缺乏良好的农业社会化服务体系，因此，与产业兴旺相去甚远。

2. 农业生产效益低下

当前，我国农作物总种植面积为165931千公顷，其中，粮食作物种植面积为116064千公顷，占全国农作物种植面积的70%。由于农产品产业链较短，产品价值不高，品质参差不齐等，加上粮食作物的经济回报率相对较低，所以就会出现农业盈利能力较低的结果。与大田粮食作物相比，瓜果蔬菜等经济作物的盈利能力相对较高，但在充分市场条件信息下，由于农业平均利润率的自动调节，就会出现经济作物种植供过于求的市场行情。2016—2020年的统计数据显示，我国农业产值占GDP的比重低于9%，而中国农村有6亿多农村人口、2亿多农户来分享农业收益，这就意味着农民通过农业获得的收益很低。

3. 农产品供需矛盾突出

根据相关统计数据，自2013年起，全国居民对谷物类的消费量开始呈下降趋势。同时，禽类以及干鲜瓜果类高附加值农产品占食物消费比例持续增长。基于农业产业结构落后于多样化需求结构的变化，使得肉类、干鲜瓜果类等高品质农产品供需结构矛盾加剧。尤其始于2018年的世界主要经济体的贸易战与2019年底的新冠肺炎疫情，对我国的相关农产品贸易市场提出了巨大挑战。中国作为人口总量超14亿的人口大国，其内部生活消费结构、膳食结构等的变化以及国际经济贸易环境的日趋复杂化，使得我国农产品供应呈现紧平衡态势。

4. 城乡二元结构导致城乡发展不平衡

伴随我国改革开放的工业化、城市化进程的不断推进，2006年之前我国城乡发展是以工补农、以城带乡为导向，形成城乡二元社会结构，造成了城乡之间发展不平衡、中国农村和农民之间的分化及由这种分化所造成的不平衡。20世纪90年代以来，中国一直处在城市化快速发展阶段，且中国城乡之间是相互开放的，尤其是城市向农民开放，使得大量农民更愿意进城务工，继续加剧了中国社会内部的城乡发展不平衡以及中国乡村发展不充分的矛盾。以"十三五"为例，农村居民可支配收入水平虽然不断提升，但相对于城镇居民差距仍然较大。2019年，城镇居民人均可支配收入为42358.8元，农村居民的人均可支配收入为16020.7元，只相当于城镇居民收入的38%。同时，由于农村生产生活条件、基础设施建设以及基本公共服务与城镇差距较大，乡村人口空心化、留守儿童、老人农业等社会特征明显，又反作用于农村经济社会发展，使得农村建设任务艰巨。因此，乡村的发展不仅需要自身产业的兴旺，也需要制度安排。

2017年党的十九大提出乡村振兴战略，并提出城乡融合发展的体制机制政策，同时乡村振兴的"20字"总要求以及我国社会发展面临的新阶段、新任务使中国人民明白，在中国现代化进程中，农村是中国现代化的稳定器与蓄水池，农村是缺少进城能力和进城失败农民的退路。

第二节 乡村产业振兴的意义与成效

一、乡村产业振兴的作用与意义

党的十九大明确提出要实施乡村振兴战略，要求我们深刻把握现代化建设规律和城乡关系变化特征，顺应农民对美好生活的向往，让农户走上共同富裕的道路，汇聚起建设社会主义现代化强国的磅礴力量。

乡村振兴战略的核心是产业振兴[①]，产业兴则百业兴，农民既是乡

---

① 王晶晶. 乡村振兴战略核心:实现"五个振兴"[N]. 中国经济时报,2018-04-25(002). DOI:10.28427/n.cnki.njjsb.2018.002145.

产业振兴的主体，也是乡村产业振兴的受益者。通过实施乡村振兴战略，把亿万农民群众的积极性、主动性、创造性调动起来，通过产业振兴提高乡村居民收入，从而实现乡风文明、生态宜居的美丽乡村建设。实施乡村振兴的最终目标，是要彻底解决农村产业和农民就业问题，确保当地群众长期稳定增收、安居乐业。但无论是解决农民就业还是确保群众增收，都需要以产业发展为基础。农业强，产业必须强；产业旺，乡村振兴才有底气。

乡村产业振兴是实现农民就地就近就业增收的主要载体，也是激发农业农村多种功能价值的重要媒介；同时乡村产业振兴有利于坚持和落实农业农村优先发展的总方针，对促进乡村振兴高质量发展具有重要指导意义。

二、乡村产业经济振兴的成效：以河南省为例

（一）河南乡村产业经济振兴的成效

河南，古称中原、豫州、中州，简称"豫"，因历史上大部分地区位于黄河以南，故名河南。河南位于中国中东部、黄河中下游。截至2021年5月，河南省下辖17个省辖市，济源（济源示范区）1个省直管市，辖102个县（县级市），1791个乡镇，660个街道办事处。根据国家统计局公布的全国各地人口数量排名（第七次全国人口普查数据），2021年5月河南省人口数量为9937万人，全国排名第3位。按照2020年常住人口城镇化率54.2%的比重，意味着2020年河南仍有约4551.15万人生活在农村。2020年河南全省生产总值为54997.07亿元，位居全国第五，其中，第一产业增加值5353.74亿元，增长2.2%。因此，作为农业大省、农村人口大省的河南来说，做大做强做优乡村产业，推动农业高质量发展，让农业成为有奔头的产业，推动农业全面升级，既是河南乡村经济社会发展的根基，也是实现乡村振兴的关键所在。

党的十九大以来，河南省多措并举，深入推进乡村产业振兴。2018年，河南省委一号文件牢牢把握"中央一号文件"精神，对实施乡村振兴

战略进行了全面部署。包括在着力发展现代农业、加快构建农村一二三产业融合发展体系、加强农业农村大数据应用、发挥农民的主体作用、强化高端要素的支撑作用等五大方面发力①。河南粮食产量占全国的1/10,小麦产量占全国1/4强,生猪调出量居全国首位,农产品加工业产值超万亿元,农村劳动力转移就业总量全国第一。这些都是推进乡村振兴的坚实基础和独特优势②。

站在2021年的新起点上,回望河南70年发展,成绩可喜,人民生活水平实现跨越式增长。2020年河南农村居民人均可支配收入16107.93元,同比增长6.2%,农村居民人均消费支出12201.10元,同比增长5.7%。目前,国际上衡量一个国家农村居民生活水平的指标有很多,比如农村居民人均收入水平、消费水平、恩格尔系数等,印度将每天人均消费达到2~4美元作为评定是否达到中产阶层的标准。2020年河南省农村居民每天人均消费支出为33.13元,明显高于此标准,表明全省农村居民生活水平显著提升,农民切实享受到了国家经济发展、脱贫攻坚、全面建成小康社会等带来的红利,正朝着早日实现农村现代化以及共同富裕目标继续前进。2021年《河南省乡村产业振兴五年行动计划》描绘了未来五年河南省乡村产业高质量发展新画卷,新的征程正在开启。

(二)河南农村居民生活迈入新天地

1978年,改革开放的春风拂遍中国大地。自此,中国农村迎来了快速发展期。农村家庭联产承包责任制开始实施。1982年1月1日,中国历史上第一个关于农村工作的一号文件正式出台。自此,乡镇企业大力发展,鼓励农民发展多种经营,农村剩余劳动力向第二、第三产业转移,减免农业税费、实施惠农政策,加大农村农业基础设施建设投入和实施脱贫攻坚、乡村振兴战略等有步骤、分阶段的"三农"工作的不断推进,使得农

---

① 林风霞.以产业兴旺为基础推进乡村振兴[EB/OL].大河网,2018-05-14. https://theory.dahe.cn/2018/05-14/307556.html.

② 刘晓波.河南省乡村产业振兴五年行动计划解读[J].农村·农业·农民(A版),2021(10):18-19.

民生产积极性空前高涨，农村生产力水平持续提升。农业不再是河南农村居民简单且唯一的收入来源，工资收入、财产性和转移性收入日益增多，增收渠道持续拓宽①。

1982年以来，河南省农村居民衣、食、住、行、娱等生活方面发生了巨大变化。以1980年为基期，农村居民衣着方面消费支出为20元/年，食物仅限温饱需求，2019年农村居民衣着和食物消费支出增长显著，分别为819元和3030元；在住房条件方面，2019年农村居民人均房屋使用面积为29.4平方米，比1980年增加了22.4平方米；随着交通和通信等基础设施的不断完善，农村居民生活日益便利，交通通信支出占消费支出比重从1980年的0.1%上涨到2019年的13.0%；同时，农村居民文化娱乐生活也不断丰富，2019年文化娱乐支出占消费总支出比重为13.0%，比1980年提升了12.7%。2020年河南省农村居民人均可支配收入达16107.93元，相比1980年（160.78元）增长了约100倍；比2000年（1985.82元）增长了近8倍，河南农村居民普遍过上了人给家足的小康生活②。

（1）饮食方面：从吃饱穿暖到追求健康。

国以民为本，民以食为天。食物是人类生存的必要前提、是人民生活所系之根本。1982年以前，食物品种相对单一，吃饱吃好、营养健康，对大多数农村居民来说还是一个美好的愿景。但随着国家经济的发展，农村居民的饮食结构正在不断地发生变化。从果腹、温饱到追求美味，再到如今注重饮食健康，饮食习惯的改变反映出农村社会的发展状况。在主食的选择上，豆类逐渐替代部分谷物，蔬菜水果以及蛋奶消费比重不断上升。肉食方面，牛羊以及禽类、水产支出不断提高。零食支出从无到有。如表5-5所示，2019年河南省农村居民人均食品消费支出3030元，全省农村居民人均消费粮食137.13千克，油脂类7.68千克，蔬菜及菜制品76.34

---

① 刘仁鹏. 回眸百年：农民生活迈入新天地[J]. 四川省情，2021（5）：16-18.
② 根据《中国统计年鉴》（2020）与《2020年河南省国民经济与社会发展统计公报》数据整理（由于2019年之后《中国统计年鉴》中关于农村居民住房的统计数据调整，因此文中选用数据截止到2019年）。

千克，肉类 14.81 千克，禽类 5.69 千克，水产品 3.30 千克，蛋及蛋制品类 13.04 千克，奶及奶制品类 7.98 千克，干鲜瓜果类 52.83 千克，糖果糕点类 5.46 千克，酒 5.86 千克。食物选择多样、营养均衡以及饮食健康，已成为新时代河南省农村居民饮食生活新追求。

表 5-5　2019 年河南农村居民各类食物消费量

单位：千克/人·年

食物种类	消费量
粮食类	137.13
油脂类	7.68
蔬菜及菜制品	76.34
肉类	14.81
禽类	5.69
水产品	3.3
蛋及蛋制品	13.04
奶及奶制品	7.98
干鲜瓜果类	52.83
糖果糕点类	5.46
酒	5.86

资料来源：《河南统计年鉴》（2020）。

（2）衣着方面：从蔽体驱寒到追求品位。

1982 年以前，农村居民对衣物的需求重在蔽体驱寒，消费方式更多地表现为在缝纫店内量体裁衣，款式单一。由于在购买衣物方面的支出有限，对衣服款式的要求几近于无。随着农村居民收入水平的提高，款式新潮、质量较高的衣物成为消费者首选。衣服的功能不再局限于驱寒蔽体，穿着与搭配逐渐成为彰显自身个性与品位的重要方式。2019 年，河南省农村居民人均衣着消费支出仅为 819 元，占当年消费总支出的 7.09%。

（3）住房方面：从人有所居到追求宜居。

1982 年以来，河南农村居民的住房从土坯房到砖瓦房再到现今的两层甚至多层小楼房，住房条件不断改善，居住消费支出不断提高。2019 年河南省农村居民人均居住支出为 2479 元，与此同时，人均房屋面积提升至 29.40 平方米；其居住环境与配套设施也改善明显。截至2019年，河南省农村地区电网实现全覆盖，供水普及率达76.06%，煤气普及率为14.11%，绿化覆盖率为18.78%。居民居住环境大幅提升，生活品质大幅提高。

（4）交通通信：从骑车书信到开车电联。

20世纪80年代，自行车是农村居民最佳的代步工具，到90年代以后，摩托车开始大量进入普通家庭，一直到21世纪最初10年，我国乡村摩托车普及率大幅提高。与此同时，2006年国家"村村通"公路工程启动实施，河南省乡村公路建设如火如荼，使交通出行愈加便捷。同时，伴随经济发展，2010年前后，家用汽车开始出现在农村百姓家中。在农村消费者通信消费模式方面，据爱立信消费者研究室一项调查显示，截至2011年，在中国农村地区，固定电话的普及率已经降至46%，手机的普及率则上升至90%，家用电脑的普及率也达到了31%。2013年底前后，智能手机开始在中国普及。随着农村地区互联网普及率的迅速提高，智能手机也在乡村普及，固定电话逐渐淡出大众视野，智能手机成为农村居民生活中必不可少的一部分，人们之间沟通交流的便捷度迅速提高。2019年，河南省农村居民人均交通通信支出为1369元，农村居民的交通通信消费不断升级，生活便利度不断提高。

（5）医疗保健：从缺医少药到健康养生。

从20世纪80年代开始，解决温饱之后人们的健康意识不断增强，较之前的农村居民身体健康"小病拖，大病扛"的农村医疗条件状况有了根本改观，特别是在2002年全国开始推行农村新型合作医疗，随着相关政策的深化完善，财政支持力度不断加大，报销比例逐步提升。县、乡（镇）、村的三级医疗服务体系不断健全完善，全部乡镇均设有一个或多个医院，全部建制村均拥有卫生室，农村地区就医更加方便，医疗保障水平不断提升。人均预期寿命不断提高，河南全省的预期寿命男性为71.8岁，女性为77.6岁，农村居民身体各项数据指标也呈不断优化态势。2019年河南全省农村居民平均医疗保健消费支出为1462元，占消费支出的12%。

(6) 文化娱乐：从脱"盲"到追求文娱享受。

20世纪80年代后中国农村基础教育投入持续加大，特别是1986年九年义务教育开始实施后，河南全省县域义务教育均衡发展目标基本实现，全省小学、初中毛入学率接近100%，高中毛入学率已超过90%，农村居民对教育更加重视，文化教育程度和文化素养均得到显著提升。在重视教育的同时，丰富的文化娱乐活动也逐渐成为农村居民休闲娱乐的新宠。2019年，全省农村居民用于文化、教育、娱乐用品及服务等方面的平均支出为1459元，占消费支出的13%。随着河南农村居民的物质需求得到基本满足，农民更加注重对于精神领域的享受。

第三节 案例：洛阳沟域经济助力乡村产业振兴

一、沟域经济提出背景及其现实意义

（一）沟域经济概念的提出

沟域经济是指以山区自然沟域为基本单元，立足山区特殊自然地理条件，依托当地独特自然资源、文化积淀、资源禀赋和产业基础，对山、水、林、田、路、村和产业发展进行整体科学规划，因地制宜推进农村农产品种植业、畜牧养殖业、农产品加工业、电商零售业、生态旅游业、生产生活性服务业等产业发展[①]，着力建成绿色发展、融合发展、可持续发展的沟域经济示范带（区），最终实现促进区域经济协调发展、加快农村产业融合发展、带领农民致富等目标的一种山区经济发展新模式。

党的十九大报告提出，必须树立和践行绿水青山就是金山银山的理念，坚定走生产发展、生活富裕、生态良好的文明发展道路，坚持人与自然和谐共生，实施乡村振兴战略。2018年《乡村振兴战略规划（2018—2022年）》中提出，要树立"山水林田湖草是生命共同体"的系统思想，加强对自然生态空间的整体保护，修复和改善乡村生态环境，顺应村庄发

---

① 潘慧琳. 沟域经济奏响乡村振兴新乐章[J]. 决策探索（上），2020（6）：74-77.

展规律和演变趋势,分类推进乡村振兴①。2021年中央一号文件指出,全面推进乡村产业、人才、文化、生态、组织振兴,充分发挥农业产品供给、生态屏障、文化传承等功能,加快农业农村现代化,促进农业高质高效、乡村宜居宜业、农民富裕富足。因地制宜发展沟域经济不仅与乡村振兴战略五位一体的总要求相切合,也是分类推进乡村振兴的重要举措,对加快实现具有中国特色的乡村振兴具有重要意义。

(二) 发展沟域经济的现实意义

1. 为现代农业发展提供一种新模式

由于山区土地普遍存在土地平整度低、土地分布碎片化、土壤基础条件差等问题,土地利用率不高,单纯依靠农业生产收入低,因此山区土地流转困难、青壮劳动力外流严重。发展沟域经济有利于加快山区土地流转,增强山区活力;有利于充分开发利用山区资源,结合当地自然资源条件和文化底蕴打造特色文旅产业,提升地区知名度;有利于把山区农民组织起来,着力培养新型职业农民,提高农民综合素质和参与市场竞争的能力,有利于吸引高素质人才、吸引农民返乡创业,为农村可持续发展提供高素质人力资源;有利于科技成果的推广和农业生产机械化水平的提升,不断健全粮经饲统筹、种养加一体、农林牧渔结合的现代农业产业体系,推进一二三产业深度融合,加快实现农业产业集群集聚发展,使沟域经济逐渐成为我国现代农业的新发展模式之一②。

2. 有利于统筹城乡发展,加快城乡资源要素合理高效流动

工业和农业之间、城市和农村之间是相互联系、相互促进的,农业和农村发展离不开工业和城市的辐射和带动,工业和城市发展也离不开农业和农村的支撑和促进。但近年来随着城市化的快速发展,城乡差距逐渐扩大,劳动力及其他资源要素从乡村向城市快速流动聚集,城乡二元经济结

---

① 中共中央 国务院印发《乡村振兴战略规划(2018—2022年)》[EB/OL]. 中国政府网,2018-09-26. http://www.gov.cn/gongbao/content/2018/content_5331958.htm.

② 关于大力发展沟域经济推进农业高质量发展的实施意见[EB/OL]. 洛阳市人民政府,2020-10-21. http://www.ly.gov.cn/html/1/2/10/29/13/78/137/10931048.html.

构不断扩大,对城乡协调发展造成不利影响。破解二元经济结构,关键是要走城乡融合发展道路。现阶段,城乡差距大最显著的方面表现为基础设施差距大,城乡发展不平衡最突出的问题体现在公共服务不平衡。发展沟域经济有利于加快农村基础设施建设完善,促进农村教育、医疗、文化等公共服务水平提升,促进城乡公共服务均等化;有利于促进城乡要素双向流动,加快形成城乡要素均衡配置格局,加快解决长期以来农村各种要素由农村单向流入城市导致农村严重"失血"的问题;有利于推进城乡融合发展,加快形成以工促农、以城带乡、工农互惠、城乡一体的新型工农城乡关系。

3. 有利于实现乡村全面振兴,使农民共享乡村发展成果

2021年中央一号文件中提出,要全面推进乡村振兴。"全面"不仅意味着要从产业振兴、人才振兴、文化振兴、生态振兴、组织振兴五大方面推进乡村振兴,更意味着要在地域上实现全域的乡村振兴,而不是一部分乡村的振兴,在受众上实现惠及全体人民的乡村振兴,而不是一部分人的乡村振兴[1]。发展沟域经济有利于促进山区一二三产业融合发展,促进山区经济发展提质提速,实现产业振兴;有利于解决山区缺少人才、留不住人的问题,为山区农民就业提供更多机会,促进农民增收,吸引更多高素质人才投身山区建设发展,实现人才振兴;有利于传承和发展山区特色文化,丰富农民精神文化生活,在"富口袋"的同时"富脑袋",促进乡村文化振兴;有利于良好生态环境和居住环境的建设,守护绿水青山,保护土壤资源、水资源、林木资源,提升空气质量,实现生态振兴;有利于健全乡村治理机制、建强乡村骨干队伍以及推进形成领导有方、运转有序、治理有效的乡村组织振兴制度机制,实现组织振兴。发展沟域经济有利于将五大振兴落到实处,让全体农民共享全面乡村振兴成果,增强他们的获得感、幸福感、安全感,让广大农民生活得更加充实、更有保障、更可持续。

---

[1] 魏后凯,姜长云,孔祥智,张天佐,李小云. 全面推进乡村振兴:权威专家深度解读十九届五中全会精神[J]. 中国农村经济,2021(1):2-14.

二、洛阳市沟域经济发展路径

（一）洛阳市发展沟域经济的背景及现状

洛阳市位于河南省西部，地跨黄河、淮河、长江三大流域，西临秦岭，东依嵩岳，北靠王屋太行，山区丘陵地形占86.2%，总体呈现"五山四岭一分川"的地貌特征。境内沟谷交错，仅长度在1公里以上的沟谷就有16000多条，沟沟坎坎制约了山区发展，但山区独特的地理优势和得天独厚的自然资源在发展沟域经济方面却具有巨大潜力和优势。发展沟域经济既要立足沟域，正视沟域发展困境，又要跳出沟域，将劣势化为优势，塑造山区高质量发展新优势，实现山区沟域弯道超车，走出一条具有洛阳特色的山区乡村振兴之路。

为促进山区发展，统筹推进乡村振兴，洛阳市立足沟域地势、气候、文化等资源，创造性提出"沟域生态经济"的发展理念，以乡村振兴和脱贫攻坚为战略背景，以财政资金为引导、社会资本为主体，着力构建财政优先保障、金融重点倾斜、社会积极参与的多元投入格局，依托沟域发展沟谷文旅业、半坡林果业、坡顶生态林，探索农旅融合、文旅融合等发展模式，积极融入黄河流域生态保护和高质量发展新实践。2016年，洛阳市提出了"发展山区特色产业，建设豫西沟域经济示范区"重大专项。2020年，洛阳市在全市共新建市级沟域经济示范带20条（见表5-6）。随着特色沟域经济示范带的成功实践，洛阳市沟域经济发展模式逐渐发展成熟并展现出强大生命力，成为推进农业农村变革的新引擎。截至2021年7月，全市累计投入160亿元，建成市级沟域生态经济示范带64个，实现年产值33.5亿元，示范带内农村集体经济年均收入10万元以上，带动10.5万人口稳定增收，年均接纳周边务工总量达65万人次。2021年《洛阳市关于大力发展沟域经济推进农业高质量发展的实施意见》中提出，到2023年，全市将打造市级示范带80条，产值达到80亿元；到2025年，全市将打造市级示范带100条，产值达到100亿元，沟域经济将成为农业农村发展的新动能，成为农业农村高质量发展的一个重要路径。发展沟域经济是顺应农业农村发展新特征、加快转变农业发展方式、加快实现乡村全面振兴的重大举措，赋予了山区建设新的内涵，把开发理念由过去的靠山吃山转变为现在的靠山爱山、养山护山，让绿水青山变成金山银山。

表5-6　2020年洛阳市新建市级沟域经济示范带

序号	沟域经济示范带名称	所属市县（区）
1	马蹄泉沟域经济示范带	偃师市
2	送庄镇图河沟沟域经济示范带	孟津县
3	朝阳镇魏坡沟沟域经济示范带	孟津县
4	畛河生态谷沟域经济示范带	新安县
5	大河田园沟域经济示范带	新安县
6	香鹿山香谷民俗文化沟域经济示范带	宜阳县
7	锦屏山生态园沟域经济示范带	宜阳县
8	龙凤山沟域经济示范带	伊川县
9	紫荆山沟域经济示范带	伊川县
10	十八盘"梯田文化谷"沟域经济示范带	汝阳县
11	刘店镇"龙乡文化谷"沟域经济示范带	汝阳县
12	车村绸子河谷沟域经济示范带	嵩县
13	范坡龙潭沟域经济示范带	嵩县
14	玄沪河洛书小镇沟域经济示范带	洛宁县
15	牡丹康养小镇沟域经济示范带	洛宁县
16	天河康养旅游度假沟域经济示范带	栾川县
17	高山水镇沟域经济示范带	栾川县
18	朱樱谷沟域经济示范带	老城区
19	千花谷沟域经济示范带	瀍河区
20	沙河田园综合体沟域经济示范带	伊滨区

资料来源：根据洛阳市农业农村局内部相关资料整理。

（二）洛阳市发展沟域经济举措

1. 生态为基，绿色立业

发展沟域经济，底色在生态。洛阳市把保护沟域生态作为沟域发展的前提条件并贯穿始终，着重加强沟域自然生态空间的整体保护修复，以实施蓝天、碧水、净土、国土绿化、生态修复"五大行动"和"四河三渠"

综合治理为载体，深入推进沟域荒山绿化、水系治理、村庄环境治理、废弃矿山修复等生态治理工程。大力发展沟域循环经济、绿色经济，沟域内种植突出有机和生态元素，实施有机肥替代化肥、生物防治；养殖全部实现绿色循环发展，畜禽粪污实现无害化处理；农产品精深加工以不污染沟域环境为前提；沟域内发展文旅、康养等服务业要充分考虑生态环境承载力，把对沟域生态环境的影响降到最低。创新发展"生态+"沟域经济示范带，在沟底土壤及生产条件较好地区发展花卉苗木、观光农业，在沟腰气候适宜地区围绕林果种植发展经济林，在沟顶土薄地区通过荒山绿化发展生态林，使绿色成为沟域经济发展的底色，望得见山、看得见水、记得住乡愁①。

2. 产业为本，品牌强业

发展沟域经济，根本在产业。洛阳市按照"生态引领、产业基础、农旅贯通、产村融合"的思路，结合沟域自然资源特色和小气候特点，因地制宜发展沟域特色产业，宜工则工、宜农则农、宜商则商、宜游则游，实现"一沟一产业、一沟一亮点、沟沟有支撑"。做强做优特色种养业，引进培育一批"农果畜"生产加工营销龙头企业，实现沟内生产、沟外加工。坚持发展休闲观光、采摘体验、养生度假等服务业，引入、糅合文化、旅游、餐宿、研学、文化创意、养生养老、电子商务等业态，实现多种产业深度融合，创生新业态，实现产业链、价值链、供应链"三链"同构，创造业态融合新模式，打造新的经济增长点。洛阳市以"打品牌，创特色，扩影响，增效益"为目标，以标准园、示范区建设为基础，着力打好富硒牌、有机牌、生态牌、山水牌和传统文化牌，升级"老字号"、开发"原字号"，打造高品质、好口碑、有乡愁的农产品品牌②。以县为单位，着力打造一批区域品牌，重点提升洛宁上戈苹果、汝阳香菇、偃师葡萄、孟津黄河鲤鱼、汝阳红薯等品牌影响力，着力打造孟津梨、新安樱

---

① 河南省农业农村厅. 河南省乡村产业振兴案例研究[M]. 北京：社会科学文献出版社，2021.
② 本刊编辑部. 洛阳打造更多高品质、好口碑、有乡愁的农产品品牌[J]. 乡村科技，2019(19)：7. DOI：10.19345/j.cnki.1674-7909.2019-19-01.

桃、宜阳花椒、伊川岭上硒薯、伊河桥小米等农业区域品牌，加快推进农产品"走出去"。

3. 文化为魂，特色兴业

发展沟域经济，灵魂在文化。文化元素是沟域经济的底蕴，洛阳市不断挖掘、弘扬、培育沟域内的河洛文化、民风民俗、农耕文化、非遗传承、人文传说等历史文化资源优势，打造出独具特色的沟域人文环境，实现文化留人、文化化人，不断赋予河洛文化作为中华文明摇篮、炎黄文化之根、中华姓氏重要源头的新的时代内涵，实现沟域生态价值、经济价值、社会价值、文化价值有机统一。沟域内要利用传统节日、农事节会等重要时间节点，开展形式多样的系列文化活动，丰富沟域经济内容，培育文明乡风、良好家风、淳朴民风，建设邻里守望、诚信重礼、勤俭节约的文明乡村，让沟域成为留住美丽乡愁、传承优秀文化、倡树文明新风的重要载体。文化是旅游的灵魂，旅游是文化的载体，要以文化为魂发展特色文旅产业，用文化的血肉丰满旅游业的骨架，以旅游业的发展推动河洛文化广泛传播。

（三）启示

1. 生态是乡村产业振兴的基础和长久保障

绿水青山就是金山银山，良好的生态环境是乡村产业发展的前提，也是促进乡村产业实现可持续良性发展的保障，乡村产业的可持续健康发展也为沟域生态保护提升提供经济基础和技术支持。发展沟域产业，需要坚持节约资源，保护环境，严守耕地和生态红线，创新发展"生态+"沟域经济示范带，推进沟域内农业生产生活与生态协调发展。不断加强对自然生态空间的整体保护修复，依据沟域内生态承载能力，合理布局沟域业态，在山顶土薄地区推进荒山绿化，以种植常青树为主发展生态林；在半坡气候适宜地区，以种植林果为主发展经济林；在沟谷土壤及生产条件较好地区，发展花卉苗木、观光农业。发展绿色种植、生态养殖，实施种养一体化循环模式，保持沟域内经济效益、生态健康持续发展。加强沟域生态修复、河道治理，保护好水生态资源。着力改善农村人居环境，打造美丽生态宜居乡村，提升沟域生态价值和服务功能。

2. 推进产业融合发展，加快"三链"同构

一直以来农业作为农村的主要产业，其本身存在弱质性，在山区丘陵地区单纯依靠农业发展难以实现乡村经济快速增长，而沟域经济的发展使一二三产业融合趋势不断增强，农业产业逐渐实现集群集聚发展，产业比较效益显著提升，农民收入渠道逐渐拓宽，乡村经济发展速度和质量有了较大提升。发展沟域经济应以对接市场终端为目标，以产业链为纽带，围绕粮食仓储、加工等龙头企业，建立利益联结机制，带动产业链上的各类市场主体实现强强联合、产业组合、组团发展、协同发展。着力推进乡村产业"三链"同构，延伸产业链、提升价值链、打造供应链，引导农业生产、加工、物流、研发、示范、服务等相互融合，全方位集聚土地、资本、科技、人才、信息等要素，在一定区域内围绕主导产业实现产业集聚、企业集群，促进产业转型、产品创新、品质提升，提高农业供给质量和效益。

3. 充分发挥人才和科技作用

人才是第一资源，科技是第一生产力，乡村发展离不开人才和科技的支持。要落实"科技兴粮""人才兴粮"战略，加快制定完善人才支持农业产业发展政策，建立推动农民工返乡创业工作机制，对返乡下乡创业人员进行培训，做好返乡人员创业相关服务，促进人才回归、技术回乡、资本回流，使人才能够真正留在乡村、发展乡村、植根乡村，助力乡村产业振兴。强化科技支撑，加快推进科技创新实践，切实实现成果转化应用到生产过程，充分发挥已有的技术人才优势，开展良种推广、生产技术指导、农民技能培训等工作。积极开展高素质农民教育培训，促进农业实用技术推广，培育专业技术强、市场化运营规范的农业社会化服务组织，为乡村产业振兴提供高素质人力资源。

第四节　推进乡村产业振兴的机制探索

基于我国当前的经济发展阶段和2019年底出现的新冠肺炎疫情以及当前复杂多变的世界经济环境，提高乡村居民的内生消费水平无论是对促进全社会的经济发展，还是对下一阶段推进乡村振兴事业，都将起到至关重要的作用。党的十八届五中全会提出了"释放新需求，创造新供给"的指导方针，"释放新需求"的要点不仅在于通过新供给创造新需求，而且在弥合二元经济、缩小城乡差距、进一步提高乡村居民消费能力过程中，也必然会创造新的市场需求。而这一切的前提就在于完善乡村基础设施建设，促进资源的有效配置和合理流动，最终促成乡村地区经济发展产业兴旺的局面。

一、促进乡村基础设施与现代信息技术的全面深度融合

农村基础设施，是为农村各项事业的发展及农民生活的改善提供公共产品和公共服务的各种设施的总称。当前，我国农村基础设施建设已取得很大成就，但仍存在很多问题，成为制约我国农村发展，特别是农村消费潜力释放的重要因素。

有研究显示，部分乡村地区的基础设施建设滞后，既成为农民增收瓶颈，又制约了农村居民的消费。具体体现在以下三个方面：首先是道路问题，在国家的"村村通"工程全面落实之前，一些乡村地区特别是一些经济欠发达地区，普遍存在"晴通雨阻"现象。悬而未决的道路问题，不仅让一些偏僻地区的好产品难以卖出好价格，还抑制了其对交通工具的需求，也制约了这些地区居民的潜在发展。其次，伴随"互联网+"经济形态的出现，2015年农村电商应运而生。但农村电商的发展十分依赖地区的道路交通环境与即时通信能力，为了促进互联网与各种传统农业产业快速融合及飞速发展，同时使生产要素配置优化，业务体系更新，商业模式重构，推进"互联网+"相关信息基础设施不断完善是第二个问题。在2015年之前，大部分乡村地区的信息化进程还处于相对落后的状态，有线电视

覆盖率、互联网覆盖率等均较低，对乡村地区推进农村电商产业造成极大的阻碍，尤其是不利于解决电商最后一公里的问题。最后，乡村地区市场建设滞后拖累乡村地区经济发展。乡村市场建设滞后，对本地农产品商品化和外部生产资料、消费资料与农业科技输入都造成不利影响，在一定程度上既制约了收入也抑制了消费。由此，未来乡村产业振兴需要在全域解决上述三个问题，即完善道路建设、乡村信息化建设和农村市场建设的政策支持的同时，让乡村发展搭上数字经济的快车，让数字赋能乡村经济。应加快物联网、地理信息、智能设备等现代信息技术与乡村生产生活的全面深度融合，为乡村装上"最强大脑"，用信息化架设乡村更美好的未来。

二、要素激活，让乡村资源要素"动"起来

自库兹涅茨的现代经济增长概念提出以来，关于经济增长与产业结构转变之间的关系，学者们做了大量的理论和实证研究。研究表明，科学技术进步和内生经济增长通过提高部门生产率来达到促进整体经济的效率水平，产业结构转变对生产率的影响通过将生产要素从低生产效率部门向高生产效率部门转移，以平衡要素在不同部门的生产率进而提高全社会平均生产率水平。综观近年来农村地区发展的统计数据，不难发现农村地区存在着明显的资源错配问题，通过改革打通要素流动通道，让资源要素"动"起来、沉睡资产"活"起来、外来资本"引"进来、新产业新业态"融"起来，可形成"人、地、钱"的良性循环和高度集成。

三、加快农业现代化建设，发展非农产业

农业现代化建设，必须实现由以往粗放式农业生产转变为集约型生产，由"人+地"模式向"高质量"现代农业产业化模式转变，实现生态环境与经济发展双赢。同时需要借助互联网+的东风，建设信息化、现代化农业。具体来说，就是延长第一产业产业链，通过进行农产品深加工来提供更多的农业就业及获利机会，以此保证农业投入产出效率；升级第二产业，进行技术创新，提高第二产业发展质量；重点发展第三产业，促进三次产业融合、发展非农产业。原因在于：第一，非农产业融合发展对农

村经济发展具有极大的拉动作用，农村居民通过第一、第二、第三产业融合发展，获得的收入占总收入比重不断上升；第二，非农产业的发展可以消化大量劳动力，提供更多就业机会，吸引外来社会资金和资源的流入，为乡村的产业兴旺注入新生力量，保证乡村环境的和谐与稳定。

农业部确定2018年为"农业质量年"，提出农业要高质量发展，推动农业由增产导向转向提质导向，唱响质量兴农、绿色兴农、品牌强农主旋律，不断提高农产品质量安全水平，不断提升农业质量效益竞争力，加快推进农业转型升级。由此，因地制宜，发展绿色农业，应根据乡村特有的地域及生态优势打造特色农业、发展非农产业，进一步增加农村产出，实现高质量的农产品要产出来、加出来、管出来、讲出来、树出来，挖掘文化资源，使农业产业向中高端迈进，向产业链的高端进军，向微笑曲线的两端即研发设计和品牌营销布局进军，不断提高农业供给体系的质量，进而实现农村产业兴旺。

四、推动农业人口市民化，破解城乡二元结构

在中国城镇化发展过程中，20世纪90年代后期是一个重要的时间点，此后的城镇化率和离土离乡的农业人口数量增长迅速。2011年我国常住人口城镇化率达到51.27%以后，外出农民工增长速度明显放慢，以此为拐点我国进入新时代的城镇化2.0阶段；它标志着国家对城镇化与农民市民化的非同步性发展，农业人口市民化相对滞后于城镇化的矛盾和问题的高度重视。农业人口市民化，是指农民在居住环境、经济条件、社会关系以及心理认同等方面融入城市生活，最终成为城市居民。农业转移人口的市民化，是解决城乡二元结构的根本路径。

根据托达罗的预期收入差异论，只要城乡收入差距的预期存在，就必然会引起劳动力的迁移。实现农村人口市民化，第一，要保证农村转移人口后代公平享有受教育的权利。当地政府应将转移人口子女的义务教育纳入公共保障范围，统一城乡义务教育经费保障机制。第二，完善城乡医疗保险管理制度。加速实现统一的医疗保险制度，保证转移人口的健康安

全。第三，发展完善社会保障体系，加快实现城乡社会保障制度的统一。第四，加大对农村转移人口的支持力度。地方政府应重视转移人口的就业问题，对转移人口的失业人群进行登记，提供技能培训以及其他扶持政策，保证转移人口的正常生活。第五，扩大城市规模，提高城市人口承载能力。当地政府应将转移人口归入城市发展规划的考量中，解决城市人口住房问题。

五、重视乡村环境保护，发展低碳绿色农业

在我国高质量发展和全面推进乡村振兴战略背景下，农业发展进入加快推进绿色转型的新阶段。为使经济发展与生态环境相协调，要积极推进低碳绿色农业，因为良好的生态环境是乡村振兴的基础，也是可持续发展的重要保证。近年来，我国经济的快速发展给生态环境及自然资源造成一定程度的负面影响，生态环境的破坏反过来限制了乡村经济的发展。因此，乡村振兴战略的实施必须建立在生态文明建设的基础上，走乡村绿色发展道路。绿色发展要求乡村发展要改变之前粗放经营方式，走集约型经济发展道路。要因地制宜，发展绿色农业与生态农业，将农业生产与生态保护相结合，促进农业与生态全面发展，满足当代城乡人民生活的需要。

六、吸引社会资金，引导资本投入

农村建设基础相对较差、负担重、需求高，国家和各级政府的投入远不能满足农村建设的需求。因此，必须吸引社会资金，促使各类资金向农村建设投入、向乡村振兴聚集，积极引导社会资本参与农村基础设施建设，吸引社会资本到农村发展适合企业化经营的现代农业。吸引社会资金流入，需要制定相关优惠政策、搭建平台，为社会资本进入农业农村提供服务，引导供给与需求对接，指引社会资本精准投入。同时，政府也要不断创新社会资本投融资模式，从而实现政府、社会资本与农民等多方共赢。

第六章 乡村基层治理现代化

第一节 基本概述

乡村治，百姓安，国家稳。基层社会治理是国家治理的基石，是地方治理的微观基础。基层社会治理水平，是衡量国家治理体系和治理能力现代化的重要依据。乡村治理是国家治理体系的重要组成部分，是国家治理体系中最基本的治理单元，也是振兴乡村的基础。乡村治理水平，关乎社会和谐稳定与繁荣发展。从政府"管理"到"治理"，从"控制"到"服务"，"中国之治"旨在通过提升基层治理效能来满足人民群众对美好生活新期待[1]。党的十九届四中全会指出，要"完善党委领导、政府负责、民主协商、社会协同、公众参与、法治保障、科技支撑的社会治理体系"。迈向新时代，要以良法善治来实现基层治理现代化，需要多方合力，共同推进。

一、相关概念的界定

乡村治理由"乡村"和"治理"两个词语组成。"乡村"一词在前文已界定，而"治理"则是指根据一套规则运转的持续行为过程，其基础是合作、协调，而不是管制和控制，其目标是促进公共利益[2]。在研究"乡村治理"这一概念之前，还需了解"治理"与"治理现代化"两个概念的内涵。

---

[1] 邹东升. 大国小鲜@基层之治　提高治理能力实现基层治理现代化[EB/OL]. 人民论坛网，2020-09-23. http://www.rmlt.com.cn/2020/0923/594286.shtml.

[2] 陈家刚. 基层治理：转型发展的逻辑与路径[J]. 学习与探索，2015(2):47-55.

(一)"治理"与"治理现代化"的提出

1. "治理"概念的提出

1989年,世界银行首次使用了"治理危机"一词,首次将现代意义上的"治理"概念引入国家治理中来,此后"治理"的概念相继在诸多学科中出现,"治理"一词也成为使用频率很高的时髦词。由于其含义正在不断丰富和发展,故关于"治理"的定义尚未有统一的标准。目前,全球治理委员会(Commission on Global Governance)给出的定义具有一定的代表性和权威性,其在1995年发表的《我们的全球伙伴关系》中对治理的定义是:治理是各种公共和私人机构管理其共同事务的诸多方式的总和[①]。治理行为是这样一种过程:治理主体通过利用自身能力与手段引导人们去参与相应的活动,最终目标是为了追求公共利益。

2. "治理现代化"的提出

"治理现代化"是在20世纪90年代提出的,当时对于"治理现代化"的理解是一种新型的现代化治理手段,主要是面临国家治理无效的问题,出于这个原因,提出了"治理现代化"。基层治理现代化是从国家治理体系与治理能力现代化中分离出来的,一般来讲,基层治理现代化包括了治理能力现代化和治理体系现代化。基层治理能力现代化,主要是指基层政府治理能力的现代化,集中体现在国家与社会协同发展能力、基层公共产品服务提供能力和制度建设法制化能力以及农村基层管理能力等重要方面。伴随着经济社会的发展,治理也从简单容易变得越来越复杂。通过单一的政府管控,已无法实现治理的目标,这个时候就需要对治理进行创新,联系社会上各种组织及个人共同对国家和社会进行治理,就是治理现代化。现代化的治理能够维护参与民众的各种合法权益,事务的处理会变得有条理且快捷,社会更加和谐稳定安宁。在治理现代化实现的整个过程中,需要社会民众的配合,要依靠全体民众的积极参与。

基层治理现代化具有如下特点:第一,基层组织正规化,拥有规范清

---

① 全球治理委员会. 我们的全球伙伴关系[M]. 北京:牛津大学出版社,1995:23.

晰的内部管理；第二，基层干部职业化，要求每天打卡上下班，在其位谋其政，杜绝干部的不作为现象；第三，办公地点固定化，便于大众咨询服务；第四，治理程序标准化、规则化。

当前，全国范围内都在推行基层治理现代化，但如何评价其效能？在对已有相关研究总结的基础上，文中选用民主法制、行政管理、法治保护、信息沟通效率与治理能力等五项指标建构测度指标体系（见表6-1），为较客观地评价基层治理的成效提供了评价标准。具体到基层治理日常工作中的上行下达，具体的信息沟通与反馈一般有单渠道沟通与第三方介入的监督性沟通，详尽信息流通过程如图6-1和图6-2所示，其中，图6-1为单渠道信息沟通，效率常规。

表6-1 基层治理的测度指标

一级指标	二级指标	三级指标
民主法制	基层民主参选率	参加投票的选民与选民总数比例
	廉政指数（人/万人）	党员干部清廉指数
行政管理	每万名公务员检察机关立案人数	
	每万人行政复议案件数量	
法治保护	每万人口拥有律师数量	
信息沟通效率	单渠道流通或信息反馈效率	村委会（居委会）上行下达
治理能力	群众满意度	对群众利益诉求回应
	治理成本	经济成本、政治成本、社会文化成本
	治理能力	基层组织的公信力、党务公开

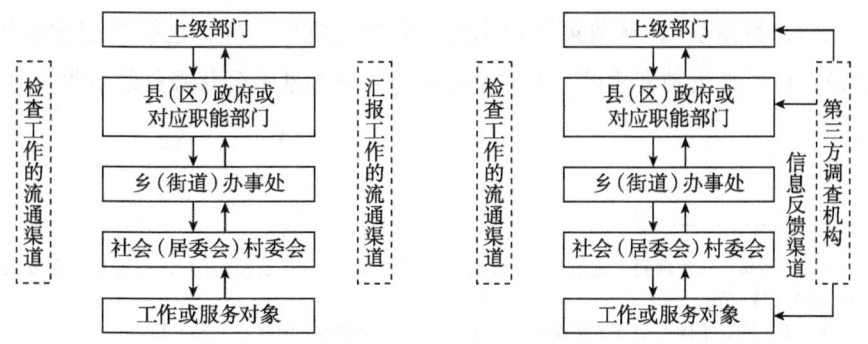

图6-1 检查工作的单渠道流通示意图　图6-2 检查工作的信息流通渠道示意图

(二) 乡村治理的提出

乡村治理的核心是"人",其背后必然涉及与人相关的组织架构、制度体系、资产管理等治理体系问题,这是一个庞大的系统性问题。党的十九大报告在乡村振兴战略中要求"健全自治、法治、德治相结合的乡村治理体系",2018年中央一号文件进一步指出,"治理有效"是乡村振兴的基础。2019年中办、国办印发的《关于加强和改进乡村治理的指导意见》提出了乡村治理体系和治理能力现代化的战略方向和战略重点,党的十九届四中全会进一步明确了乡村治理现代化的目标定位和路径选择,为补齐乡村振兴短板提供了具体规划。因此,乡村治理不仅关系到农业农村改革发展,更关乎党在农村的执政基础。

20世纪90年代后,治理与善治理论成为西方学术界最具影响力的理论分析工具,相关研究逐渐兴起。与此同时,中国农村研究领域出现一个值得肯定的取向:以徐勇教授领衔的华中师范大学中国农村问题研究中心,在吸收了"治理"理念并结合中国"三农"的实际情况后,于1998年首次提出了"乡村治理"这一更具国情特色的概念来解释和分析中国乡村社会[①]。

"乡村治理"这一概念,包含了社会变迁中的农村政治、经济、社会等诸多方面的内容,通过对以上各方面内容进行综合性分析,有利于更加广泛、更加适应地研究处于转型和变革中的中国农村社会。在现有政策语境下,"乡村治理"通常被解释为由治理目标、治理主客体和治理方式等构成的完整体系[②];从政策视角出发,它强调党的领导,包括基层党组织建设、村民自治制度建设、农村基础设施建设和基本公共服务供给等[③]。

---

① 苏敬媛.从治理到乡村治理:乡村治理理论的提出、内涵及模式[J].经济与社会发展,2010,8(9):73-76.
② 丁志刚.论国家治理体系及其现代化[J].学习与探索,2014(11):52-57.
③ 任剑涛,姜晓萍,贺雪峰,等.乡村治理现代化(笔谈一)[J].湖北民族大学学报(哲学社会科学版),2020,38(1):1-23.

二、实现国家治理现代化的意义

(一) 基层治理现代化的意义

1. 有利于推进国家治理现代化

党的十八届三中全会通过的《关于全面深化改革若干重大问题的决定》,明确提出了推进和实现国家治理体系和治理能力现代化的目标[①]。国家治理体系与治理能力现代化,是国家追求高质量治理的手段。国家治理体系是党领导下的国家制度体系,涵盖经济、政治、文化、社会、生态等各个方面。其内部又各有规章制度,彼此之间相互联系、相互促进、共同进步。基于国家治理体系与治理能力现代化的角度,五个方面同步优化,能力同步提升,才是国家层面上的治理体系与治理能力现代化。要做到各个领域齐头并进,基层治理现代化就不能落下。基层是权力行使的最后一公里,关系到上级各种方针政策是否落实到位。如果每一个层级都能确保政策落实到下一级,基层治理的效率将会大大提升。基层治理面向最广大的人民群众,让人民群众愿意跟随党的领导,并在社会各种组织的引领下共同对基层进行治理,就是推进了国家治理现代化。

2. 促进地区经济循环式发展

基层治理现代化能够更好地促进经济发展。在改善基层治理过程中,政府应针对各地区具体情况,适时调整产业结构,产业间相互配合,既提升资源配置效率,又便利人民群众。从全局出发,统筹考虑每个地区适合发展什么产业,既可以发挥资源优势、位置优势、产品优势,探索目前产业布局是否有潜力成为本地区的主导产业,如何以政策导向扶植配套产业,又可以在寻求经济发展的同时,考量绿色生态效益,判断现有产业对于资源环境会带来什么影响,是破坏环境还是有助于绿色生态。即用可持续发展的理念,在追求绿水青山的同时追求经济效益,引导生产要素有效流动,带动市场经济发展。

---

① 中共中央关于全面深化改革若干重大问题的决定[EB/OL]. 国务院新闻办公室,2013 - 11 - 15. http://www.scio.gov.cn/zxbd/nd/2013/document/1374228/1374228.htm.

3. 高效助力民生改善

基层治理现代化与广大人民群众的日常生活息息相关。人民群众生活如何，生活幸福与否，怎样让人民过上幸福生活，都是我党关心的问题。治理现代化要求深入群众，服务大众。因此，就业、医疗、教育、养老等关乎人民切身利益的公共服务事业，都要切实从人民群众利益出发，为人民服务。如医疗卫生事业，借助"互联网＋"技术，实行网上挂号、手机 App 网络预约等，让人民群众就医看病省时省力。因此，国家与政府部门的恪尽职守，与时俱进强化基层治理，不仅惠及民生，同时也维护了社会安宁。

(二) 乡村治理现代化的意义

1. 乡村治理现代化为新时代乡村全面振兴奠定坚实基础

乡村治理是国家治理的有机组成部分，是基层治理的重要组成部分。有效的乡村治理是社会稳定的基石[①]，乡村治理现代化的实现对国家治理体系的完善和治理能力的提升具有重要意义。近年来，基于中国的快速城市化进程，几乎所有的农村都出现青壮年劳动力外出进城务工、在城市生活定居的情况，导致乡村人口不断减少，乡村空心化现象日趋严重，乡村经济形态日益多元，乡村基层组织变化巨大。且乡村基层干部普遍年纪较大、文化水平不高，导致乡村基层组织和社会缺少内部活力，乡村治理成为我国基层治理体系中的薄弱环节。事实证明没有乡村治理的现代化，就没有国家治理体系与治理能力的现代化。新阶段面对乡村社会的转型与变化，尤其在乡村振兴战略背景下，要不断加强农村基层干部组织管理基层事务的能力、充分调动广大农民参与乡村治理的积极性、鼓励提倡高层次人才投身于乡村建设，着力构建现代化乡村治理新格局，从而为新阶段乡村全面振兴奠定坚实基础，有利于加快实现乡村治理现代化，为国家治理现代化的实现夯实基础。

2. 乡村治理现代化是乡村振兴的保障

在乡村振兴战略的"20 字"总要求中，"治理有效"是基础。没有治理有效的乡村，就没有全面振兴的乡村，加快完善乡村治理体系的建构和

---

① 朱余斌. 建国以来乡村治理体制的演变与发展研究[D]. 上海：上海社会科学院,2017:1-3.

提升乡村治理能力是实现乡村振兴的必由之路。由此，实现乡村治理现代化是乡村振兴的保障。主要表现在：第一，实现乡村治理现代化，能为乡村振兴培养积极的参与主体。乡村振兴旨在满足广大农民日益增长的美好生活需要、促进农民生活富裕，这离不开广大农民群众的积极参与。推进乡村治理现代化有利于提高广大农民的认识，使农民认识到乡村振兴是"咱农民自己的事"，从而更好地发挥主观能动性，更好地鼓励和引导农民在基层政府带领下积极参与乡村建设行动。第二，实现乡村治理现代化，能为乡村振兴提供良好的社会秩序。过往的实践证明，有效的乡村治理能够使农民发自内心地进行自我约束、自我教育和自我管理，并自觉成为乡村公序良俗的维护者和倡导者。通过加强法治与德治，提升乡村治理有效性，不仅有助于推动乡村形成良好道德风尚、切实维护农民的合法权益，同时，对乡村社会防范风险、化解基层社会矛盾也起到积极作用。因此，要坚持"三治"融合，建立管理高效、组织有力的乡村基层党组织，凝聚广大乡村党员的智慧与力量，积极发挥"新乡贤"作用，鼓励农民主动参与共建共治美丽乡村，为乡村振兴目标的实现提供有力保障。

三、基层治理现代化的主要表现

（一）基层治理主体多元化

伴随国家工业化和城镇化的不断推进，更多的村民转化身份成为城市"新市民"。民众积极参与基层治理将成为国家治理体系不断完善的重要任务。建立多方协调联动的治理体系，顺应基层治理方式从单一走向多元，是社会发展的必然。党的十九大指出："强化社会治理体系建设，推动社会治理重心下移，发挥社会组织作用，实现政府治理和社会调节、居民自治良性互动。"最终形成多元主体的治理体系，吸引社会中的民众以各种方式参与到基层治理当中来。

（二）基层治理内容多样化

基层治理范围广、内容多，且日益多样化，琐碎繁杂。不仅要能做出重大决策，还要调节邻里纠纷；既要协调各方参与治理，也要规划监督机制，保障人民群众的民主权益。因此，基层治理内容多样化成为新时期重要的基层治理表现。

（三）基层治理方式多样化

在新时代的背景下，我国社会基层治理方式更加多样化，涵盖民主讨论、法律调节、行政干预、道德规范、友好协商等。其中，自治、法治和德治是三种主要的治理方式。治理体系中，让自治、法治、德治三者密切相连，可以保障基层治理顺利进行。

第二节 乡村治理的现状与重点任务

"三农"问题是一个关系党和国家工作全局的根本性问题。在实现农村农业现代化的进程中，农村的稳定发展与基层社会的治理能力密切相关。中国特色社会主义的实践证明，推进乡村治理体系和治理能力现代化，必须坚持党对乡村治理的全面领导。当前的乡村治理应该包括基层党组织建设、村民自治制度建设、农村基础设施建设和基本公共服务供给等内容。

一、我国乡村治理的主要任务点

（一）多元共治

改革开放以来，伴随着我国城镇化与工业化的快速推进，农村劳动力、资金以及其他资源迅速向城市转移的同时，也加速了城市的发展。尤其2006年农业税的取消，标志着我国工业化进程的基本完成，城市反哺农村的城乡格局逐渐形成。近十年来，由于我国新型城镇化的快速推进，农村青壮年劳动力开始源源不断地流入城市，农村成为"空巢或空心化"村落，留守儿童、妇女、老人成为村庄的主要常住人口，丛林法则的结果使得许多原始的自然村落逐渐消亡。

根据中华人民共和国民政部历年季度民政统计数据整理所得，截至2020年底，我国乡镇数量为29966个，含21157个镇和8809个乡，分别比2011年底减少了3304个、增加了1474个和减少了4778个；街道办事处的数量从2011年底的7194个增加到2020年底的8773个（见表6-2）。从

2011年至2020年我国基层区划数量变化情况可以看出，随着我国新型城镇化进程的持续推进，全国基层乡的数量大幅度减少，而镇和街道办事处的数量有所增加，这意味着我国基层治理的模式正在转变为"城镇街道居委会+乡村村委会"多元共治。

表6-2 2011年底与2020年底中国基层区划数量对比

基本行政单位	2011年底	2020年底	对比
乡镇/个	33270	29966	↓3304
镇/个	19683	21157	↑1474
乡/个	13587	8809	↓4778
街道（办事处）/个	7194	8773	↑1579

资料来源：根据中华人民共和国民政部历年季度民政统计数据整理所得。

（二）村民自治

我国基层区划数量的变化使得村民自治组织和居民自治组织的数量也发生了相应变化，2011年底全国村委会数量为59万个，2020年底村委会数量减少至50.9万个；而居委会数量则由2011年底的8.9万个增加至11.3万个。随着城市化进程持续推进，农村人口外流情况严重，村委会数量随之迅速减少，而城市居民日益增加。为了满足持续增加的城市居民自我管理、自我服务的需求，居委会数量规模也不断扩大。

（三）村庄治理

从2015年到2019年底，我国行政村数量由54.2万个下降至51.5万个，整体处于下降趋势；其中，500人以下的行政村数量明显下降，1000人以上的行政村数量明显上升，表明随着偏远、分散的小村庄的自然消失，乡村治理的趋势表现为治理对象更加集中，治理主体更加明确。从村庄人口的变化趋势来看，村庄户籍人口虽然呈现不断上升趋势，但村庄常住人口占比由2015年的80.9%下降为2016年的77.3%。之后从2017年开始，党的十九大召开以后，村庄常住人口呈现不断上升的趋势，基本维持在88.5%左右，表明我国乡村外出务工人口由以往离土离乡、异地流入大城市务工，转变为本地区域内的务工。这也反映出我国乡村基层组织治理的另一个变化趋势，乡村基层治理工作的任务更加繁重，治理参与主体的年龄结构、人员数量、干部队伍都在发生较大变化，由此表明我国未来乡村治理现代化的推进程度，关系到乡村基层治理有效的实现程度。

（四）农村基础设施建设

1. 乡镇总体建设概况

近年来，在国家财政大力支持下，我国农村基础设施建设高效推进。具体表现在国家不断加大对镇、乡和村庄的各项建设投入比重，农村交通物流设施网络逐步完善，"四好农村路"基本实现全国范围内行政村全覆盖；数字化乡村建设基础不断夯实，乡村治理数字化水平大幅提升，[1] "互联网＋政务"加快向农村延伸，农业"放管服"电子审批逐渐推广，乡村"三资"管理的体制机制不断完善；"互联网＋基层党建"全面展开，智慧党建成为强村善治的引领；平安乡村数字化平台初步建成，覆盖中央、省、市、县、乡镇、村6级联网应用体系基本建成。智慧乡村信息平台的建成与使用，不仅为乡村新冠肺炎疫情防控提供支持，也是创新"互联网＋"运用范围的重大实践，为克服新冠肺炎疫情对脱贫攻坚的影响做出重要贡献。

表6-3 1990年与2019年中国建制镇建设情况对比

年份	建制镇统计个数/万个	建成区面积/万公顷	建成区户籍人口/亿人	本年建设投入/亿元	人均住宅建筑面积/平方米
1990	1.01	82.5	0.61	156	19.9
2019	1.87	422.9	1.65	8357	36.5

资料来源：《中国城乡建设统计年鉴》（2020）。

如表6-3所示，1990—2019年，我国建制镇的个数上升了0.86万个；建成区的面积扩大了5倍多；建成区户籍人口增加了1.04亿；建设投入1990年为156亿元，2019年为8357亿元，即2019年建设投入是1990年建设投入的53倍多；人均住宅建筑面积从1990年的19.9平方米增加到2019年的36.5平方米，增加了16.6平方米。

---

[1] 中国数字乡村发展报告（2020年）[EB/OL]. 中华人民共和国农业农村部，2020-11-28. http://www.moa.gov.cn/xw/zwdt/202011/t20201128_6357205.htm.

如表 6-4 所示，1990—2019 年，乡的个数减少了 3.07 万个；建成区的面积缩小了 47.15 万公顷；建成区户籍人口减少了 0.48 亿；建设投入在 1990 年为 121 亿元，2019 年为 665 亿元，2019 年建设投入是 1990 年建设投入的 5 倍多；人均住宅建筑面积从 1990 年的 19.1 平方米增加到 2019 年的 33.9 平方米，增加了 14.8 平方米。

表 6-4 1990 年与 2019 年中国乡建设情况对比

年份	乡统计个数/万个	建成区面积/万公顷	建成区户籍人口/亿人	本年建设投入/亿元	人均住宅建筑面积/平方米
1990	4.02	110.1	0.72	121	19.1
2019	0.95	62.95	0.24	665	33.9

资料来源：《中国城乡建设统计年鉴》(2020)。

2. 村庄建设基本情况

如表 6-5 所示，1990—2019 年，村庄的个数减少了 126 万个；村庄户籍人口减少了 0.16 亿；建设投入 1990 年为 662 亿元，2019 年为 10167 亿元，2019 年建设投入是 1990 年建设投入的 15 倍多；人均住宅建筑面积从 1990 年的 20.3 平方米增加到 2019 年的 32.9 平方米，增加了 12.6 平方米。

表 6-5 1990 年与 2019 年中国村庄建设情况对比

年份	村庄统计个数/万个	村庄户籍人口/亿人	本年建设投入/亿元	人均住宅建筑面积/平方米
1990	377.3	7.92	662	20.3
2019	251.3	7.76	10167	32.9

资料来源：《中国城乡建设统计年鉴》(2020)。

(五) 基本公共服务供给

1. 民政事业[①]发展方面

2019 年全国民政事业费支出 4279.2 亿元，占国家财政支出的 1.8%，

---

① 民政，是主管民间社会事务的行政部门，一般包括婚姻登记、拥政爱民、区划地名、低保、福利、慈善、殡葬、救助等。机构设置：国家级设民政部，省(自治区)级设民政厅，市县级设民政局，乡镇设社会事务办公室。民政事业费是指各级政府预算安排的，用于优抚安置、救灾救济和社会福利等方面工作，由民政部门负责使用与管理的专项资金。

其中,中央财政向各地转移支付的民政事业费1566.6亿元,占全年民政事业费支出的36.6%。在近10年的国家民政事业投入中,我国民政事业费支出在2011年至2018年间呈现连续上涨趋势,国家投入到各种惠民一线的资金至2018年底上涨为5080.5亿元,按照当年年末全国总人口(港澳台地区除外)139538万人来计算,人均投入为364元,折合每年每人53美元,远超世界平均标准。

2. 中国乡镇建设管理基本情况

表6-6 2019年中国乡镇建设管理基本情况

基本行政单位	个数/个	设有村镇建设管理机构的个数/个	村镇建设管理人员/人	有总体规划的乡/镇个数/个
乡	9478	7192	19671	7000
镇	18746	17447	88583	16876

资料来源:《中国城乡建设统计年鉴》(2020)。

如表6-6所示,2019年我国乡镇共计28224个,其中乡级有建设管理机构的个数为7192个,占比75.88%;镇级有建设管理机构的个数为17447个,占比93.07%;村镇建设管理人员共计108254人,即每个乡(镇)平均约有4个专职人员负责督促村镇建设管理工作。同时,有总体规划的乡(镇)分别占比73.86%和90.02%,这意味着我国对于基层治理的硬环境投入在不断上升,并且在制度层面予以了高度重视。

二、乡村基层治理面临的主要问题

伴随着基层治理现代化的逐步深入,乡村已经逐步形成自身独特的治理体系。乡村振兴"20字"方针——产业兴旺、生态宜居、乡风文明、治理有效、生活富裕,也是乡村治理的理论依据。自2018年以来,我国乡村治理工作整体取得了显著进步,但距基层治理现代化的目标尚有很远距离,表现在如下方面。

(一)乡村治理人才缺乏

从目前我国基层乡村实际情况来看,乡村干部中年纪偏大者居多数,他们对接受新事物不仅表现为心有余力不足,而且从心底里反对学习新鲜事物。由于文化水平一般,管理能力落后,导致他们很难走在时代前列。在振兴乡村的关键点,领导干部对于问题的创新思维决策至关重要。可见,乡村治理仅仅依靠乡村"自产"的新兴人才显然不够,诸如:乡村很难通过民主选举选出领导干部,不是没有合适人选,就是有创新性且能够把控大局的候选人不愿担当重任。因此,针对乡村建设需要培养吸纳新生外来力量。这样,才能把乡村治理与乡村振兴紧密联系在一起。

(二)农民参与治理的积极性不高

人民群众不愿参与治理,认为治理与自己没有任何关系。一方面是没有权利意识,不了解自己的合法权利;另一方面觉得即便参与了,也不会因为参与而影响结果。例如,民主选举、民意调研活动等,村居在其中扮演的角色只是负责走个过场,而对于整个过程与结果无从得知。在这种情况下,人民群众参与治理的积极性如何调动起来,怎样才能调动起来,就成为关键。事实证明,什么时候真正做到民主,做到完全公开透明,权利得到应有的维护后,人民群众才会发自心底地愿意参与到治理之中来,促进乡村整体的振兴。

(三)农民法治意识薄弱

在乡村治理中,当村民法治意识薄弱时,矛盾产生后的处理办法往往会偏离解决问题这个中心,而直接变成对彼此的人身攻击。这不是解决矛盾,这是激化矛盾。乡村日常生活中,人们总会选择"以暴制暴"的方式解决问题,不但对问题的化解毫无作用,还可能激化彼此间的矛盾。这就是法律意识薄弱的体现。当法律意识不够时,就会在行为上偏激。因此,大力推进法治建设,宣传《中华人民共和国乡村振兴促进法》和法治建设任重道远。

(四)落后思维降低治理成效

人居环境整治是乡村治理的重要一环,优美环境不仅能改善人民生活水平,还有助于提升居民的幸福感、获得感和安全感。然而,对于"厕所革命"、农村农田水利灌溉工程等基础设施建设,还有部分农民不太配合,因而不利于乡村治理成效的提升。

三、乡村基层治理的重点任务

"十四五"时期,我国乡村治理面临新的机遇和挑战。在巩固当前治理成效的同时,新形势对新时代乡村治理提出了更高要求,进一步提升农村基层党组织领导能力、健全乡村治理体系、完善农村基础设施建设、促进城乡基本公共服务均等化,是今后一段时期乡村治理发展的主要目标。[①]

如表6-7、表6-8和表6-9所示,分别从农村基层党组织、乡村治理体系和农村基础设施建设三个维度建构了测度指标体系,为未来"十四五"时期乡村基层治理指明了努力方向。总之,未来乡村治理需要重点关注两个方面:第一,提升农村基层党组织领导能力;第二,不断完善乡村治理体系,推进村民自治。借助《中华人民共和国乡村振兴促进法》尽量确保行政村村民100%参与选举,完善村委会诸事必备的程序化,借助国家政策,进一步完善农村基础设施建设等。

表6-7 "十四五"时期乡村基层党组织建设目标

一级指标	二级指标	指标值
农村党员队伍建设	党员人数占户籍人数比重	稳定在3%左右
	每村民小组(自然村、屯等)党员人数	至少1名
	建立常态化、制度化党员教育培训制度行政村比重	不低于95%
农村基层党组织带头人队伍建设	村庄致富能人、复员退伍军人、大学毕业生县级备案登记制度行政村比重	100%
	村庄致富能人、复员退伍军人、大学毕业生进入乡镇公务人员队伍比例	不低于同期该乡镇公务人员考试报录比
农村基层组织体系建设	党组织负责人与村民委员会、集体经济组织负责人"一肩挑"的比例	不低于70%
	党员设岗定责比例	不低于95%

[①] 魏后凯,杜志雄.中国农村发展报告2020:聚焦"十四五"时期中国的农村发展[M].北京:中国社会科学出版社,2020.

表6-8 乡村治理体系建设目标　　　　　　　　　　　　　　　（%）

一级指标	二级指标	指标值
村民自治	行政村村民委员会规范选举比例	100
	村、组两级民主协商、议决制度实施比例	100
	行政村村级组织及干部事权清单制度实施比例	100
	村、组两级阳光政务、政务公开实施比例	100
乡村法治	"法治进乡村"活动定期开展行政村比例	100，每季度至少1次
	村级集体经济组织建立及法人登记比例	100
	建立公共法律服务体系行政村比例	100
乡村德治	村、组两级村规民约建立比例	100

表6-9 农村基础设施建设目标　　　　　　　　　　　　　　　（%）

一级指标	二级指标	指标值
农田水利设施建设	农户可获取安全水源所占比例	100
	县级农田水利工程产权制度和管理体制改革方案建立比例	100
农村交通物流设施建设	行政村"四好公路"建成比例	100
	行政村客车通车率	90
	城郊乡村实现城市公共交通覆盖率	100
乡村数字化建设	行政村移动通信和宽带互联网络信号覆盖率	100

第三节　案例：河南省乡村治理现代化实践

一、河南省基层治理现代化溯源

2018年，河南省委、省政府提出了关于推进乡村振兴战略的实施意见，指出全面贯彻党的十九大精神，坚持党管农村工作原则。要毫不动摇地坚持和加强党对农村工作的领导，健全党管农村工作的领导体制机制，落实党管农村的相关法规，更好地发挥农村基层党组织作用，确保党在农村工作中始终总揽全局、协调各方，为乡村振兴提供坚强有力的政治保障。

河南省作为我国中部地区的农业大省和人口大省，2020年全省生产总值达54997.07亿元,第一产业产值为5353.74亿元,占比9.73%;农村居民人均可支配收入为16107.93元,乡村常住人口为4428.7万人,占全部人口的44.57%(2021年第七次全国人口普查数据整理所得)。同时,河南省基层组织数量较多,其乡村振兴战略实施中实现治理现代化任重道远。2019年习近平总书记视察河南时,明确提出要把基层党组织建设成为坚强战斗堡垒,把党中央提出的重大任务转化为基层的具体工作,抓牢、抓实、抓出成效。

表6–10　2011年底至2020年底河南省基层区划数量对比

时间	镇数	乡数	民族乡	街道
2011年底	1014	827	12	558
2012年底	1014	827	12	558
2013年底	1081	759	12	564
2014年底	1103	718	12	599
2015年底	1105	703	12	625
2016年底	1120	682	12	633
2017年底	1151	640	12	650
2018年底	1173	618	12	660
2019年底	1173	618	12	660
2020年底	1181	610	12	662

资料来源:根据中华人民共和国民政部历年季度省份民政统计数据整理所得。

如表6–10所示,2011年底至2020年底,伴随河南省城镇化进程的持续推进,全省的镇和街道数量均呈现出持续增加态势;期间,民族乡数量维持不变;乡的数量下降趋势明显,与2011年底相比,2020年底减少了217个,即由原来的827个减少至610个,减幅为26.23%;这意味着每一年平均有22个左右的乡消失。全省镇和街道数量的持续增加以及乡数的减少,反映出2011年至2020年河南省城镇化率不断提高。表明河南省未来基层(乡村)的治理重心,除了原来的偏远山村外,新流入城市或被市民化的新社区将成为城市基层治理的重点。因此,在城镇化和乡村振兴背景下,河南省要继续协同推进城乡基层治理,加快城乡融合发展。

二、洛阳市"基层+乡村"治理案例

洛阳市地处河南西部、黄河中游,因居于洛河之阳而得名,据 2021 年最新行政区划所示,洛阳市下辖 7 县 10 区,2376 个行政村、823 个社区。为加快推进全国法治政府建设示范市创建工作,根据中央全面依法治国委员会办公室(以下简称"中央依法治国办")《关于开展法治政府建设示范创建活动的意见》(中法办发〔2019〕10 号)和河南省委省政府《关于支持洛阳以开放为引领加快建设中原城市群副中心城市的若干意见》,结合洛阳市实际,制定了《洛阳市创建全国法治政府建设示范市两年行动方案》(以下简称《方案》)。在《方案》的思想指导下,2019 年至今涌现出诸多"基层+乡村"的治理成功案例。

洛阳市以 132 个开放式组织生活基地、5817 个新时代"三新"大讲堂、239 个新时代文明实践中心(所、站)等为载体,通过"理论+文艺""理论+故事"等方式,提高思想认识,创新性提出并采用党员联系户"1+10"工作法,及时了解群众思想状况,帮助群众解决实际困难,积极引导群众自觉听党话、感党恩、跟党走。同时,通过整合街道党建、综治、城管等各类网格,构建"街道—社区—小区—楼栋 单元"组织网络体系,高质量推动村(社区)"两委"换届,以村(社区)党组织为领导、村(居)民自治组织和村(居)务监督组织为基础的村级组织体系全面成型。同时,市委在充分调研和总结经验的基础上,提出"党建引领、'四治'并进、服务进村(社区)",推进德治、法治、自治与智治的有效融合,推动新时代基层社会治理创新①。

(一)孟津区打造"指尖上的课堂"案例

党的政治建设是党的根本性建设,决定着党的建设方向和效果。政治功能是基层党组织的"魂",全面强化政治功能,离不开深入学习贯彻习近平新时代中国特色社会主义思想,离不开系统学习党的各项理论方针政

---

① 赵红旗,张继峰. 洛阳"四治"融合推进市域社会治理[N]. 法治日报,2021-05-23(1). DOI:10.28241/n.cnki.nfzrb.2021.002825.

策。在孟津区,"指尖上的课堂"已不再是一件新鲜事。该区创新党员教育培训模式,充分利用"互联网+智慧党建"平台视频会议功能,随时随地进行党员培训,打造"指尖上的课堂",确保全员参训、思想不掉队①。其中,以宋庄镇的"党建+X"模式,叫响做实"有困难找党员、要服务找支部"的基层乡村服务品牌。2020年以来,实施十里、裴坡村级活动场所新建提升工程,在全镇17个行政村打造"一站式服务""一窗口办理""预约上门式"综合服务标杆平台。推广实行村干部坐班制,工作日全员坐班,休息日轮岗值班,实现了"中心大门天天开、群众有事随时来"。

回望孟津区的基层治理创新,可以发现这一模式的建立主要分为两个阶段:

首先,增加组织力量,在村小组增设党支部、村民自治组织和村务监督组织。通过设立党支部,将党支部下沉到村小组一级,"1+10"的工作方式,让村民遇到问题能直接向党支部求助和反映,将支部建设融入乡村发展,将支部引领落实于日常生活,有效化解党组织脱离群众的危险;构建党支部、党员和村民的利益共同体,可以充分发挥党支部在各项工作中的领导核心作用。通过增设村民自治组织,既搭建了平台,又聚拢了人心。广大农民的自治组织,在倡导和带领农民实现共商共建共治共享发展方面,发挥了积极作用。村民自治组织以尊重农民的发展意愿为前提,积极推动农民参与到村庄的公共事务管理中去,一定程度上促进了村务公开透明化,有效减少了由相互不信任造成的矛盾冲突。

其次,扩大了村小组人员,在村小组中增加各党支部代表、自治组织负责人和村务监督组织负责人。村小组实现了"扩员不扩编",通过激发群众自治的积极性,村务工作相对以前可以轻松完成,群众的抱怨少了,村务工作人员的担子轻了,行政效率得到了提高。孟津区针对当地农村存在的自治虚化问题,将改革落脚在"行政—自治"分离方面,通过对村小

---

① 孙小蕊,李梦龙,李波颖. 叫响基层治理的"洛阳实践"[N]. 洛阳日报,2020-09-16(T08). DOI:10.28549/n.cnki.nlybr.2020.002200.

组在组织、人员和经济上做"加法",最大程度激活了村小组的内生动力,进而通过激活村民自治来有效解决基层治理难题,为助力当地实现乡村振兴做出了突出贡献。

(二)涧西区基层治理案例

涧西区成立于1955年7月,因地理位置处于涧河以西而得名。辖区内有1个洛阳市先进制造业集聚区、11个城市街道办事处和72个社区。涧西区总面积约为88.8平方公里,总人口约为81万,其中常住人口约为59万,流动人口约为22万,户籍人口和流动人口数量均占洛阳市城区的1/3。

1. 实施基层党组织书记"选育年"行动,加强基层党的建设

涧西区委组织部十分注重强化基层组织建设,在2020年实施了"基层党组织书记选育年"行动,强力推进社区党组织书记年轻化、"一肩挑"。新调整的7名社区党组织书记平均年龄36.5岁,均为大专以上学历并实现"一肩挑"。基层党组织内部已经在逐步落实干部年轻化,及时注入新鲜血液,注重发展有头脑、有想法的党员,完善党内组织建设。社区"两委"换届共选出新一届社区"两委"成员610人,其中上届留任394人、新提名216人;平均年龄较上届降低3.8岁,35岁以下委员较上届提高52.6%,大专及以上学历较上届提高19.6%,交叉任职较上届提高68.8%。72个社区书记主任"一肩挑"比率100%,社区"两委"班子中至少有1人年龄在35岁以下、至少有1名女性成员。从数据中可以发现,基层领导干部逐渐走向年轻化,学历上却越来越高。党员干部的年轻化成为一种趋势,有助于基层治理现代化的顺利推进。

涧西区委组织部扎实推进"河洛党建计划",以"做强街道、做实社区、做优小区"为目标,明确区、街道、社区、小区的职能定位、工作责任,构建纵向到底的四级联动组织体系、责任体系、制度体系和横向到边的多元共治机制,推动基层治理现代化。按照"支部建在小区、资源聚在小区、服务沉在小区"的理念,在581个城市小区建立小区党支部,引领驻区单位、居民骨干、社会组织、服务商家等各方力量,在小区治理中积极发声、发力,推动人、财、物向小区下沉,破解全区目前"人口多、小区多、老人多"等方面带来的现实问题。基层治理就是要解决基层人民群众的现实问题,所以目前已建立小区党支部363个,小区覆盖率为100%。在党建引领之下,涧西区的基层党员干部更加具有责任感与使命感,在工作中认真严谨,默默奉献,发挥出作为党员干部的模范作用,为涧西区人民的美好生活而不懈努力。

2. 加强干部队伍建设

涧西区委组织部认真贯彻执行《党政领导干部选拔任用工作条例》,坚持"好干部"标准和德才兼备、以德为先的选人用人原则,做好干部提拔、转任、交流等工作。围绕事业发展需求,增强干部队伍活力。坚持问题导向,盘活干部资源,一方面在破解历史遗留问题上找突破口,将事业单位中表现优异的干部交流到事业群团,另一方面围绕现有干部资源做文章,对因机构改革并入行政单位的事业单位科级干部尝试进行转隶登记;开展无任用推荐工作,对经过单位推荐、组织把关、群众监督等程序发现的优秀年轻干部建档入库,持续关注、重点培养,实行动态管理。好的队伍要千锤百炼,加强干部队伍建设,是加强对党员干部自身的要求,提升个人的政治素养、政治思维及思辨能力。涧西区委组织部已经对党员干部进行了相关的培训,不仅仅是简单的灌输思想,也加强了双方之间对于问题的交流,既提升了干部个人的思想水平与内在品质,又培养了优秀人才。相当多的党员干部主动投身到学习中去,为的就是提升党员的党性修养,坚定理想信念,为共产主义事业奋斗终生。

3. 加强思想政治建设

为进一步提高广大干部群众的思想政治理论水平,涧西区围绕党史学习教育主题开展了多项实践活动,既让广大干部群众在党史学习中增加了理论知识储备,又加强了党员干部与人民群众的联系。区党委、政府将理论学习教育融入"千亿强区、首创之区、品质涧西"的高质量发展建设中:武汉路街道利用洛阳智库,开展思想政治理论学习,邀请多个知名专家开办讲座;珠江路街道利用学习强国等网络平台,举行党史知识竞赛;重庆路街道开展了"学史践初心·健步新征程"活动……与此同时,涧西区充分利用焦裕禄事迹展览馆等红色资源，打造多维学习阵地，引导全区干部群众学理论、悟思想、办实事，在思想政治建设上取得了突出效果。

三、洛阳市"基层+乡村"治理现代化满意度实证分析

（一）研究方法

结构方程模型作为唯一能同时对多维变量间复杂关系进行检验的统计分析方法，在人文社会科学研究中得到广泛应用[1]。基于此，本书通过构建结构方程模型，采用SPSS 26.0软件与AMOS 22.0软件对获取的数据进行定量分析，探讨居民对乡村基层治理现代化满意度的影响因素及各因素间的相互关系。

结构方程模型（Structural Equation Model，SEM）是一种兼具因子分析和路径分析的验证性统计分析方法，可以分为两大基础模型：①测量模型，即分析观测变量与潜变量之间的关系，通过调研数据获得测量数据；②结构模型，基于测量模型，验证各潜变量之间的相互关系。测量模型中包含潜变量、观测变量、误差变量以及变量间相互关系；结构模型包含外因潜变量、内因潜变量以及相互关系[2]。根据满意度经典模型和本次调研数据，以认知度、执行力、参与度、便捷性为外因潜变量，以满意度为内因潜变量，初步构建乡村基层治理现代化满意度SEM。运用AMOS 22.0软件对基层治理现代化满意度进行相关因素分析，拟合初始模型，根据模型信度和效度检验、AMOS分析结果进行模型修正，确定最终模型进行路径分析，探究模型潜变量之间的相互关系。

（二）问卷设计

文中选取洛阳市孟津区和涧西区作为样本实地调研地点，遵循科学性原则，设计调查问卷，以量化居民对乡村基层治理现代化的满意度，力求全面、客观、真实地反映现实情况。问卷主要分为两部分：第一部

---

[1] Ullman, Jodie B. Structural Equation Modeling：Reviewing the Basics and Moving Forward[J]. Journal of Personality Assessment，2006，87(1)：35-50.

[2] 郑红茹，漆琪，马千里，等．儿童家长预防接种服务满意度影响因素的结构方程模型研究[J]．中国疫苗和免疫，2021，27(6)：684-689.

分为被调查者的基本信息，包括性别、年龄、职业等；第二部分为研究的重点，主要从认知度、执行力、参与度、便捷性以及满意度五个方面，多维度了解（居）村民对乡村基层治理现代化的评价，共19个问题，采用五档制计分，即0、1、2、3、4分别对应非常不满意、不满意、比较满意、满意、非常满意。乡村基层治理现代化居民满意度调研测评指标如表6-11所示。

表6-11 乡村基层治理现代化满意度调研测评指标

一级指标	二级指标	序号	三级指标
乡村（基层）治理现代化满意度	认知度	X_1	您是否了解乡村治理现代化
		X_2	您所在（社区）村庄是否实施了现代化治理模式
		X_3	您是否听说过乡村（社区）基层党建引领或村民自治
		X_4	对通过相关基层信息化平台反映问题的流程是否清楚
	执行力	X_5	（社区）村庄基层党组织的廉洁指数
		X_6	基层党组织引领（社区）村庄居民共同富裕的成效
		X_7	村级组织走访村庄居民了解诉求的比重
	参与度	X_8	参与基层民主选举投票的意愿
		X_9	加入村民自治志愿者队伍的意愿
		X_{10}	当您的家庭遇到困难时，第一寻求帮助对象是村委会吗
	便捷性	X_{11}	享受并落实国家各种惠民政策的便捷性
		X_{12}	了解（社区）村庄治理思想的渠道是否便捷
		X_{13}	返乡创业或外出务工，村组织提供的服务信息多少
		X_{14}	实施乡村治理现代化后，村委会上行下达的效率是否更高
乡村（基层）治理现代化满意度	满意度	X_{15}	是否满意对群众利益诉求的回应
		X_{16}	是否满意（社区）村庄党务公开以及基层党员干部的形象
		X_{17}	是否满意（社区居委会）村庄村委会民主选举工作
		X_{18}	是否满意（社区）村庄基层组织的公信力
		X_{19}	是否满意（社区）村庄给予的幸福感、获得感和安全感

本问卷采用线下调研形式开展,实际调研主要采取现场访谈、填写并回收调查问卷的方式,共发放 330 份问卷,回收有效问卷 304 份,问卷有效率为 92.12%。问卷回收后,使用 SPSS 26.0 软件进行数据录入处理。

(三) 实证分析

1. 数据处理

在构造乡村基层治理现代化满意度 SEM 之前,需要对调查问卷获得的数据进行信度检验与效度检验,以确保数据的真实性与可靠性。信度检验指的是对测量结果能否反映实际情况的检验,通常使用 Cronbach Aloha 系数衡量数据的信度,若系数越接近 1,说明数据真实性越强;效度检验指的是测量结果能否反映考察内容的检验,通常使用 KMO 检验与 Bartlett 球形检验衡量数据的效度,若 KMO 值大于 0.5、Bartlett 球形检验结果显著,说明数据具有可靠性,问卷效度良好。利用 SPSS 26.0 软件进行信度检验与效度检验,结果如表 6-12、表 6-13 所示。信度检验结果表明,Cronbach Aloha 系数为 0.864,说明数据的可信度较好;效度检验结果表明,KMO 值为 0.915,同时,Bartlett 球形检验的卡方值,在 99% 的置信度下显著,说明数据的可靠性较好。

表 6-12 乡村基层治理现代化满意度测评指标信度检验结果

Cronbach Aloha 系数	基于标准化的 Cronbach Aloha 系数	项数
0.864	0.866	19

表 6-13 乡村基层治理现代化满意度测评指标效度检验结果

检验类型		检验结果
KMO 检验		0.915
Bartlett 球形检验	近似卡方	2493.908
	自由度	210
	显著性	0.000***

注:***表示在 99% 置信度下显著。

此外,指标数据是否服从正态分布对结构方程模型的稳健性具有较大影响。因此,需要对各项指标数据进行正态性检验。学界主要采用 Kolmogorov – Smirnov 检验（简称 K – S 检验）对大样本数据（通常样本量超过 100 视为大样本）进行正态分布检验，若原假设不显著，则认为指标数据不服从正态分布。检验结果如表 6 – 14 所示，可以看出，各指标数据不服从正态分布。基于此，在使用 AMOS 22.0 软件建模分析时，需要先对数据进行 Bootstrap 再抽样，以确保模型的稳健性。

表 6 – 14　乡村基层治理现代化满意度测评指标正态性检验结果

原假设	检验	显著性	决策
指标 X_1 的分布为正态分布	K – S 检验	0.000 ***	拒绝原假设
指标 X_2 的分布为正态分布	K – S 检验	0.000 ***	拒绝原假设
指标 X_3 的分布为正态分布	K – S 检验	0.000 ***	拒绝原假设
指标 X_4 的分布为正态分布	K – S 检验	0.000 ***	拒绝原假设
指标 X_5 的分布为正态分布	K – S 检验	0.000 ***	拒绝原假设
指标 X_6 的分布为正态分布	K – S 检验	0.000 ***	拒绝原假设
指标 X_7 的分布为正态分布	K – S 检验	0.000 ***	拒绝原假设
指标 X_8 的分布为正态分布	K – S 检验	0.000 ***	拒绝原假设
指标 X_9 的分布为正态分布	K – S 检验	0.000 ***	拒绝原假设
指标 X_{10} 的分布为正态分布	K – S 检验	0.000 ***	拒绝原假设
指标 X_{11} 的分布为正态分布	K – S 检验	0.000 ***	拒绝原假设
指标 X_{12} 的分布为正态分布	K – S 检验	0.000 ***	拒绝原假设
指标 X_{13} 的分布为正态分布	K – S 检验	0.000 ***	拒绝原假设
指标 X_{14} 的分布为正态分布	K – S 检验	0.000 ***	拒绝原假设
指标 X_{15} 的分布为正态分布	K – S 检验	0.000 ***	拒绝原假设
指标 X_{16} 的分布为正态分布	K – S 检验	0.000 ***	拒绝原假设
指标 X_{17} 的分布为正态分布	K – S 检验	0.000 ***	拒绝原假设
指标 X_{18} 的分布为正态分布	K – S 检验	0.000 ***	拒绝原假设
指标 X_{19} 的分布为正态分布	K – S 检验	0.000 ***	拒绝原假设

注＊＊＊表示在 99% 置信度下显著。

2. 调查结果统计分析

调研对象基本信息统计分析结果如表 6 – 15 所示，主要包含调研对象的性别、年龄、职业、居住情况等基本信息。统计结果显示，样本性别分布不均，女性与男性比高达 3.34∶1；从年龄分布上来看，样本覆盖了大部分年龄段,其中60岁及以上人员占39.1%,结合职业分布情况,离退休人员占样本的62.5%,符合现阶段乡村居民实情;同时,大多数样本为定居在本地的自有住户,对乡村基层治理满意情况具有代表性。

表6-15 调研对象基本信息统计分析结果

统计变量	类别	频数	百分比/%
性别	男	69	22.7
	女	235	77.3
年龄	18岁及以下	2	0.7
	19~35岁	24	7.9
	36~45岁	32	10.5
	46~59岁	127	41.8
	60岁及以上	119	39.1
职业	学生	4	1.3
	机关事业单位人员	13	4.3
	企业单位人员	35	11.5
	离退休	190	62.5
	其他	62	20.4
住户来源	自有住房户	280	92.1
	租住户	24	7.9

各评价指标统计分析结果如表6-16所示,可以看出,所有评价指标的均值为2.4416,介于量表等级划分中比较满意与满意之间,表明居民对乡村基层治理工作总体持认可态度。其中政府执行力均值最高,表明居民对政府在各项政策措施执行方面较为满意;而居民认知情况均值最低,表明政府对相关政策及管理措施的宣传工作有待加强,便于居民充分了解乡村基层治理情况。

表6-16 乡村基层治理现代化满意度评价指标统计分析结果

指标	观测变量	最小值	最大值	均值	标准差	指标均值
认知度	您是否了解乡村治理现代化	0	4	2.47	0.507	2.345
	您所在（社区）村庄是否实施了现代化治理模式	0	4	2.01	0.128	
	您是否听说过乡村（社区）基层党建引领或村民自治	0	4	2.12	0.327	
	对通过相关基层信息化平台反映问题的流程是否清楚	0	4	2.78	0.805	
执行力	（社区）村庄基层党组织的廉洁指数	0	4	2.23	0.420	2.530
	基层党组织引领（社区）村庄居民共同富裕的成效	0	4	2.23	0.901	
	村级组织走访村庄居民了解诉求的比重	0	4	2.49	1.149	
参与度	参与基层民主选举投票的意愿	0	4	2.58	0.886	2.463
	加入村民自治志愿者队伍的意愿	0	4	2.58	0.905	
	当您的家庭遇到困难时，第一寻求帮助对象是村委会吗	0	4	2.23	0.587	
便捷性	享受并落实国家各种惠民政策的便捷性	0	4	3.35	0.869	2.378
	了解（社区）村庄治理思想的渠道是否便捷	0	4	2.55	0.638	
	返乡创业或外出务工，村组织提供的服务信息多少	0	4	1.26	0.569	
	实施乡村治理现代化后，村委会上行下达的效率是否更高	0	4	2.35	0.653	
满意度	是否满意对群众利益诉求的回应	0	4	2.12	0.353	2.492
	是否满意（社区）村庄党务公开以及基层党员干部的形象	0	4	2.31	0.499	
	是否满意（社区居委会）村庄村委会民主选举工作	0	4	2.67	1.127	
	是否满意（社区）村庄基层组织的公信力	0	4	2.59	0.997	
	是否满意（社区）村庄给予的幸福感、获得感和安全感	0	4	2.77	1.120	

3. 结构方程模型的构建及修正

通过查阅相关文献与乡村基层治理实际情况，文中确定了认知度、执行力、参与度和便捷性 4 类指标作为外因潜变量，并研究其对乡村基层治理现代化满意度的影响及各变量间的相互关系。同时，对各变量间相互关系做出预期假设，如表 6-17 所示。基于此，可以构造基层治理现代化满意度初始 SEM，如图 6-3 所示。

表 6-17 预期假设汇总

序号	假设内容
1	H1：认知度与满意度之间存在直接关系
2	H2：认知度通过执行力对满意度产生影响
3	H3：认知度通过参与度对满意度产生影响
4	H4：认知度通过便捷性对满意度产生影响
5	H5：执行力与满意度之间存在直接关系
6	H6：执行力通过参与度对满意度产生影响
7	H7：执行力通过便捷性对满意度产生影响
8	H8：参与度与满意度之间存在直接关系
9	H9：参与度通过便捷性对满意度产生影响
10	H10：便捷性与满意度之间存在直接关系

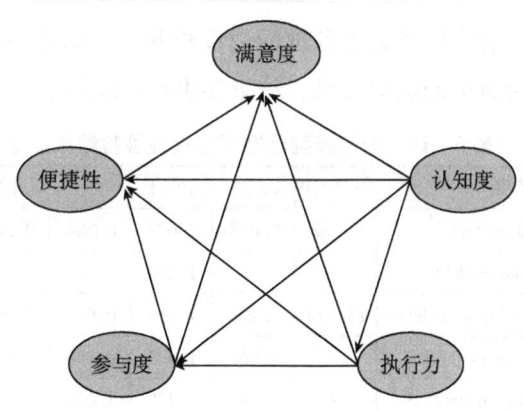

图 6-3 基层治理现代化满意度初始理论模型

基于所构建的初始理论模型，通过 AMOS 22.0 软件进行数据与模型的拟合检验。根据 Jackson（2009）所统计的学界常用结构模型拟合检验方法[①]，选择卡方自由度比（CMIN/DF）衡量模型整体拟合度，若其值介于 1~3，则表明模型可以接受；选择近似均方根误差（RMSEA）衡量模型解释能力，其值越小，模型解释能力越强，通常 RMSEA 值小于 0.1，则表明模型可以接受；选择期望复核指数（ECVI）衡量模型预测能力，其值越小，表明模型内不同样本间一致性越高，模型预测能力越强；选择标准拟合指数（NFI）、相对拟合指数（RFI）、增值拟合指数（IFI）、比较拟合指数（CFI）四类指数，多角度衡量模型拟合优度，依照学界研究约定，四类指数值大于 0.9，表明模型可以被接受。

表 6-18 预期假设汇总

测量模型	CMIN/DF	RMSEA	ECVI	NFI	RFI	IFI	CFI
假设模型（Default model）	2.346	0.067	1.543	0.851	0.821	0.908	0.907
饱和模型（Saturated model）	—	—	1.380	1.000	—	1.000	1.000
独立模型（Independence model）	13.124	0.200	7.658	0.000	0.000	0.000	0.000

模型检验结果如表 6-18 所示，可以看出，各项检验大都未达到模型可接受的标准，因此需要对模型做进一步修正。通过逐步调整潜变量间的相互关系，修正理论模型，最终得到能够合理反映各潜变量与乡村治理现代化满意度间关系的理论模型。逐步动态调整过程如表 6-19 所示，可以看出，经过修正后，模型通过各项配适度检验，并得到各潜变量之间和对乡村基层治理满意度的影响关系，结果如表 6-20 所示。

表 6-19 理论模型动态调整过程检验结果汇总

测量模型	CMIN/DF	RMSEA	ECVI	NFI	RFI	IFI	CFI
假设模型（Default model）	3.362	0.088	2.027	0.784	0.744	0.838	0.836
饱和模型（Saturated model）	—	—	1.380	—	—	1.000	1.000
独立模型（Independence model）	13.124	0.200	7.658	0.000	0.000	0.000	0.000
假设模型（Default model）	2.407	0.068	1.573	0.846	0.837	0.904	0.902
饱和模型（Saturated model）	—	—	1.380	1.000	—	1.000	1.000

---

① Jackson D L, Gillaspy J A, Purc-Stephenson R. Reporting Practices in Confirmatory Factor Analysis:An Overview and Some Recommendations[J]. Psychol Methods,2009,14(1):6-23.

续表

测量模型	CMIN/DF	RMSEA	ECVI	NFI	RFI	IFI	CFI
独立模型（Independence model）	13.124	0.200	7.658	0.000	0.000	0.000	0.000
假设模型（Default model）	2.338	0.066	1.540	0.858	0.852	0.908	0.907
饱和模型（Saturated model）	—	—	1.380	1.000	—	1.000	1.000
独立模型（Independence model）	13.124	0.200	7.658	0.000	0.000	0.000	0.00
假设模型（Default model）	2.361	0.067	1.551	0.863	0.850	0.907	0.905
饱和模型（Saturated model）	—	—	1.380	1.000	—	1.000	1.000
独立模型（Independence model）	13.124	0.200	7.658	0.000	0.000	0.000	0.000
假设模型（Default model）	2.330	0.066	1.536	0.881	0.872	0.909	0.908
饱和模型（Saturated model）	—	—	1.380	1.000	—	1.000	1.000
独立模型（Independence model）	13.124	0.200	7.658	0.000	0.000	0.000	0.000
假设模型（Default model）	2.326	0.066	1.535	0.890	0.883	0.908	0.907
饱和模型（Saturated model）	—	—	1.380	1.000	—	1.000	1.000
独立模型（Independence model）	13.124	0.200	7.658	0.000	0.000	0.000	0.000
假设模型（Default model）	2.328	0.066	1.412	0.898	0.891	0.909	0.906
饱和模型（Saturated model）	—	—	1.254	1.000	—	1.000	1.000
独立模型（Independence model）	13.124	0.200	7.532	0.000	0.000	0.000	0.00
假设模型（Default model）	2.340	0.066	1.418	0.881	0.875	0.907	0.906
饱和模型（Saturated model）	—	—	1.254	1.000	—	1.000	1.000
独立模型（Independence model）	13.124	0.200	7.532	0.000	0.000	0.000	0.00
假设模型（Default model）	2.326	0.066	1.411	0.892	0.890	0.908	0.907
饱和模型（Saturated model）	—	—	1.254	1.000	—	1.000	1.000
独立模型（Independence model）	13.124	0.200	7.532	0.000	0.000	0.000	0.000
假设模型（Default model）	2.315	0.066	1.406	0.903	0.901	0.909	0.907
饱和模型（Saturated model）	—	—	1.254	1.000	—	1.000	1.000
独立模型（Independence model）	13.124	0.200	7.532	0.000	0.000	0.000	0.000

表6-20 各潜变量与满意度的最终影响关系

序号	假设内容
1	H2：认知度通过执行力对满意度产生影响
2	H3：认知度通过参与度对满意度产生影响
3	H5：执行力与满意度之间存在直接关系

续表

序号	假设内容
4	H7：执行力通过便捷性对满意度产生影响
5	H8：参与度与满意度之间存在直接关系
6	H10：便捷性与满意度之间存在直接关系

4. 模型结果分析

（1）显著性分析。对修正后的结构模型进行分析，结果如表 6-21 所示。结果表明：便捷性对满意度的直接影响在 99% 的置信水平下显著；参与度对满意度的直接影响在 95% 的置信水平下显著；执行力对满意度的直接影响在 99% 的置信水平下显著，同时还能通过便捷性对满意度产生间接影响；认知度分别通过执行力与参与度对满意度的间接影响在 99% 的置信水平下显著。因此，H2、H3、H5、H7、H8、H10 可以得到验证。之后，基于各假设成立情况，对各潜在变量进行效应分析。

表 6-21　系数估计结果

潜变量		潜变量	系数估计量	标准差	t 值	P 值	路径
执行力	←	认知度	1.705	0.447	3.814	0.000 ***	H2
参与度	←	认知度	2.379	0.633	3.759	0.000 ***	H3
便捷性	←	执行力	2.073	0.023	9.285	0.000 ***	H7
满意度	←	参与度	21.736	11.256	1.931	0.035 **	H8
满意度	←	便捷性	16.777	6.243	2.687	0.007 ***	H10
满意度	←	执行力	-43.069	13.312	-3.235	0.000 ***	H5

注：**、*** 分别表示在 95%、99% 置信度下显著。

（2）效应分析。模型参数通过显著性检验后，对各变量进行中介效应分析，效应大小如表 6-22 所示。可以发现，认知度、执行力、参与度和便捷性均会对满意度产生一定的效应。具体而言，认知度与满意度之间只存在间接效应而没有直接效应，表明居民对基层政府管理政策关注度较低，而更为重视对管理政策了解后所带来的便利，如果在更加了解基层管理政策的情况下，居民在社区生活中得到更多便利，那么居民对基层治理现代化的满意度才会有所提高；而便捷性与满意度之间只存在直接效应，且其总效应在所有潜在变量中最大，说明影响乡村基层治理满意度的主要因素是居民乡村（社区）生活的便捷问题；参与度与满意度之间亦只存在直接效应，表明居民积极参与乡村治理能够直接促进居民对基层治理满意程度的提高；执行力与满意度之间不仅存在直接效应，还存在间接效应，其中直接效应为负、间接效应为正，总效应为正。其直接效应为负，可能是将村级组织走访村庄居民了解诉求的比重作为执行力的显变量所造成的偏误。由于新冠肺炎疫情的影响，基层组织走访频率有所降低，居民对此种情况可能存在认知不足，故无法体现真实效应，但执行力以便捷性为媒介对满意度产生的间接效应，客观地反映了居民对乡村（社区）生活便捷性的重视。

表6-22 各潜变量之间的总效应、直接效应、间接效应

潜变量	效应	认知度	执行力	参与度	便捷性	满意度
执行力	效应	1.705	0.000	0.000	0.000	0.000
	直接效应	1.705	0.000	0.000	0.000	0.000
	间接效应	0.000	0.000	0.000	0.000	0.000
参与度	效应	2.379	0.000	0.000	0.000	0.000
	直接效应	2.379	0.000	0.000	0.000	0.000
	间接效应	0.000	0.000	0.000	0.000	0.000
便捷性	效应	3.536	2.074	0.000	0.000	0.000
	直接效应	0.000	2.704	0.000	0.000	0.000
	间接效应	3.536	0.000	0.000	0.000	0.000
满意度	效应	7.042	2.007	1.521	21.736	0.000
	直接效应	0.000	-43.069	1.521	21.736	0.000
	间接效应	7.042	45.076	0.000	0.000	0.000

（四）结论与建议

1. 研究结论

（1）村（居）民对乡村振兴战略背景下的乡村基层治理现代化关于基层治理的满意度总体上较为满意。但由于2020年初以来暴发的新冠肺炎疫情防控需要，重复频繁录入人员行踪、体征、身份等各种综合信息情况时有发生，对（居）村民的日常生活、外出务工、小孩上学等带来不便，对大部分家庭的经济收入产生影响，村民们难免会有焦虑、不满的情绪。但

同时也更加有利于提升乡村基层治理现代化的治理能力。

（2）便捷性是影响居民对乡村基层治理现代化满意度评价的主要因素，对满意度的提高有正向作用，而认知度、执行力和参与度对满意度提升的正向作用相对较小。其中认知度对满意度的影响主要表现为间接作用，即通过执行力、参与度及便捷性的传导作用，对满意度产生影响；参与度则主要表现为直接作用，能够直观地影响居民对基层治理的评价；执行力既能对满意度产生直接影响，又可以通过便捷性产生间接影响。

2. 对策建议

（1）加强宣传教育。一方面，政府需要系统加强新冠肺炎疫情防控相关政策及法规宣传力度，加深人民群众对法律法规的理解和认识，引导居民增强法治意识，逐步培养其自觉守法的良好习惯，促进居民主动积极配合基层管理工作；另一方面，加强乡村（社区）干部相关培训，乡村干部只有自身法律素养过硬，才能在工作中依法办事，运用法律思维和法律方法解决工作中遇到的各种问题，从而化解矛盾纠纷，维护良好的乡村秩序，获得居民的认可。

（2）拓展信息共享渠道。完善远程信息授权查询机制和通过外部交换系统获取的外部信息查询机导出权限，拓宽第三方数据信息来源渠道，推动与医疗机构、公益机构、大型企业集团建立常态化信息查询机制。推动信息管理在各地的广泛应用，通过大数据分析和技术创新，识别和定位公共风险事故源，提高事件应对全过程的精准监测能力，努力实现跨地州市的信息网络互联互通。坚持以人为本、服务社会、服务共同创造的理念为核心，调动多方参与主体的积极性，走多方共建、合作共享之路，提高各部门执行力。

（3）调动居民积极性。完善基层群众自治制度，提高居民参与乡村治理的积极性。发挥居民委员会等基层群众自治组织作用，定期组织召开会议，充分了解群众的需求，认真聆听群众的意见，以人为本，进一步部署基层管理工作，同时发扬党员的奉献精神和模范带头作用，动员居民积极参与基层治理工作。通过此种参与基层公共事务的方式，调动居民参与各项社区工作的积极性，加强居民在基层治理过程中的自我管理、自我教育和自我服务能力。让居民感受到为基层治理事业所做出的努力和贡献，找到自身的社会价值、人生价值，更加积极地参与到基层治理的相关工作中，进而筑起联防联控、群防群治的坚固防线，共建和谐友好型社区，提升对基层治理的认同感。

（4）推动数字化技术应用。首先，健全应急指挥联络平台，打破数据壁垒，实现资源安全共享。其次，要持续推进和推动公共数据信息资源使用的标准化、规范化、法制化，加快完善公共数据信息资源的利用和交互标准，构建公共数据脱敏的标准化操作流程，营造广泛使用的网络环境，便于公共数据信息资源在网络上更好地流动，确保居民能够便捷地获得真实可靠的信息。

第四节　推进乡村基层治理现代化的政策探索

一、强化乡村基层党组织的核心引领作用

党的十九大报告指出，"坚持党对一切工作的领导，体现了乡村基层党组织对于农村事务的领导地位"。如何充分发挥乡村基层党组织的核心引领作用？具体需做好以下几点[1]。

（一）基层党组织引领+村民自治

在推进乡村现代化建设过程中，乡村治理工作要多方联同合作，共同治理乡村，其中最首要的是党的领导。基层党组织在乡村治理中处于主导地位，村委会与村级组织要紧跟党的领导，听从党的指挥。牢记党的建设永不过时。在党建工作中，人的思想站位很重要。因此，乡村的基层党员干部队伍，要加强党的政治建设，引领党员群众深入系统学习新时代习近平中国特色社会主义理论，开展各种主题实践教育，紧抓党员干部的思想教育。同时，还要加快培育出一批听党指挥、素质过硬、作风优良的基层

---

[1] 魏后凯,杜志雄.中国农村发展报告[M].北京:中国社会科学出版社,2020.

党员干部。此外，基层党组织之间也要密切联系，互相学习，共同进步，加强各种乡村治理经验交流，为乡村治理现代化贡献力量。另外，乡村治理也需要人民群众自己去治理自己。提倡群众通过各种形式抒发个人意见，组织上及时对意见做出回应；对于人民群众给出的意见，不足的地方及时改正，做得正确但是人民群众却不理解的地方也要及时进行沟通，以免出现矛盾，影响人民群众与党员干部之间的关系。

（二）乡村治理，法治先行

在全面依法治国的时代背景下，乡村治理的有效实现尤其要树立法治思维，注重法治在农村基层社会治理中的主导作用。由于乡村法治不健全，人民群众法律意识薄弱，邻里之间产生纠纷是常有的事情，进行乡村治理就要及时破解邻里纠纷，带领人民群众运用法律维护个人权益。加强基层法制建设，尤其作为乡村基层党员干部更要知法学法懂法。党在治理国家的时候依法治国，在治理乡村的时候也要依法治村。目前，乡村法治中表现出有法难用、无法可依状况，并且乡村中法治观念淡薄、法治的不健全都会制约依法治村的顺利进行。因此，应健全法治机制，从源头提升基层党员干部素质，使他们对法治的重要性了然于胸，不轻视法治，注意遏制基层村庄"熟人社会"的官僚主义和腐败思想。

（三）强化监管

强化党组织内部监管是从严治党的体现，要始终保持党的先进性与纯洁性。在乡村治理中，基层党组织保持先进性才能引领乡村更好发展，保持纯洁性才不会被乡村自身的人情社会所影响。监管的目的是清晰了解党员干部对于权力是否进行了正确使用，是否利用权力破坏了公共秩序，谋求了个人私利。党员的权利是广大人民群众赋予的，不得滥用。党员干部要自觉抵制住诱惑，秉持廉洁奉公、一心为民的作风。在乡村治理中，党员干部更要明确自身的职责，要为推动乡村发展、带动乡村振兴、实现乡村治理出谋划策。通过监管调动基层党员干部的工作积极性，将人民群众对于党员干部的工作满意程度作为重要的评价标准。要对党员干部实行严格的管理，保障人民群众切身利益，党内层级之间互相监督，下级监督上级，党外群众监督基层党员干部，相互监督、共同进步。

二、"五治"并进

顺应时代发展要求，针对国家治理现代化形成了很多新的战略方针，主要表现在"五治"上。"五治"指的是政治、自治、法治、德治和智治。乡村治理属于基层治理中的主要部分，将"五治"方针灵活运用到乡村治理现代化中，构建属于中国自身独有的中国特色乡村治理体系，可以为乡村治理现代化开辟新的思路与方向。

（一）政治引领

首先，要坚持党的领导，深刻认识到党在乡村治理中的领导与带头作用。党对乡村的领导是进行乡村治理的坚实保障。由于乡村治理这项工程任务繁重，关系到国家的安宁稳定与长治久安，所以要保证党在乡村治理中的话语权。除此之外，要不断加强党的基层组织和干部队伍建设，延伸基层党组织的服务功能。因为他们作为乡村治理的中坚力量，承担着重要且艰巨的任务。为了推进乡村治理现代化，县级、乡级党委要带领村级党委，通过一级领导一级、一级带动一级的方式完善工作中的不足之处。村级党委要指导村级组织开展各种与群众密切联系的活动，在群众遇到困难或麻烦的时候及时了解，并通过多种方式帮助群众解决问题，以此让群众更加了解中国共产党。政治上的引领会让人民跟随正确的领导，走正确的路。通过政治引领，让人民发自心底地愿意跟随党的领导，愿意将乡村治理得更好。

（二）法治保障

立法是为了保障人民群众的合法权益。在乡村中，很多法律是不健全的，人民的合法权益无法得到保障，需要加快农村领域的立法。但即使立法，也有相当一大部分群众不明确法律的目的，不知道如何运用法律来维护自身权益。因此，需要大力推进法治宣传教育，但仅仅宣传可能达不到人人了解，还需有针对性地进行法治宣传，精准普及。最终让群众明白，法律可以为其提供帮助，在必要时也要学会寻求法律援助。在乡村治理中，面对乡村黑恶势力，要进行精准打击，保障人民群众拥有健康美好的生活。同时，为提高乡村治理能力，除了通过立法对权益进行保障，普法宣传让群众懂法外，还应有免费法律服务。在乡村内部能找到专业人员答疑解惑，处理案件，以此推进乡村治理法治进程。

（三）德治教化

德治就是要推进社会公德、职业道德、家庭美德和个人品德建设。要求人民在生活中做一个有公德心、对言行举止有约束力的人；有职业道德和职业底线，如医生、老师等；在家庭中孝敬父母，关心子女，尊重长辈；在社会生活中尊老爱幼，诚实守信，与人为善。想要乡村治理达到如此效果，就要对村民进行品德教育，开展品德教育活动，多方宣传好人好事。在各种品德教育活动中触动人们的内心，在认同与赞赏中学习优秀品德。鼓励人们自觉地提升思想道德文化意识，在思想品德上有所追求。利用民俗文化、地域文化开展各种文化活动，吸引家家户户参与其中，使乡村（乡土）文化得以传承，使宝贵的精神财富世代流传。同时要摒弃陋习，发挥乡村治理的德治作用。

（四）自治强基

要充分发挥人民群众自身的治理能力，调动乡村人民群众的积极性，使他们积极参与到自治中来。进行自治，要保障人民群众的民主权利，包括民主选举、民主决策、民主管理、民主监督、民主协商。人民群众在进行自治的时候能够增强自我认同意识，明确在自治的过程中要运用自身的合法权益，参与到自治中。出现问题及时向上级反映，勇于发表个人意见与看法，保证人民群众进行合理的自我服务。最终做到人民群众的事情人民群众商议探讨，人民群众的事情人民群众自己办理，人民群众的事情人民群众自己管理。建设适合乡村自身实际的便民服务中心，做到发生事情时有人可找、有地办理。自治与德治法治密切相关，在德治与法治的基础上进行自治，三者的有机融合将大大提升自治的能力与水平，而受到普法教育与品德教育之后的人民群众，则有更高的道德与法律意识。

(五) 智治支撑

伴随科学技术的飞速发展，互联网、大数据、云计算已渗透到生活中的各个领域，极大地改变了人们的生活。就乡村治理来说，要牢牢把握机遇，与时俱进，提高治理效率，形成便民服务体系。因此，在人民群众全力配合的前提下，要整合各部门的资源，用科学技术助力乡村进行治理，效果将会事半功倍。如：利用大数据与人工智能技术，对乡村治理体系进行创新，将科技手段运用于乡村治理中，一切都会变得便捷、暖心，最终达到智治乡村的效果。

在五治并进的实践中，首先需在自治、法治、德治的基础上，保障党的带头领导作用，注重德治的基础作用、实现群策群力，充分发挥法治在农村基层社会治理中的主导性作用；调动农民参与乡村自治的主观能动性，同时融入政治与智治，在与国家治理现代化方向保持一致的前提下，将现代科学技术融入乡村治理当中。总之，五治共治，是乡村治理现代化的最优路径。

第七章 乡村人才振兴

第一节 人才振兴的基础：文化教育事业

一、文化、教育事业概念界定

（一）文化事业的概念界定

2020年9月，习近平总书记在教育文化卫生体育领域专家代表座谈会上强调："中国特色社会主义是全面发展、全面进步的伟大事业，没有社会主义文化繁荣发展，就没有社会主义现代化。"早在计划经济时期，文化事业就是社会主义事业建设的一部分，不过当时更多地考虑其意识形态属性，当国家发展转向现代化建设后，文化事业发展开始同精神文明建设联系起来；党的十六大进一步将文化事业与经营性文化产业做出区分，使得人们更加关注具有营利性的文化产业，但文化事业所具有的社会功能是文化产业无法替代的，对社会主义文明建设至关重要。因此，在探索文化事业发展赋能乡村振兴的机制时，有必要先理清文化事业的内涵。目前，国内学界对文化事业的内涵并没有形成统一的定义，不过对文化事业的公益性属性已形成统一共识，一些代表学者对于文化事业的定义见表7-1。

表7-1 部分学者关于文化事业的定义

作者	专著	对文化事业的定义
冯潮华	《文化产业若干重要关系问题研究》	文化事业是为提高民众精神文化素养、满足人们精神文化需求，由国家或社会组织提供文化产品或服务的公益性（或准公益性）的文化事业单位及其所开展的各项活动，它不以盈利为目标

续表

作者	专著	对文化事业的定义
李正元	《文化事业与文化产业的区别与联系——兼论期刊事业与期刊产业》	在对文化事业的基本性质、根本职能和目标进行分析的基础上，指出文化事业是指从事文化建设和提供文化服务的公益性行业
曹晗旭	《文化科技对文化事业的促进作用研究》	基于文化事业的公益性或非营利性的根本性质，认为文化事业是以公益性为根本特征的具有意识形态属性的文化事业组织及其所开展的各项活动
赵艺卓	《大连市公益性文化事业发展对策研究》	具体指政府基于推动社会进步、丰富人民精神生活等社会公益目的，由政府相关部门、事业单位或社会力量兴办的面向全体公民的非营利性的文化事业组织，以及该组织所开展的一系列无偿或低于市场价格的文化活动

结合学届关于文化事业方面的研究，本书将"文化事业"一词界定为：国家以人民群众为中心，以满足人民群众的精神需求为宗旨，坚定不移地走中国特色社会主义精神文明建设道路，由文化部门兴办的、惠及全民的、非营利的文化事业组织并开展的一系列公益性社会文化活动。

（二）教育事业的概念界定

教育是立国之本，强国之基，不能仅仅停留在口头，更需落于实处。因此，我国始终坚持科教兴国、人才强国战略，以提升我国综合竞争力。欣欣向荣的教育事业是教育发展强有力的支撑，与国家强盛、民族命运紧密相连，事关我国人才队伍的建设。若要准确理解文化教育事业，首先需要界定教育的概念。关于教育概念的界定，国内外学者已进行了相对广泛的研究。

国外关于教育的统一界定，主要是联合国教科文组织（UNESCO）做的两次定义。1976年第一次关于教育的定义，指出"教育"是一种具有组织性、目的性的知识传授活动；1997年为了顺应人类社会的发展，联合国教科文组织（UNESCO）对教育的定义做出重大修订，指出教育是一种交流活动，并且能够带来学习。"教育"一词在我国最早出现在距今2000多年前的春秋战国时期，主要是指教学、教化。当前，国内学界对于"教育"概念的相关界定如表7-2所示。我国学者对教育的理解，普遍立足于教育现象的层面，在教育者和社会的双重视域下，将教育视作一种社会活动，进一步将教育划分为广义教育与狭义教育。

表7-2 我国学界对"教育"的界定

作者	专著	对"教育"概念的界定
张栗原	《教育哲学》	教育乃是以自然现象、劳动现象及社会现象为其基本的范畴，由教育者指导被教育者研究自然的、劳动的及社会的诸现象之实际的知识及其相互间的关系，使被教育者获得在自然环境与社会环境中工作的能力，借以征服自然，扩大生产，改进社会，而谋人群之进化的工具
中国大百科全书总编辑委员会《教育》编辑委员会	《中国大百科全书》（教育卷）	现在一般认为，教育是培养人的一种社会活动，它同社会的发展、人的发展有着密切的联系。从广义上说，凡增进人们的知识和技能、影响人们的思想品德的活动，都是教育。狭义的教育，主要指学校教育，其含义是教育者根据一定社会的要求，有目的、有计划、有组织地对受教育者的身心施加影响，把他们培养成为一定社会所需要的人的活动。教育这个词，有时还作为思想品德教育的同义语使用
顾明远	《教育大辞典》（增订合编本）	通常认为：广义的教育，泛指影响人们知识、技能、身心健康、思想品德的形成和发展的各种活动。狭义的教育，主要指学校教育。即根据一定的社会要求和受教育者的发展需要，有目的、有计划、有组织地对受教育者施加影响，以培养一定社会所需要的人的活动

结合教育与事业的概念，借鉴前人对教育事业的界定，本书所定义的教育事业，是指人们开始进行规范的教育活动，并且为确保教育活动有组织、有计划、有序地进行而制定一系列完善的规章制度和评价标准，同时进一步把教育活动作为一项特殊的人类活动，单列一个社会教育部门，让专业人员负责这项特殊的活动。此时，"教育活动"就完成了蜕变，成为"教育事业"。

二、发展文化、教育事业的积极作用与意义

国家的发展、社会的进步是一种全面的发展与进步，包含物质文明建设与精神文明建设水平的共同提高。而文化、教育事业的发展水平体现了一国发展水平的高低，往往决定着国家的前途命运。我国文化、教育事业发展同精神文明建设之间密不可分，是社会主义精神文明建设的题中应有之义，能够大力推动精神文明建设。精神文明建设是长期以来我党在建设中国特色社会主义文明社会进程中坚持的一项系统工程，主要包含思想建设与文化建设两方面，而教育则在这两方面建设中举足轻重；随着脱贫攻坚表彰大会的顺利落幕，我国开始全面实施乡村振兴战略，其中人才振兴与文化振兴是乡村振兴的重要内容。因此，发展文化、教育事业意义重大。文化、教育事业作为人才发展与精神文明建设的根本，在推动乡村振兴与加强精神文明建设中至关重要。

（一）发展文化事业是社会主义精神文明建设的题中应有之义

精神文明建设自提出起就始终将文化建设作为其基本内容之一，党的十二大报告中进一步明确指出，"社会主义精神文明建设就是要从思想与文化两方面着手"。中国特色社会主义精神文明建设是我国实现社会主义现代化的必由之路，随着社会主义经济的大发展，必然会迎来文化建设的高潮。正如我国春秋时期著名哲学家管仲所说："仓廪足而知礼节。"改革开放以来，经济社会繁荣发展，人民群众物质生活得到极大丰富，实现了"仓廪足"，而后必将寻求个人精神生活的充实，但当前我国文化事业的发展与需求的不匹配增加。党的十九大根据当前我国社会发展实情，指出人民日益增长的美好生活需要同不平衡不充分的发展之间的矛盾成为我国社会主义初级阶段的主要矛盾，要大力发展文化事业，满足人民群众精神文明需求，实现人们对美好生活的向往。

（二）发展文化事业是乡村文化振兴的必然选择

乡村文化振兴就是要将社会主义核心价值观作为思想引领，净化乡村文化环境，加强精神文明建设，健全乡村公共文化服务体系，传承与弘扬

乡土文化。实现乡村文化振兴的关键在于发展乡村文化事业。脱贫攻坚只是解决了贫困地区人民生存问题，而文化生活的匮乏，始终没有解决，乡村文化事业始终是乡村发展的短板。中医看病讲究对症下药，乡村振兴的症结已明，我国随即开出了"文化振兴"这剂良方。大力发展文化事业，能够增强乡村公共文化服务能力，推动乡村文化繁荣发展，丰富乡村居民文化生活，提升乡村居民生活品质，提振乡村居民精气神，以便更好地建设生态宜居、乡风文明的新农村。

（三）发展教育事业是社会主义精神文明建设的基础工程

百年大计，教育为先。教育的根本任务是为社会主义现代化建设事业提供人才保障，而社会主义精神文明建设作为现代化事业的重要组成部分，最终目标是实现人的自由全面发展。当然，这也是教育最高层次的追求，二者之间存在着紧密的逻辑联系。没有教育，精神文明建设就成为无根之木，沦为纸上谈兵。而教育水平的提高，离不开教育事业的繁荣发展，从这一意义上讲，发展教育事业是精神文明建设的奠基性工程。因此，必须将发展教育事业始终贯穿于社会主义精神文明建设之中，以期做到培养中国特色社会主义"四有"接班人，提高中华民族的思想道德素质与科学文化素养，实现社会主义精神文明高水平建设。

（四）发展教育事业是乡村人才振兴的现实要求

"产业兴旺、生态宜居、乡风文明、治理有效、生活富裕"20字总要求，勾勒了国家对乡村发展的美好愿景。充分理解这20字总要求，落实乡村振兴战略，建设乡村、发展乡村，最终落脚点还是在乡村人才的培养上。产业兴旺的前提是乡村生产方式和生产技术的革新；生态宜居则需要摒弃原有粗暴的生态建设理念，坚持绿色、可持续的新发展理念；乡风文明既是新时代乡村精神文明建设的新要求，也是乡村发展的新方向；治理有效则对乡村组织建设提出新要求，这些都需要人才，新型技术人才的确能够带来乡村技术的革新、生产方式的改变、发展思维的冲击，适合乡村的新型治理模式，进而为乡村的发展注入新活力，实现乡村的综合性发展。相对落后的乡村教育，使本土人才紧缺、内部供给不足问题日益突出，同时亦无法满足乡村建设的人才需求，人才引进成为缓解供需矛盾的首选。但人才引进只能解一时之需，想要实现乡村振兴可持续发展，需要培养一批批对养育自己的热土具有浓厚感情、志愿建设家乡的本土人才，这样才能做到薪火相传。

三、文化、教育事业发展现状

（一）文化事业发展现状

党的十八大以来，在党和国家加大对文化事业发展支持力度的背景下，全国文化系统深刻学习总书记关于文化建设方面的重要论述，全面贯彻落实党的十八大、十九大会议精神，坚定文化自信，坚持新的发展理念，全国文化事业建设再上新台阶。截至2019年，《中国统计年鉴》显示，全国所统计的主要文化事业机构包含：公共图书馆、博物馆、群众文化机构以及艺术表演场馆。全国共有公共图书馆3196个，共藏书111181万册，总流通人次达90315万次，出借书刊文献61373万册；艺术表演场馆2716个，组织演出128.44万场，艺术表演团体17795个，组织演出296.8万场；博物馆5132个，举办陈列展览28718次，共有112288万人次参观；文化馆（站）44073个，其中乡镇、街道文化站40747个，占总体的92.45%，全国组织开展各类文化活动245.11万场次，其中举办文艺活动135.9万次，有60137万人次参与，举办16.4万次展会，参加人次达12465万。

全国文化艺术团体陆续开展"深入生活、扎根人民"工作，坚持将以人为本作为创作理念，精益求精，创作出了一批优秀的文艺作品，如表7-3所示。对文化艺术团体发展的支持主要是以政府扶持工程为主，如国家舞台艺术精品创作扶持工程、戏曲振兴工程和剧本扶持工程等；加大资金扶持力度，2019年度共立1117项资助项目，其中有1097项一般项目，20项滚动资助项目，涉及资助资金达7.84亿元，充分发挥了推动优秀作品创作和优秀人才培育的"孵化器"作用。同时，我国积极开展文化惠民活动，丰富了群众的文化生活，取得了显著成果。例如：成功举办第十八届群星奖评奖、第二十届中国老年合唱节、"我和我的祖国"文化新生活全国广场舞展演等群众文化活动，使人民群众的文化生活与精神需求得到了极大满足。2015—2019 年，全国居民人均消费支出由 15712.4 元上升至 21558.9 元；文化娱乐支出由 1723.1 元上升至 2513.1 元。其中，文化娱乐支出占消费支出的比重由 10.97% 上升至 11.66%，绝对数值增长 790 元。

表 7-3 2019 年全国优秀文艺作品

类型	名称
豫剧	《重渡沟》
滑稽戏	《陈奂生的吃饭问题》
河北梆子	《人民英雄纪念碑》
话剧	《人间烟火》
儿童剧	《火光中的繁星》
歌剧	《道路》
舞剧	《永不消逝的电波》
芭蕾诗	《沂蒙三章》
交响音乐会	《钱塘江交响》
民族音乐会	《畅想京津冀》

资料来源：根据网络相关资料整理所得。

公共图书馆和群众文化机构方面得到长足发展，落实了公共服务改革任务。在文化馆服务改革建设方面，实行文化馆总分馆制；在图书馆服务改革建设方面，实行公共图书馆总分馆制，以提升公共服务能力。截至 2019 年底，全国共有 1649 个县（县级市、市辖区）落实了文化馆服务改革，建成文化总分馆制，1711 个县（县级市、市辖区）落实了公共图书馆服务改革，建成公共图书馆总分馆制。

在公共图书馆建设方面取得丰硕服务成果，从业人员共有 57796 名，2019 年末，全国平均每万人公共图书馆建筑面积连续五年实现稳步提高，比 2015 年增加 26.7 平方米，达到 121.4 平方米，人均藏书量由 2015 年的 0.61 册上升至 2019 年的 0.79 册，进步明显。近五年来，公共图书馆服务人次显著增加，为读者举办各类读书活动全年累计 19.6 万次，服务人次累计达11786万人次；其中，书刊文献外借册次由2015年的50896万册，增加至2019年的61373万册。进一步说明人民群众在生活物质方面得到满足后，对精神文明的需求显著增加，更加注重个人学习与精神文明建设。

"十二五"时期，国家明确提出，逐渐顺应满足人民群众文化的需求，群众文化事业的发展要最大程度契合人民的精神文明需求。经过近十年的努力，我国群众文化事业发展迅速。截至2019年底，我国群众文化机构所拥有从业人员约为19万人，体量虽大，但未达到"质精"，中级以上职称人员仅占12.7%，约24178人。同时，在群众文化机构场地规模方面，呈现出增加趋势，逐年稳步扩大。由2011年平均每万人221.23平方米的设施建筑面积，经过九年的发展，扩大到2019年的322.72平方米。文化设施的改善，使群众文化服务成果更加丰硕。如表7-4所示，2019年全国群众文化机构开展活动类型包含展览、文艺活动、公益行讲座、训练班等类型，活动次数与服务人次均呈上升趋势。

表7-4 2019年全国群众文化机构开展活动情况

活动类型	总量		比上年增长/%	
	活动次数/万次	服务人次/万人次	活动次数	服务人群
展览	16.4	12465	3.3	12.9
文艺活动	135.95	60137	10.4	11.5
公益行讲座	3.84	710	7.3	14.9
训练班	88.92	5404	15.6	8.9
总量	245.11	78716	11.7	11.6

资料来源：《2019年文化和旅游发展统计公报》。

（二）教育事业发展现状

近年来，我国教育事业迎来蓬勃发展局面。截至2019年末，全国各级各类学校总量达53.01万所，较2018年同比增长2.17%，合计增加1.13万所；同时，在校学生数达到历史新高，各阶段教育在校生共有2.82亿人，较上年同比增长2.40%，合计增加660.62万人。关于我国教育文化事业的发展，以下主要从学前教育、义务教育、高中阶段以及高等教育四个阶段教育发展现状来分析。

1. 学前教育发展现状

关于我国学前教育事业发展的概括,主要从幼儿园数、在园幼儿数、幼儿入园率、不同幼儿园所占比例以及师资情况五个方面分析。

截至2019年末,全国共有幼儿园281174所,其中城区幼儿园有89576所,占全国总数的31.86%,镇区幼儿园有92910所,占全国总数的33.04%,而乡村幼儿园有98688所,占全国总数的35.10%,全国幼儿园城乡分布及不同办学类型幼儿园占比情况如表7-5所示。全国学前教育新学年入园适龄儿童达1688.2万人,合计在园幼儿人数达4713.9万人,比上年增加57.5万人,同比增长1.23%。学前教育毛入园率为83.4%,比2015年提高8.4个百分点。"不能让孩子输在起跑线上"这一代表部分家长心声的教育理念,也反映出在社会进步过程中,我国对学前教育的重视。目前学前教育保障体制相对完善,城乡统一实行科学化、规范化办园,幼儿园相关各类专业技术人员配备较为齐全,其中包含园长、专任教师、卫生保健人员、保育员等。全国学前教育阶段教职工共计491.34万人,其中专任教师占33.93%,约有166.66万人。

从表7-5、表7-6、表7-7可以看出:①随着国家连续实施学前教育行动计划,鼓励社会力量办园,民办幼儿园成为学前教育办学主力军,占全国幼儿园总数的61.61%,一定程度上缓解了学龄前适龄儿童"入园难"问题;②从学前教育师资分布情况看,城乡间师资力量仍存在较大差距,乡村学前教育各类专业技术人员存在较大缺口,尤其缺少高学历专任教师、卫生保健人员以及保育员;③城乡地区学前教育专任教师学历水平不断提升,但目前专任教师仍以专科毕业为主,占总体的57.83%。

表7-5 2019年全国城镇和农村不同类型幼儿园统计表

办学类型	城区幼儿园数/所	城区各类幼儿园占比/%	镇区幼儿园数/所	镇区各类幼儿园占比/%	乡村幼儿园数/所	乡村各类幼儿园占比/%
公办	13347	14.90	26801	28.85	49867	50.53

续表

办学类型	城区幼儿园数/所	城区各类幼儿园占比/%	镇区幼儿园数/所	镇区各类幼儿园占比/%	乡村幼儿园数/所	乡村各类幼儿园占比/%
集体办	3862	4.31	2346	2.53	5004	5.07
民办	68725	76.72	62133	66.87	42378	42.94
其他	3642	4.07	1630	1.75	1439	1.46
总计	89576	—	92910	—	98688	—

资料来源：中华人民共和国教育部网站。

表7-6 2019年全国学前教育教职工统计情况

教职工	园长/人	专任教师/人	卫生人员/人	保育员/人	其他/人
城区	123927	1336427	79596	526552	412025
镇区	104607	978261	43889	338514	201306
乡村	75112	448416	20396	147461	79246
总计	303646	2761304	143881	1012527	692577

资料来源：中华人民共和国教育部网站。

表7-7 2019年全国学前教育专任教师学历情况

专任教师学历	研究生毕业/人	本科毕业/人	专科毕业/人	高中阶段毕业/人	高中阶段以下/人
城区	7050	436121	858991	148994	9198
镇区	1126	253168	624979	183759	19836
乡村	343	91859	289380	123890	18056
总计	8519	781148	1773350	456643	47090

资料来源：中华人民共和国教育部网站。

2. 义务教育发展现状

自1986我国开始实施九年义务教育以来，我国教育公平程度极大提升。2006年，国务院将农村义务教育全面纳入国家公共财政预算教育经费保障范围，在农村地区全面实行免书本费、免学杂费以及给予住宿生一定生活补助，即"两免一补"政策。2013年，国家正式启动对义务教育均衡发展督导评估认定工作，经过7年的不懈努力，全国约有2800个县（县级市、市辖区）通过了相关检查。2019年末，全国义务教育阶段学校高达30.91万所，共招收3507.89万人，在校生合计达1.54亿人。在全面普及的基础上，进一步提高了义务教育的巩固水平，义务教育巩固率达到了94.8%，相较2013年提高了2.5个百分点。

普通小学及学点25.66万所（个），其中城区小学及学点3.01万所（个），共招生745.28万人；镇区小学及学点5.33万所（个），合计招生人数达683.89万人；乡村小学及学点17.31万所（个），低于城镇招生人数，约招生439.88万人；2019年全国分区域小学及学点基本情况如表7-8所示。近年来，学年儿童入学情况稳中向好，做到义务教育入学率基本100%的全覆盖。2019年小学学龄儿童入学率达99.94%，相较2015年提高0.06个百分点。

表7-8 2019年全国分区域小学及学点基本情况

区域	学校数/万所	招生数/万人	在校生数/万人
城区	3.01	745.28	3964.14
镇区	5.33	683.89	4039.59
乡村	17.31	439.88	2557.51

资料来源：中华人民共和国教育部网站。

普通初中学校5.24万所，其中城区初中学校1.34万所，共招生624.00万人；镇区初中学校1.34万所，合计招生人数达798.48万人；乡村初中学校1.34万所，远低于城镇招生人数，约招生316.38万人。

2015年11月脱贫攻坚战在教育领域正式打响，教育脱贫成为义务教育阶段的重点工作，国家出台了一系列政策措施，强力推进控辍保学工作。五年来教育扶贫取得显著成果，控辍保学工作成效显著，义务教育巩固率稳步提高。截至2019年底，全国九年义务教育巩固率达94.8%，相较2015年提高1.8个百分点。

教育师资是义务教育发展的关键。如表7-9所示，2019年全国义务教育阶段学校拥有教职工1020.31万人，专任教师占比达90.50%，约有923.37万人。其中小学学校及学点教职工达585.26万人，包含548.63万名专任教师；全国初中学校教职工共有435.04万人，其中包含专任教师

374.74 万人。

表 7-9 2019 年全国中小学专业教师学历构成情况

学校类型	小学	普通初中
研究生毕业/人	85135	131646
本科毕业/人	3833676	3141892
专科毕业/人	2178498	469255
高中阶段毕业/人	170109	4496
高中阶段以下毕业/人	1666	140

资料来源：中华人民共和国教育部网站。

校园硬件环境设施是衡量教育发展水平的重要指标之一。2019 年末，全国小学教学及辅助用房总面积达 43457.62 万平方米，城区小学生均教学及辅助用房面积 3.44 平方米，镇区小学生均教学及辅助用房面积 3.71 平方米，乡村小学生均教学及辅助用房面积 5.81 平方米；全国普通初中教学及辅助用房总面积达 27757.95 万平方米，城区普通初中生均教学及辅助用房面积 5.75 平方米，镇区普通初中生均教学及辅助用房面积 5.43 平方米，乡村普通初中生均教学及辅助用房面积 6.90 平方米。随着素质教育的全面推进，全国中小学硬件设施达标水平不断提升，如表 7-10 所示，2019 年全国中小学的运动场馆、体育器械、音乐器材、自然实验仪器等硬件教育设施达标情况优良。

表 7-10 2019 年全国义务教育阶段设施设备配备达标情况

学校类型	体育运动场馆面积达标学校/%	体育器械配置达标学校/%	音乐器材配备达标学校/%	美术器材配备达标学校/%	数学自然实验仪器达标学校/%
小学	90.22	95.38	95.17	94.97	94.7
初中	93.54	96.56	96.22	96.02	96.12

资料来源：中华人民共和国教育部网站。

3. 高中阶段教育发展现状

高中阶段教育根据培养人才类型的不同，可以分为普通高中教育阶段与中等职业教育阶段。普通高中在人才培养方面，侧重于理论知识传授，以培育知识型学生，而对于中等职业学校来说，顾名思义，其培养重心则是职业技术、输出技术型人才。2019 年末，普通高中实现基本普及，中等职业教育的基础地位得到进一步巩固。全国高中教育阶段学校共有 2.44 万所，新学年共招新生约 1439.86 万人，累计全国在学人数达 3994.9 万人，相较 2018 年增长 1.53%，扩招新生约 60.23 万人。高中阶段教育成果得到稳固，近年来毛入学率呈现稳步上升趋势。

如表 7-11 所示，2019 年我国普通高中共有 13964 所，主要布局在城镇，其中城区拥有普通高中数占全国总数的 51.49%，共招收 407.52 万人，镇区普通高中数占全国总数的 43.21%，招生量与城区招生数相近，约 401.13 万人，而农村普通高中仅占总数的 5.30%，招生人数为 30.84 万人。自"十三五"以来，虽然中等职业教育也得到国家的重视，但与普通高中相比，其总体规模呈现下降趋势。截至 2019 年，全国中等职业学校只有 7686 所，招生情况也相应低于普通高中招生量，全国共招收 457.41 万人，为普通高中招生量的 54.49%，共有 1216.17 万在校生。

表 7-11　2019 年全国分区域普通高中基本情况

区域	学校数/所	学校占比/%	招生数/万人	招生占比/%	在校生/万人	在校生占比/%
城区	7190	51.49	407.5166	48.54	1177.73	48.78
镇区	6034	43.21	401.1376	47.78	1153.68	47.79
乡村	740	5.30	30.8407	3.67	82.89	3.43

资料来源：中华人民共和国教育部网站。

如表 7-12 所示，全国普通高中学校共有教职工 283.37 万人，其中包含专任教师 185.92 万人，生师比为 12.99∶1，即每名专任教师负责 13 名学生；中等职业学校由于总体规模小于普通高中，相应的师资规模同样低于普通高中师资规模，共有教职工 80.15 万人，专任教师占 80.13%，共计 64.22 万名专任教师，其生师比为 18.94∶1，即平均每名专任教师负责 19 名学生。普通高中学校总体师资数量稳步增加，提升师资队伍水平成为今后工作的重心。当前阶段，专任教师占全体教职工一半以上，能够充分发挥专任教师的教育能力，专职于教学工作。但专任教师学历结构呈现出"两边小，中间大"的橄榄型。本科毕业的教师约占总体的 60%，本科以上高学历专任教师约10%，因此，仍需加强师资建设，适当引入高学历师资力量，优化高中阶段教师学历结构。

表7-12 2019年全国高中阶段教育师资情况

学校类型	教职工/万人	专任教师/万人				
		总计	研究生	本科	专科	高中及以下
普通高中	283.37	185.92	19.70	163.66	2.53	0.04
中职学校	80.15	64.22	5.27	54.20	4.58	0.17

资料来源：中华人民共和国教育部网站。

4. 高等教育发展现状

"十三五"期间，我国高等教育系统积极识变、思变、求变，以立德树人为根本，以提高育才能力为核心，推进教育公平，全面开展高等教育事业改革发展，并取得了突破性进展。2019年，全国各类高校统招新生高达1308.76万人，全国在校大学生约4002万人；共有普通高等学校2688所，其中，本科院校1265所，占全国高校的47.06%，高职（专科）院校1423所，占全国高校的52.94%，共招生914.9万人，合计拥有3031.53万在校生。在研究生培养方面，全国共有828个机构具有研究生培养资格，其中普通高等学校占总数的71.62%，约有593个，科研院（研究所）占总数的28.38%，约有235个，共招生91.65万人，在学研究生总量达286.37万人。高等教育发展必然伴随着高校毛入学率的不断提升，由2015年40%的毛入学率，到2019年提升11.6个百分点，毛入学率至51.6%。

在提升培养质量方面，师资力量是关键。我国普通高等教育学校共拥有教职工256.67万人，其中包含专任教师174.01万名，生师比达17.95∶1。如表7-13所示，我国高等教育专任教师学历职称结构中，拥有中级职称及以下的教师占56.64%，超过专任教师总量的半数，而高级职称教师总量不足；但专任教师学历结构良好，拥有高等学历的（本科以上）占全体专任教师的2/3，这也得益于近年来普通高等教育学校对高学历人才重视度的提高，同时进一步提高了师资引进的门槛，严格把控师资队伍质量。

表7-13 2019年全国普通高等教育学校专任教师学历职称情况

职称	博士/万人	硕士/万人	本科/万人	专科及以下/万人	总计
正高	13.56	3.32	5.96	0.07	22.91
副高	17.51	13.41	21.36	0.25	52.53
中级	14.09	30.60	22.21	0.48	67.38
初级	0.16	9.82	7.76	0.28	18.02
未定级	2.25	6.84	3.75	0.31	13.15
总计	47.57	63.99	61.04	1.39	173.99

资料来源：中华人民共和国教育部网站。

第二节 案例：河南省乡村人才振兴效率测度

百年大计，教育先行。义务教育作为根基教育，更是关系到我国的人才发展、国力发展，所谓"人才兴则民族兴，人才强则国家强。"足以反映出我国义务教育的重要性和必要性。打好根基，铸就未来，也是我党对基础义务教育的态度。自1986年义务教育制度确立以来，九年义务教育一直是一项保底性教育，是惠及全民的基础教育，在我国现代化建设中具有重要战略地位。河南省作为人口大省、教育大省，同时也是全国义务教育第一大省，义务教育面临压力大、任务重等挑战。河南省先后发布多项文件，为义务教育发展提供资金、师资、教育装备等保障，推动河南省义务教育优质均衡发展。因此，以河南省作为案例具有典型性。

一、河南省义务教育发展现状

"十三五"时期，党中央、国务院和教育部制定了一系列加强义务教育的政策文件，河南省委、省政府结合实际，出台了全面提高义务教育质量的相关政策文件，从顶层设计和制度机制上体现义务教育优先发展的战略。截至2019年底，全省义务教育阶段学校及学点合计2.27万所，拥有1480.96万名在校学生，其中，小学在校学生数1012.48万名，普通初中在校生数468.48万名。全省义务教育阶段教职工高达93.37万人，其中包含专任教师 86.77 万名，专任教师数占职工总数的 92.93%。九年义务教育巩固率逐年稳步提高，2019 年义务教育巩固率提高至 95.45%。关于河南省义务教育发展现状，下面主要从教育经费、教育设施配置以及教育师资三方面分地区进行分析。

在教育经费方面主要体现在各地公共财政教育经费投入。2019 年河南省中小学生均一般公共教育经费投入情况如表 7-14 所示，全省一般公共财政预算教育经费投入实现了稳定增长，但各地市增幅不同。平顶山、安阳及新乡三市小学生均教育经费投入仅为 5700 元左右，郑州、三门峡两市投入较高，小学生均一般公共教育经费投入超过 10000 元，不足 11000 元，各市小学生均教育经费投入存在较大差异。在初中生均教育经费投入方面，郑州市高达 19000 元、三门峡市投入也高达 14000 元，而平顶山、南阳、商丘三市投入仅为 9000 元左右，差距明显。

表 7-14 2019 年河南省中小学生均一般公共教育经费投入情况

地市	小学生均一般公共教育经费/元	普通初中生均一般公共教育经费/元
郑州	10278.27	19372.14
开封	7330.15	10156.92
洛阳	8648.66	13130.06
平顶山	5642.04	8472.88
安阳	5720.69	9456.39
鹤壁	6852.83	10828.73
新乡	5738.14	10052.07
焦作	7882.07	11476.76
濮阳	7385.52	11196.62
许昌	8442.69	12484.82
漯河	6801.17	9949.62
三门峡	10944.02	14655.63
南阳	5809.41	9401.55
商丘	6427.51	9225.21
信阳	8115.23	10899.54
周口	8730.29	11492.60

续表

地市	小学生均一般公共教育经费/元	普通初中生均一般公共教育经费/元
驻马店	7372.04	10857.46
济源	9238.43	13893.45

资料来源：《2019年河南省教育经费执行情况统计公告》。

在教育设施配置方面，全省2019年招收173.76万名小学生，生均教学及辅助用房面积仅为3.88平方米，招收157.87万名中学生，生均教学及辅助用房面积仅为4.44平方米。河南省统计数据显示，2016—2019年适龄入学儿童人口不断增长。伴随着适龄入学儿童人口数量的不断增加，河南省义务教育学校招生数量也相应增加。但是河南省义务教育学校数量却逐年减少，且减少速率远高于招生数量增加速率。

教育师资得到河南省政府与河南省教育厅的高度重视。省政府与省教育厅聚焦师资队伍建设，实施一系列吸引优质师资政策，如2009年国家开始大力实施"特岗计划"、提高教师待遇以及设立地方教龄津贴等福利政策。全省共有小学专任教师51.04万名，专任教师学历合格率达100.00%，但学历高一级（大学本科及以上）合格率仅为56.28%，其中96.7%的专任教师拥有大学专科及以上学历；全省共有普通初中专任教师35.74万名，专任教师学历合格率达99.62%，但学历高一级（研究生毕业）合格率仅为2.43%，其中81.1%的专任教师拥有大学本科及以上学历。分地区来看，河南省各地市初中优质教育师资资源排名前三的分别是郑州（11.17%）、洛阳（3.75%）与济源（3.11%），排在第四位的是新乡市（2.98%），其余14个地级市水平均较低，在1%上下浮动的占多数。由此可见，河南省虽是人口大省，但教育资源匮乏现象明显。究其原因，除经济发展水平、区位优势是主要原因外，河南作为中部人口大省、农村人口占比大也是重要的原因。

二、河南省义务教育服务评价及其效率测度

为了衡量义务教育发展质量，要从供给水平与服务效率两个维度对义务教育服务进行综合评估。在借鉴现有研究成果的基础上，选取层次分析法构建义务教育服务供给评估指标体系，通过定性指标典型量化，对调研地区的

义务教育服务供给水平进行实证分析；选取数据包络分析构建义务教育服务评价指标体系，对河南省 18 个地市义务教育服务效率进行实证研究。

（一）义务教育服务水平评价

1. 义务教育服务指标选取

义务教育服务供给水平评估，可以依据指标要素体系来进行，通过建立相应的指标子目标为核心，选择和优化指标体系菜单，以达到准确构建供给评估体系的目的。基于科学性、系统性、层次性、适应性一般原则，依据调研得到的实际数据，结合相关专家的建议，从地方政府与学校两方出发，建立义务教育服务供给评估指标体系。

本指标体系包括教育经费投入、教育设施配置以及教育师资投入三个维度，共计 1 个目标层、3 个准则层、6 个方案层（见表 7-15）。依据各个义务教育服务供给指标的不同属性及脆弱性指标等数据进行分层，再依据各种数理联系划分到具体方案层，进一步对各层进行相对累加。

表 7-15 义务教育服务供给评估指标体系

目标层	准则层	方案层
A 义务教育供给水平评估	B1 教育经费投入	C1 小学生均公共预算教育经费
		C2 初中生均公共预算教育经费
	B2 教育设施配置	C3 小学平均在校生数
		C4 普通初中平均在校生数
	B3 教育师资投入	C5 小学师生比
		C6 普通初中师生比

2. 义务教育服务指标体系

基于建立的义务教育服务供给评估指标体系，针对判断矩阵的准则，根据专家打分，对照 AHP 评价尺度表，对两个元素进行两两比较，根据其重要程度在 1~9 间赋值，重要性标度值如表 7-16 所示。例如，要构造二级指标两两比较的判断矩阵，先将 3 个二级指标，即教育经费投入、教育设施配置、教育师资投入分别记为 B1、B2、B3，按照 1~9 标度法进行两两比较、分别赋值，形成判断矩阵。

表 7-16　AHP 评价尺度表

成对比较标准	定义	内容
1	同等重要	两个指标具有同等的重要性
3	略重要	认为其中一个指标较另一个指标略重要
5	重要	根据经验与判断，倾向于某一指标
7	很重要	实际上非常倾向于某一指标
9	非常重要	有证据确定，在两个指标比较时，某一指标非常重要
2、4、6、8		用于上述标准之间的折中值
上述数值的倒数		A 与 B 两个指标相比，若被赋予以上某个标度值，B 与 A 比较时的权重就应是 A 与 B 标度的倒数

通过求解矩阵的最大特征根并进行一致性检验，矩阵 A 的最大特征根 λ 为 2.0126，计算最大特征值对应的特征向量分别为 0.4282、0.2297、0.3422。CI 为一致性指标，RI 为平均随机一致性指标，CR 为随机一致性比率，其公式为 $CR = CI/RI$，矩阵 A 的 $CR = 0.0063/0.52 = 0.0121$，当 $CR < 0.1$ 时，通过一致性检验。同理，本研究中通过计算一级指标、二级指标的 CR 值均 <0.1，得到义务教育服务供给指标的权重如表 7-17 所示。组合权重 $= B \times C$（一级指标权重 × 二级指标权重）。

表 7-17　义务教育服务供给指标权重

目标层	准则层	方案层	组合权重
A 义务教育供给水平评估	B1 教育经费投入 0.4282	C1 小学生均公共预算教育经费　0.5833	0.24976906
		C2 初中生均公共预算教育经费　0.4167	0.17843094
	B2 教育设施配置 0.2297	C3 小学平均在校生数　0.5455	0.12530135
		C4 普通初中平均在校生数　0.4545	0.10439865
	B3 教育师资投入 0.3422	C5 小学师生比　0.5385	0.1842747
		C6 普通初中师生比　0.4615	0.1579253

3. 定性指标一致性量化

根据层次分析法确定不同指标不同的组合权重，再对定性指标统一量化标尺，文中关于供给水平度量采用的是五标度等级，其等级得分为 0.1~0.9，分别反映其供给水平的高低状况，得分越高表明供给水平越高。具体赋值情况如表 7-18 所示。

表7-18 定性指标典型量化标尺

等级得分	0.1	0.3	0.5	0.7	0.9
五级标度	极差	较差	一般	较好	极好

注：本表采用5标度等级，0.1和0.9较为极端一般不采用。

根据层次分析法（AHP）得到组合权重，结合定性指标一致性量化，可以得到河南省18个地市相应指标的义务教育服务供给得分值。其中组合权重和综合得分如表7-19所示。

表7-19 组合权重和综合得分

目标层	准则层	方案层	组合权重	指标	得分
A 义务教育供给水平评估	B1 教育经费投入	C1 小学生均公共预算教育经费	0.24976906	15000以上 (8000, 15000] (5000, 8000] (0, 5000]	0.9 0.7 0.5 0.3
		C2 初中生均公共预算教育经费	0.17843094	23000以上 (15000, 23000] (8000, 15000] (0, 8000]	0.3 0.7 0.5 0.3
	B2 教育设施配置	C3 小学平均在校生数	0.12530135	(1700, 2100] (1300, 1700] (1100, 1300] (800, 1100] (500, 800] (300, 500]	 0.9 0.7 0.5 0.3
		C4 普通初中平均在校生数	0.10439865	(1200, 1300] (900, 1200] (800, 900] (700, 800] (500, 700] (300, 500]	 0.9 0.7 0.5 0.3
	B3 教育师资投入	C5 小学师生比	0.1842747	(14, 17] (17, 20] (20, 25] 25以上	0.9 0.7 0.5 0.3
		C6 普通初中师生比	0.1579253	(10, 12] (12, 15] (15, 20] 20以上	0.9 0.7 0.5 0.3

4. 河南省义务教育服务水平评价

将收集、查阅相关统计资料所得到的有效数据，通过 MATLAB 软件计算得到组合权重，进而展开供给水平量化一致性的得分统计分析，计算出河南省 18 个地市义务教育服务供给水平得分值，根据本研究的赋值原理，将教育服务供给按照其得分情况综合划分为五个等级，其具体等级划分与含义如表 7-20 所示。同时，根据实证分析得到的结果，归纳总结出河南省 18 个地市义务教育服务供给的特征，进而对当地义务教育服务供给进行更加精确的分析。

表 7-20 得分与含义

等级	供给得分	代表含义
一级	0~0.2	较低
二级	0.2~0.4	低
三级	0.4~0.6	一般
四级	0.6~0.8	较高
五级	0.8 以上	高

经过相关数据的整理分析，河南省 18 个地市义务教育服务供给得分值中最高的是郑州市，为 0.7001，最低的是安阳市，为 0.5209。整体来看，河南省地区义务教育服务整体供给水平较高，平均得分为 0.6068，但大部分地区义务教育供给水平有待提高，其义务教育供给水平仅为一般，综合评分低于河南地区的平均值。

（二）义务教育服务效率测度

DEA 模型全称为数据包络分析，它用于多个输入输出问题的各种效率评估方法。文中将选择面向投入变量的 BCC 模型测量义务教育服务的效率，模型如式（7-1）所示。综合技术效率分解为纯技术效率和规模效率，具体的表达式为 $TE = PTE \times SE$，三者的数值均在（0，1］内取得，结果越接近于 1，表示义务教育服务的效率值越高。

$$\min_{\theta,\lambda} \theta^k$$

$$\sum_{k=1}^{K} \lambda_k x_{n,k} \leq \theta^k x_{n,k}$$

$$\sum_{k=1}^{K} \lambda_k y_{m,k} \geqslant y_{m,k}$$

$$\sum_{k=1}^{K} \lambda_k = 1; \lambda_k \geqslant 0$$

$$k = 1,2,\cdots,K; n = 1,2,\cdots,N; m = 1,2,\cdots,M \quad (7-1)$$

其中，k 为决策单元，即河南省18地市；$x_{n,k}$ 代表第 k 个河南省18地市第 n 项要素投入；$y_{m,k}$ 代表第 k 个河南省18地市第 m 项产出；λ_k 表示第 n 项要素投入和第 m 项产出的加权系数；θ^k 代表第 k 个样本相较于其他河南省18个地市的义务教育服务效率值。

1. 义务教育服务评价指标体系的构建

义务教育服务是政府为保障全体公民最基本的生存权与发展权，以公共财力和公共资源为保障，满足每位公民接受最基本的教育、提升最基本的能力、享受最基本的文化三方面需求而提供的一项公共服务。结合现有研究成果和义务教育服务实际统计信息，再综合我国义务教育服务发展的现状和国家中长期教育改革与发展规划，参考《国家基本公共服务统计指标（2017）》中关于义务教育服务指标体系构建的相关内容，本研究将从教育经费投入、教育设施配置、教育师资投入和教育服务成效四个维度，以科学性和客观性为基本前提，遵循系统性、代表性、层次性以及可量化性原则，构建合理、统一、全面的义务教育服务评价指标体系。

教育经费投入：义务教育服务是一项公共服务，其教育经费主要由政府部门负担，主要来源于公共财政。教育经费投入是义务教育开展的财力保障，教育经费的投入是否存在冗余是义务教育服务有效的重要体现。因此，选取小学生均一般公共教育经费与普通初中生均一般公共教育经费两个三级指标反映河南省18个地市教育经费投入状况。

教育设施配置：是义务教育开展的物质保障，包含学校（分）、校舍、教学及辅助用房、教学仪器设备等硬件设施。教育设施配置是否达到帕累托最优是义务教育服务是否有效的外在表现。同时，考虑数据的可得性，选取平均在校生数作为二级指标来衡量河南省义务教育服务教育设施配置情况。

教育师资投入：是义务教育开展的人力资源保障，主要通过生师比来体现。生师比是指某学年每位专任教师平均所教的学生数,如果生师比值越高,说明每位教师所教授的学生越多,反之,则说明每位教师所教授的学生越少,越有利于提高义务教育服务成效。因此,选取该指标来反映河南省18个地市义务教育人力资源配置的状况。

教育服务成效:是义务教育服务结果的直接体现。教育结果是受教者知识的积累与能力的提升,数据不易获取,同时也很难进行量化。基于此,本书中考虑到义务教育的阶段性成果,选取九年义务教育巩固率作为二级指标用于反映河南省18个地市义务教育服务成效情况,具体指标如表7-21所示。

表7-21 义务教育服务评价指标体系

	一级指标	二级指标	三级指标
投入指标	教育经费投入	一般公共教育经费	小学生均一般公共教育经费
			普通初中生均一般公共教育经费
	教育设施配置	学校配置	小学平均在校生数
			普通初中平均在校生数
	教育师资投入	生师比	小学生师比
			普通初中生师比
产出指标	教育服务成效	九年义务教育巩固率	—

2. 河南省义务教育服务效率测度

基于研究者所查阅的《河南统计年鉴》(2020)及《2020年河南省教育事业发展统计公报》等相关教育统计数据,将河南省18个地市2019年教育经费投入、教育设施配置、教育师资投入和教育服务成效的指标数据代入DEA-BCC模型中,利用MaxDEA软件测度2019年河南省18个地市的义务教育服务的投入产出效率,得到表7-22。

表7-22 河南省各市义务教育服务效率结果及供给得分

地区	综合技术效率(TE)	纯技术效率(PTE)	规模效率(SE)	规模报酬情况	供给得分
郑州市	0.960288	1	0.960288	Decreasing	0.7001
开封市	0.839761	0.980806	0.856194	Increasing	0.5894

续表

地区	综合技术效率（TE）	纯技术效率（PTE）	规模效率（SE）	规模报酬情况	供给得分
洛阳市	0.815714	0.88947	0.917078	Increasing	0.6602
平顶山市	0.678613	1	0.678613	Increasing	0.5327
安阳市	1	1	1	Constant	0.5209
鹤壁市	0.862651	0.962901	0.895887	Increasing	0.5894
新乡市	0.859715	1	0.859715	Increasing	0.5578
焦作市	1	1	1	Constant	0.6288
濮阳市	0.698711	0.938179	0.744752	Increasing	0.5685
许昌市	0.864597	0.950581	0.909545	Increasing	0.6762
漯河市	0.914476	1	0.914476	Increasing	0.5643
三门峡市	0.97247	1	0.97247	Increasing	0.6869
南阳市	0.769931	1	0.769931	Increasing	0.5369
商丘市	0.619901	1	0.619901	Increasing	0.5852
信阳市	0.816191	1	0.816191	Increasing	0.6762
周口市	0.69648	1	0.69648	Increasing	0.6762
驻马店市	1	1	1	Constant	0.6012
济源市	0.887989	0.892088	0.995405	Increasing	0.5709

如表7-22所示，河南大部分地市没有实现义务教育服务DEA有效，且整体效率不高，综合技术效率仅为0.8622，纯技术效率为0.9813，规模效率为0.8792。就规模报酬情况而言，大部分地市都处于规模报酬递增阶段，只有安阳、焦作以及驻马店的综合技术效率、纯技术效率及规模效率均达到1，表明这3市在义务教育服务中不存在投入冗余，资源的利用达到最优，即DEA有效。结合义务教育服务供给得分情况可知，安阳市义务教育服务供给得分为0.5209，处于中等水平，属于低投入低产出的DEA有效；而焦作市和驻马店市的得分在0.6以上，处于较高水平。由此，安阳市应该加大义务教育经费投入，升级硬件设施，引进优质师资力量，保证其义务教育服务质量得到全面提升。

此外，还有郑州、平顶山、漯河、三门峡等9市，其综合技术效率受规模效率的影响较大，未达到 DEA 有效状态，并处于规模报酬递增阶段，但是这些地区纯技术效率为 1，表明当前技术水平下义务教育服务资源的利用在管理与技术等因素方面是有效率的，可以称为 DEA 弱有效。因此，提高其效率的关键在于如何更好地发挥其规模效益，缩小实际规模与最优规模之间的差距。结合供给得分与效率情况，9 市大致可以分为三种情况。平顶山、新乡、漯河、南阳、商丘 5 市达到了 DEA 弱有效，但义务教育服务供给水平处于中下水平，仍有很大的提升空间，需要加大教育经费、硬件设施与师资力量投入。三门峡、信阳、周口 3 市义务教育服务供给处于中等水平，且其投入产出效率较低，处于规模报酬递增阶段，虽然也为 DEA 弱有效，但其义务教育服务供给水平还存在一定的提升空间，因此，在提升义务教育服务水平的同时也要注重协调好投入和产出的结构，达到 DEA 完全有效。此外，郑州供给水平较高，但没有达到 DEA 有效，其主要原因是没有达到最优规模，并处于规模报酬递减阶段，需要调整教育设施布局，精简义务教育阶段学校数量。

除去 DEA 有效的 12 个市，其余 6 市为非 DEA 有效地区，这些地区在现有技术条件下，存在投入冗余现象，资源没有得到充分的利用。将非 DEA 有效地区进行汇总，给出非 DEA 有效决策单元的冗余情况，如表 7-23 所示。可以看出，7 市存在不同程度的投入冗余，当然这里冗余的真实意思并不是指当前的投入存在剩余，而是指与 DEA 有效地区相比得出的结果。郑州、洛阳两市的义务教育服务供给处于中上水平，应该关注投入产出结构的调整，以达到 DEA 完全有效。其他 5 市在增加投入的同时，还需注意投入产出结构的优化，提高义务教育服务供给水平，获得相对更高的教育服务产出，实现义务教育服务质与量的提升。

表 7-23 非 DEA 有效地区投入冗余

DMU	小学生均公共预算教育经费冗余	初中生均公共预算教育经费冗余	小学生师比冗余	初中生师比冗余	小学平均在校生冗余	初中平均在校生冗余
开封	647.95	194.95	0.35	0.71	58.31	18.61

续表

DMU	小学生均公共预算教育经费冗余	初中生均公共预算教育经费冗余	小学生师比冗余	初中生师比冗余	小学平均在校生冗余	初中平均在校生冗余
洛阳	955.93	1946.39	2.87	1.45	198.30	213.08
鹤壁	254.23	401.73	1.44	0.54	18.89	228.55
濮阳	456.58	1119.72	1.10	0.87	81.18	435.31
许昌	484.70	1187.15	0.82	1.41	25.83	136.05
济源	996.93	2043.54	4.90	1.36	72.74	124.00

综合可知，虽然18个决策单元中有12个地市的义务教育服务效率实现了DEA有效，但是较高供给水平和较高投入—产出不一定能够达到高效率，说明服务水平与有效性之间没有正向相关关系。例如郑州等地的义务教育供给水平遥遥领先焦作、济源市，其教育资源的投入与产出规模都相对较大，但其服务效率并未达到DEA有效，说明资源没有得到充分配置，从而影响了综合效率；相反，安阳、焦作以及驻马店3市义务教育服务供给水平不高，但资源得到了充分利用，义务教育服务达到有效状态。因此，义务教育服务供给水平与服务效率之间没有明显的数量变化关系，供给水平高，其服务效率不一定很高，相反，供给水平低，其服务效率也未必低。

三、案例小结

基于对河南省各市义务教育服务效率测度的实际情况，结合河南省义务教育发展现状，进一步对河南省义务教育促进乡村振兴发展的现实困境展开分析。若要实现河南省义务教育更好地赋能乡村振兴，需要从以下三方面加强义务教育事业建设。

（一）调动优先发展义务教育事业的积极性

教育兴则国兴，教育强则国强；义务教育作为一项为国家建设养人才、为民族崛起育英杰的奠基性工程，其振兴与发展从中央到地方政府备受重视。尤其是作为教育大省的河南，在义务教育经费投入方面积极踊跃，小学生均教育经费投入较上年增长9.14%，初中生均教育经费较上年增长6.11%，虽然增长高于全国教育经费投入的增长，但总体发展仍有待提高。近年来，全国义务教育经费投入显著增加（见表7-24），2019年全国小学生均义务教育经费预算同比增长达5.48%，生均投入达11949.08元，而河南省小学生均教育经费投入最低，仅为7423.51元，远低于全国平均水平。2019年全国普通初中生均教育经费预算同比增长5%，生均投入达17319.04元，河南省普通初中生均教育经费投入仍然较低，仅为全国平均投入的78.58%。从教育经费投入方面看，河南省应加大义务教育经费的投入力度，积极贯彻落实优先发展义务教育事业的战略措施，大力发展义务教育，尤其是乡村义务教育，以教育促振兴。

表7-24 2019年全国中小学生均一般公共教育经费投入情况

地区	小学生均一般公共教育经费/元	普通初中生均一般公共教育经费/元
北京市	37292.92	66365.98
天津市	20613.06	34119.26
河北省	9443.93	13532.13
山西省	11207.93	15673.77
内蒙古	14809.79	18692.30
辽宁省	11258.39	16731.89
吉林省	14256.63	18527.1
黑龙江省	14990.53	17040.3
上海市	30463.04	45751.02
江苏省	14229.53	24079.54
浙江省	17593.09	25749
安徽省	11167.92	17306.31
福建省	11192.6	18285.57
江西省	10455.93	13756.37
山东省	10512.2	17162.67
河南省	7423.51	11326.29
湖北省	11039.6	18201.64
湖南省	9473.98	13903.61
广东省	14234.73	21688.02
广西壮族自治区	8661.75	11302.89

续表

地区	小学生均一般公共教育经费/元	普通初中生均一般公共教育经费/元
海南省	13309.83	18944.67
重庆市	12993	17521.32
四川省	11128.87	14972.07
贵州省	11302.93	13622.45
云南省	11707.28	14284.70
西藏自治区	30341.19	36912.57
陕西省	12961.78	19728.08
甘肃省	12070.48	15143.77
青海省	16313.88	20466.46
宁夏回族自治区	11179.68	15024.62
新疆维吾尔自治区	13221.43	21949.75

资料来源：《2019年全国教育经费执行情况统计公告》。

（二）提高教育师资队伍建设水平

少年强则国强。青少年的成长、教育过程决定其自身素质，进而决定中国未来的发展，而乡村的振兴，更离不开青少年。青少年作为国家发展的未来，对其的教育培养直接影响国家未来发展，只有大力优先发展义务教育事业，才能为国家发展注入不竭的新鲜血液。在培养过程中，不仅要注重课本文化知识的传授，还要加强素质教育。同时，要重点加强建设优秀的教师队伍。从目前河南省义务教育师资建设总体情况来看，专任教师合格情况良好，但优质师资资源明显不足。小学专任教师学历高一级合格率仅为56.28%，普通初中情况更加严峻，普通初中专任教师学历高一级合格率仅为2.43%。从普通初中优质师资资源分布情况来看，各市差异较大，仅有的优质师资资源多集中于省会城市郑州，占全省的11.17%，而最差的周口市仅占全省的0.77%。优质师资资源的缺乏已经制约了河南省义务教育的发展，成为义务教育赋能乡村振兴不得不面对的突出问题。

（三）义务教育发展不充分

义务教育是人才培养的重要阶段，是培养青少年人生观、价值观以及世界观的重要时期，义务教育发展情况能够直观地反映地区人才建设情况。从前文义务教育服务效率测度所得数据来看，河南省义务教育服务综合效率得分仅为0.8622，说明河南省义务教育服务并未达到DEA有效状态；纯技术效率得分为0.9813，说明河南省在当前教育条件下，教育资源管理配置方面并未达到帕累托最优状态；在规模效率方面测度结果为0.8792，说明河南省在义务教育学校建设方面并未达到规模最理想状态，资源没有得到充分利用。作为一种重要生产要素的人力资源，基本是自由流动的，且往往流向经济发展优势地区。河南省作为农业大省，经济发展较之沿海地区尚有一定的差距，不可避免地存在人才外流情况。河南省义务教育服务效率未达到最优，反映其义务教育发展的不充分，直接影响了地区的人才建设，加之人才的外流，进一步阻碍了地区的发展，成为制约乡村振兴的重要因素。

第三节 乡村人才振兴的机制探索

发展教育兴人才，旨在提升个人职业素质能力，归根结底是解决人的生存发展问题。人才的培养是一个长期过程，需要一套完善的机制为其保驾护航。结合河南省教育发展现状，应构建城乡义务教育一体化保障机制、区域职业教育一体化培养机制、就业学习相结合的长效发展机制以及城乡人才交流良性互动机制。

一、推进城乡义务教育一体化，建立有效保障机制

长期以来，我国农民工规模逐年扩大，农民工子女随迁进城入学难问题越发凸显。教育公平是社会公平的起始点，而社会公平最根本地体现在义务教育公平，只有大力推进义务教育公平，加快建设城乡义务教育一体化，农民工子女才能获得更多的同等入学机会。2020年义务教育适龄随迁儿童进城求学在校率高达99.4%，其中随迁儿童入学类型及分布情况如表7-25所示。推进教育公平，能够有效地保障适龄随迁儿童接受教育的机会，使其能够获取高质量的教育资源；同样，随迁儿童外流，留守在农村的义务阶段适龄儿童能够获取更多的教育资源，得到更好的培养，也提

升了他们成才的概率。培育人才离不开教育公平，离不开城乡义务教育一体化建设。积极推动城乡义务教育融合发展，保障乡村义务教育高质量发展，可以为育人才、促发展奠定坚实基础。

表 7-25　2020 年义务教育阶段随迁儿童入学分布情况　　　（％）

学校类型	小学	普通初中
公办	81.5	87.0
政府资助的民办	12.4	7.1

资料来源：《2020 年农民工监测调查报告》。

二、推进区域职业教育一体化，建立高效培养机制

新型职业农民是乡村振兴战略的实施者，职业教育是培养新型职业农民的主要阵地。职业教育能够培育大量新型职业农民去建设新农村，为乡村振兴战略的实施提供了人才保障。而我国职业教育的发展长期呈现出两极分化现象，一方面是发达地区职业教育发展迅速、欣欣向荣，另一方面是欠发达地区职业教育发展缓慢、基础薄弱。要为乡村振兴战略更高效地提供人才保障，需要推进区域职业教育一体化，加快欠发达地区职业教育建设。为此，需要做到三点：一是加强地区间的交流协作，健全地区间职业教育帮扶机制，实行发达地区对口帮扶政策，加强欠发达地区的职业教育发展，提升教育培训能力；二是利用国家提供的职业教育教学资源库，借助优质资源共享体系，填补欠发达地区职业教育对优质资源供给不足的缺口，缩小地区间教育差距，实现区域职业教育一体化发展；三是结合当地产业发展情况，开展针对性的特色培训，以培养新型职业农民、乡村技艺匠人为主，根据市场需求，灵活调整培训规模，建立高效的培养机制，为乡村建设源源不断地输送新鲜"血液"。

三、推进"干中学"与"学中干"相结合，建立长效发展机制

就业先行，积累资本。农村地区应通过承接发达地区产业转移，优先发展劳动密集型产业，因为这类产业对技术的要求相对不高，其就业门槛相对较低，劳动力经过简单的职业培训后就能上岗就业，能够为乡村闲置

劳动力提供大量就业机会，使其在实践中积累文化资本与经济资本，即"干中学"。在积累一定资本后，就可以更好地接受其他高要求技能培训，如电子商务、手机应用、电脑实操等通用知识的规范培训，成为高素质劳动力，以便实现向以服务业为主的第三产业转移，并在新岗位上对所学技能进行实践，实现产学融合，在生产实践中学习，完成由劳动力向人力资本的转换。在满足区域内发展需要后，开始将人力资本向区域外输送，扩大转移就业，形成一条完善的人才培养以及输送链。建立人才培养的长效发展机制，将"干中学"与"学中干"相结合，在实践与学习的转换中完成个人升华。当劳动力以人力资本输出时，能够消除就业"空窗期"，加快融入城市生活。

四、推进城乡劳动力要素双向流动，建立良性互动机制

乡村振兴，实质上是新时期国家推动现代化进程中解决"三农"问题的新政策，在工业化、城镇化进程中，其核心在于城乡融合。当乡村高素质人才向城市输出并融入城市生活时，就打破了城乡人才就业壁垒，推动城乡劳动力要素的双向流动。城市人力资本流向农村并不是逆城镇化的表现，而是正常的人才流动，乡村人才转移到城市后能够实现自己的价值，城市人才到乡村去也有其追求，如此加强了城乡之间的交流互通，促进了城乡融合，最终走向共同富裕。

第四节　推进乡村人才振兴路径参考

乡村要振兴，人才是关键。古语云："江山社稷以用人为先。"人才振兴是实现乡村振兴战略的重要环节，是实现未来农业现代化、乡村现代化的关键因素。历史经验表明，农业现代化必然伴随着一个国家和地区乡村经济社会不断向前发展和变迁的进程。基于我国当前工业化、城镇化的发展阶段，大量农村人口向城市集中的趋势难以逆转，农村人口的大规模减少将是一个长期的趋势。如何保障乡村振兴的人才需求，人才振兴的路在何方，成为当下我国推进乡村振兴战略的重要课题。

目前学界相关的研究思路有两种：一是乡村内部自身人才的培育；二是外部人才的引进，或者吸引走出乡村积累了一定人力资本的本土居民回流乡村。长远来看，基于我国乡村振兴所提出的城乡融合发展体制机制，从人才振兴的可持续性出发，除了劳动力城乡间的自由流动可以作为人才培养的一种有效补充外，乡村本土人才的培养将是主导型的路径；二者相互补充，为人才振兴提供人才保障和必要的人力资本储备。综上所述，乡村自身人才的培育至关重要，未来需要以建立完善的人才培养体系为主，辅以人才引进，培育丰富人力资源，服务乡村建设，推动乡村发展，实现乡村振兴。人才的培养，需要教育的支撑。这里所说的教育，不仅指校园教育，还包含就业实践中所获得的职业技能培训以及理论知识实践，即"干中学"。当然，国民教育事业体系的培养是基础保障，社会实践中的再学习则是补充。在现有我国乡村教育的诸多支持下，人才培养关键在于科学配置教育资源。当然，引进人才、积极加强人才交流，对推动城乡人才的流通十分重要。

一、优先发展乡村义务教育，缩小城乡义务教育差距

青少年的成长、教育过程决定其自身素质，进而决定中国未来的发展，而乡村的振兴，更离不开青少年。青少年作为乡村发展的未来，对其的教育培养直接影响到乡村未来的发展，只有大力优先发展义务教育事业，才能为乡村发展持续注入新鲜血液。

因此，优先发展乡村义务教育，是缩小城乡义务教育差距的必要途径。首先，要做到缩小城乡教育机会差距。城乡教育机会差距是城乡教育差距最直观的体现。当下城乡教育中存在一种最普遍的现象：乡村地区中小学生大规模进城就读，使得乡村地区生源匮乏、教育资源出现闲置，而城市学生规模逐渐扩大，入学竞争加剧。这种现象背后的深层原因，就是城乡学生接受优质教育机会的差距。其次，要进一步缩小城乡教育资源配置差距。我们已经取得了脱贫攻坚战的胜利，通过教育扶贫，乡村教育发展成果显著，但城乡学生在所处教育环境、所享教育资源等方面仍存在较大差距。乡村在教育经费、教育师资水平建设等方面有待提高。仅从城乡

生均义务教育经费投入一项来看，两者就差距较大，农村义务教育阶段生均教育经费投入仍低于全国平均水平。

二、继续深化职业教育改革，完善职业教育体系

职业教育与普通教育是两种不同的教育类型，其教育宗旨在于服务社会发展、促进充分就业，秉承工学结合、知行合一的教育理念，不断深化产教融合，以加强校企合作为办学理念，为社会培养应用型与技能型人才。职业教育最能契合乡村振兴对职业技术人才与新型职业农民的需求，可以为乡村振兴培养所需人才，提升农民的学历与文化水平，实现村民文化资本的积累，培育乡村本土精英，为乡村振兴建设提供人才支撑。同时，在推动乡村振兴战略的稳步实施方面起到无可替代的作用。

继续深化职业教育改革，完善职业教育体系，需做好以下几点：第一，深化职业教育评价改革。2019年1月，国务院印发的《国家职业教育改革实施方案》中指出："职业教育与普通教育是两种不同的教育类型，具有同等重要地位。"[①] 但目前社会上普遍存在偏向普通教育的现象，需要扭转不科学的社会评价，提高职业教育的社会认可度。第二，加大对欠发达地区职业教育的经费投入。欠发达地区的职业教育，很大程度上囿于资金的缺乏，无法扩大教学场所、改造训练基地以及升级培训设备，严重制约了职业教育的高质量发展。第三，与时俱进，创新课程。应该按照乡村发展的需要，灵活办学，巧设教学培训专业，顺应时代发展，积极求变，进行多学科交叉的专业设置，或者根据当地特色产业、优势产业，重点建设服务当地产业的优势专业，而不是保持职业教育的"普教化"。

三、大力引进劳动密集型产业，促进乡村居民转型就业

劳动密集型产业是一种资本替代型产业，由于其对劳动力文化水平与技术没有过高要求，就业门槛低，故可以用大量劳动力代替资本投入。按

---

① 国务院关于印发国家职业教育改革实施方案的通知[EB/OL]. 中国政府网,2019-02-13. http://www.gov.cn/zhengce/content/2019-02/13/content_5365341.htm.

照马克思的资本有机构成学说,劳动密集型产业是资本有机构成较低的产业,其可变资本所占比重较大,不变资本所占比重较小。劳动密集型产业涉及范围非常广,同时其对技术能力要求不高,在促进乡村居民转型就业方面,相较其他类型产业具有天然优势,能够解决大量农村居民就业问题。

大力引进劳动密集型产业,促进乡村居民转型就业,需要政府积极出台引进劳动密集型产业落地政策。通过制定并实施相关政策,如完善基建、贷款优惠、税收补贴等,积极招商引资,在帮助发达地区承接劳动密集型产业的同时,完成本地区产业结构的优化升级。然后,通过扩大生产规模,形成产业优势,在为农村居民提供大量稳定就业的同时,提升自身产品竞争力,获得市场经济利益,推动当地经济社会的发展,实现企地双赢。

四、积极构建城乡一体化就业平台,加强城乡人才交流

培养乡村青少年成才是长久之计,但这无法缓解乡村人才短缺现状,人才引进就成为化解短期矛盾的必然选择。人才多集聚在城市,主要是由于城市经济发展、社会保障、公共服务等要优于乡村地区,且城市对乡村高素质人才的流入并不限制,由此形成了人才的单向流动。

要实现城乡劳动力要素的双向流动,形成良性互动机制。首先,要打破户籍限制。由于户籍的限制,将城乡居民划分为两种不同的社会身份,这两种社会身份不仅存在社会地位差距,在社会福利方面同样差距较大,阻碍了城乡人才的交流。其次,要建设城乡一体化的劳动力市场。城乡二元结构体制割裂了城乡劳动力市场,加之城乡间产业结构差异的影响,使得城乡分割的二元劳动力市场逐渐形成,进一步阻碍了城乡劳动要素的自由流动。最后,调整乡村地区产业结构。积极培育、发展第二、第三产业,调整乡村地区产业结构,发展适合地区的特色产业,缩小城乡发展差距,积极引进城市高素质人才,加强城乡人才交流。

第八章 乡村人居环境综合整治

第一节 理论基础与现实逻辑

一、理论基础：生态文明建设思想的提出

(一) 生态文明的概念

生态文明是一种人与自然和谐共生、经济发展与环境保护良性循环、人类社会可持续发展的社会形态，是继农业文明、工业文明后人类文明发展的一个新阶段。在农业文明阶段，人类通过简单劳动，从自然界中直接获取生产生活资料。由于人口总数相对较少，生产技术落后，人类活动对自然产生的破坏未超出自然界的自我净化与恢复能力，因此，在这一阶段，人与自然处于较低层次的和谐状态。随着两次工业革命在全球范围内的陆续开展，机械生产规模不断扩大，工业化进程加快，人口迅速增长，城市化发展迅速，环境污染加剧，人类与自然界的矛盾日益激化。随着工业文明迅速发展，人类居住环境恶化、气候异常等情况的加剧，人们开始重视如何正确处理人与自然的关系，积极发挥人的主观能动性，更加合理地利用自然、改造自然，以实现经济与生态的良性发展。

(二) 中国生态文明思想发展进程

中国生态文明思想是借鉴吸收中国古代生态环境保护思想和马克思主义生态观以及新中国成立后我国在经济建设与生态环境保护实践中发展而来的最新成果，它既是对我国传统文化中生态智慧的继承与发展，更是对马克思主义生态文明理论的发展与实践。

新中国成立初期，为解决人口温饱问题，我国主要任务放在加快经济发展方面；改革开放政策实施后，我国经济总量增长迅速，人民物质生活水平大幅度提升。与此同时，人们对于良好生态环境的重要性有了更多的认识，开始不断加大对生态环境的保护力度。党的十七大报告提出，要加强能源资源节约和生态环境保护，建设生态文明，基本形成节约能源资源和保护生态环境的产业结构、增长方式、消费模式，增强可持续发展能力。党的十八大将生态文明建设纳入中国特色社会主义事业的五位一体总体布局中，提出要大力推进生态文明制度建设。此后，我国生态文明建设进程迅速推进。2013年习近平总书记在大力推进生态文明建设第六次集体学习中强调：建设生态文明，关系人民福祉，关乎民族未来。党的十九大报告中再次提到要加快生态文明体制改革，建设美丽中国，推动形成人与自然和谐发展的现代化建设新格局。2018年全国生态环境保护大会指出，要加快构建生态文明体系，全面推动绿色发展，坚决打好污染防治攻坚战，推动我国生态文明建设迈上新台阶。

（三）我国生态文明建设工作的成效

自2007年党的十七大提出生态文明思想以来，党中央及社会各界予以充分重视，生态文明建设在治国理政中的地位日益凸显。各地区均因地制宜有序开展生态文明建设工作，坚持以改善生态环境质量为核心，大力推进污染防治攻坚战，一系列工作取得巨大成就。截至2020年，我国生态环保成绩单分外亮眼，生态环境保护发生历史性、转折性、全局性变化[①]。

1. 大气环境

2020年，全国337个地级及以上城市平均优良天数比例为87.0%，同比上升5.0个百分点。202个城市环境空气质量达标，占全部地级及以上城市数的59.9%，同比增加45个。2021年污染防治攻坚战深入开展，主要污染物排放量继续下降，地级及以上城市细颗粒物平均浓度下降9.1%，第一批国家公园正式设立，生态环境质量明显改善。

---

① 孙金龙. 我国生态文明建设发生历史性转折性全局性变化[J]. 人民周刊,2020(24):66-67.

2. 水环境

2020年我国地表水、重要湖泊（水库）水质不断提升；集中式生活饮用水水源水质达标率为94.5%，地表水水源水质达标率为97.7%；三峡库区、南水北调（东线）长江取水口及（中线）取水口水质均为优。水环境总体呈现稳中向好趋势。2021年持续推进生态保护修复重大工程，全面实施长江十年禁渔。

3. 土壤环境

2020年农田土壤污染状况调查结果显示，重金属是影响农用地土壤环境质量的主要污染物，其中镉为首要污染物。受污染耕地安全利用率达到90%左右，污染地块安全利用率达到90%以上。全国农用地土壤环境状况总体稳定。2021年继续巩固蓝天、碧水、净土保卫战成果。推动化肥农药减量增效和畜禽养殖废弃物资源化利用。

4. 植被覆盖情况

第九次全国森林资源清查（2014—2018年）结果显示：全国植被覆盖面积不断增加。森林面积为2.2亿公顷，森林覆盖率22.96%，森林蓄积量达175.6亿立方米，其中天然林面积1.4亿公顷，天然林蓄积141.08亿立方米；人工林面积8003.1万公顷，人工林蓄积34.52亿立方米。草原综合植被覆盖度为56.1%，天然草原鲜草产量稳定在11亿吨左右。

二、生态文明建设与乡村人居环境的理论逻辑

生态宜居，是乡村振兴的内在要求。农村生态文明建设，既是全面推进乡村振兴的重要内容，也是加强生态文明建设的题中应有之义。生态文明思想是乡村人居环境整治的理论源泉，乡村人居环境整治是对生态文明理论的丰富与发展。

深入贯彻习近平生态文明思想，不断推进乡村人居环境整治，其理论逻辑在于解决当前城乡发展不平衡、乡村发展不充分等产生的乡村发展问题。2020年习近平总书记在中央农村工作会议上强调，"加强农村生态文明建设，保持战略定力，以钉钉子精神推进农业面源污染防治，加强土壤

污染、地下水超采、水土流失等治理和修复"。这一重要指示，为加强农村生态文明建设、推进乡村振兴提供了根本遵循和行动指南①。

乡村人居环境整治作为农村生态文明建设重要的具体践行举措，其目标是建成美丽乡村，让广大农民乐享宜居生活，让广大农民有更多安全感、幸福感和获得感。未来我国农业农村现代化与乡村振兴战略的目标是建成宜居宜业宜游的美丽新乡村，实现人民生活富裕的状态。基于此，乡村发展需要治理有效，乡村人居环境治理要契合生态环境安全与生态文明建设的新要求，乡村建设要凸显以人为本理念，要重视乡风文明建设，强调乡风作为乡村发展的精神纽带，对生态文明建设和人居环境整治各项措施的实施均具有重要意义。

三、乡村人居环境整治的现实逻辑

（一）美丽乡村的提出与评价指标

1. 美丽乡村提出背景

"中国要强，农业必须强；中国要美，农村必须美"。乡村是中国的根，美丽乡村是美丽中国的根②。中国自古以来就是农业大国，农村作为农民生产生活的主要区域，建设经济可持续发展、生态环境优美、乡土文化得到继承与发展的美丽乡村，不仅关系着广大农民的切身福祉，使农民获得更加宜居的生态环境，同时对减少农业面源污染、促进农业可持续发展具有重要意义。

2015年党的十六届五中全会提出，要按照生产发展、生活宽裕、乡风文明、村容整洁、管理民主的要求，扎实推进社会主义新农村建设；党的十七大报告中将农村建设纳入国家建设全局中来，提出要统筹城乡发展，推进社会主义新农村建设；2008年，浙江省安吉县为提升新农村建设质量，制定并实施了《建设"中国美丽乡村"行动纲要》，深入开展"千万

---

① 王红艳.加强农村生态文明建设——以更大力度推动乡村振兴[EB/OL].人民网,2021-01-28. http://paper.people.com.cn/rmrb/html/2021-01/28/nw.D110000renmrb_20210128_1-07.htm.

② 孔祥智,等.乡村振兴的九个维度[M].广州:广东人民出版社,2018.

工程"，积极探索建设现代化新农村的"安吉模式"。此后，我国其他地区借鉴了安吉经验，开展美丽乡村建设，我国乡村面貌得到迅速改善。党的十八大首次提出"推进城乡统筹协调发展，共建美丽中国"；2013年中央一号文件正式提出要建设美丽乡村。

2. 美丽乡村的概念

美丽乡村是指促进农村政治、经济、文化、社会、生态文明等各方面的发展，使农村发展符合人民对于"美"的期望，实现政治民主的"美"、经济富裕的"美"、文化繁荣的"美"、社会和谐的"美"、生态可持续的"美"，共建可持续发展的美丽乡村。

3. 美丽乡村评价指标的提出

为使我国各地区的美丽乡村建设能够有标可依，更好地指导美丽乡村建设工作高质量开展，2015年我国发布《美丽乡村建设指南》，从村庄规划、村庄建设、生态环境、经济发展、公共服务、乡风文明、基层组织等多个方面，提出美丽乡村建设的相关工作要求，鼓励各地区因地制宜加快推进美丽乡村建设。文件共提出了21项美丽乡村建设量化指标，为科学评价美丽乡村建设成果和未来发展方向提供了指导。2018年《美丽乡村建设评价》国家标准发布，对美丽乡村建设评价的评价原则、内容、程序与计算方法进行阐释，将村庄建设、生态环境、经济发展和公共服务内容作为美丽乡村建设的评价重点，不仅考虑到各地区美丽乡村建设水平的差异，还将村民满意度纳入评价标准，凸显出"以人为本"的理念。《美丽乡村建设指南》目标要求见表8-1。

表8-1 《美丽乡村建设指南》目标要求

总目标	建设要求
村庄规划和建设	基本住房 生活设施（道路、桥梁、饮水、供电、通信） 农业生产设施（农田水利设施、现代化农业生产设施）
生态环境	环境质量（大气、声、土壤、水环境） 污染防治（农业污染防治、工业污染防治、生活污染防治） 生态保护与治理（自然资源保护、水土治理） 村容整治（村容维护、环境绿化、厕所改造）

续表

总目标	建设要求
经济发展	产业发展（农业、工业、服务业）
公共服务	医疗卫生 公共教育 文化体育（基础设施、文体活动、文化保护与传承） 社会保障 劳动就业 公共安全 便民服务
乡风文明	开展精神文明教育 制定实施村规民约 移风易俗，培养健康、文明、生态的生活方式
基层组织	村党组织、村委会、村务监督机构等
长效管理	公众参与 保障与监督

（二）我国美丽乡村的建设概况

打造宜居、绿色环保的生活环境是美丽乡村建设的重要内容。自从美丽乡村建设思想提出以来，全国各地先后开展了美丽乡村建设实践。各地区通过制定各项政策、因地制宜推进各项措施、推广优秀建设经验等，使我国美丽乡村建设取得了巨大成就。2010—2020年，我国农村居民人均可支配收入从6272.4元增加到17131.0元，城乡收入倍差从2010年的3.0下降为2020年的2.6，农村居民人均年度消费支出从2010年的4381.8元提高到2020年的13713.0元，农村居民的恩格尔系数由41.1下降为32.7。以上数据反映出，2010年至今，我国农村居民人均可支配收入和人均年度消费支出均有大幅度提高，农村居民的恩格尔系数总体呈现下降趋势，说明农村经济发展迅速，农民经济条件得到较大提升，虽然城乡居民收入差距依然较大，但城乡居民收入倍差连年下降，农村经济发展成果显著，农民生活日益富足。

由于城市化进程加快，我国农村基层组织数量不断减少，2010—2019年，我国乡镇数量由33981个减少至30234个，村民委员会数量由594658

个减少至 533073 个，虽然农村基层组织数量有所减少，但其绝对值依旧较大。因此，大力推进美丽乡村建设对加快农村地区经济与环境可持续发展、缩小城乡差距具有重要意义。近年来，"互联网+政务""互联网+基层党建"加快向农村延伸，极大地促进了农村基层组织的建设发展。

自从美丽乡村建设实施以来，我国农村面貌得到迅速提升，绝大部分村庄实现通公路、通电话、通宽带，生产生活垃圾得到有效治理，污水治理力度加大，饮水安全和生产用水安全得到保障，生态环境明显改善，改厕工作不断推进，村容村貌不断提升，各项基础设施不断完善，农民生产生活环境质量显著提升。2010—2020 年，我国乡镇卫生院卫生人员数量和乡镇医疗卫生机构床位数量呈现持续增加态势（见表 8-2），农村医保社保体系不断完善，使农民能够"小病就近看，大病不怕看"。

表 8-2 全国农村卫生医疗年度变化情况

年份	乡镇卫生院卫生人员数/人	村医疗卫生机构数/个	乡镇医疗卫生机构数/个	乡镇医疗卫生机构床位数/张
2010	1151349	648424	37836	994329
2011	1165996	662894	37295	1026251
2012	1204996	653419	37097	1099262
2013	1233858	648619	37015	1136492
2014	1247000	645470	36902	1167245
2015	1278000	640536	36817	1196122
2016	1321000	638763	36795	1223891
2017	1360272	632057	36551	1292076
2018	1391000	622001	36461	1333909
2019	1445000	616094	36112	1369914
2020	—	610000	36000	1390000

资料来源：根据中华人民共和国农业农村部网站数据整理所得。

2021 年是"十四五"开局之年，我国环保需求持续旺盛，对于美丽乡村也有了更高要求，为进一步强化农村污染治理、加快农村产业融合发展、完善基础设施建设、推进公共服务均等化、改善生态环境、加大村容村貌提升力度及加快打造宜居、绿色环保的美丽乡村奠定了坚实基础。

（三）美丽乡村与乡村人居环境整治的必然逻辑

随着工业化、城市化的推进，区域发展不平衡问题日益凸显，对实现区域可持续发展产生了不利影响。由于城市向外扩张、污染企业向农村转移，加之农村地区排污设施不完善、农民环保意识有待提升，农村环境污染加剧、生态可持续性受到严重影响。因此，党的十六届五中全会正式提出推进美丽乡村建设，此阶段工作重点是对于农村基本环境的改善；而党的十九大提出开展乡村人居环境整治工作，突出以人为本的发展理念，重视农民对于经济发展、环境改善、居住条件提升等方面的诉求，是对美丽乡村建设的接续发展，美丽乡村是人居环境整治工作在未来要达成的目标，二者都是我国建成社会主义强国的必要举措。

第二节 案例：河南省乡村人居环境整治的实践成效

一、农村人居环境整治政策与评价指标

（一）农村人居环境整治政策演变

2021年3月，习近平总书记在福建考察时指出："要以实施乡村建设行动为抓手，改善农村人居环境，建设宜居宜业美丽乡村。"改善农村人居环境，不仅是乡村振兴战略实施的必行之举、实现农业农村现代化的必由之路，更是实现"农业强、农村美、农民富"的重要前提。党的十九大以来，乡村人居环境整治工作受到中央及地方政府的重视并逐步具体开展。2018年，中共中央先后印发并实施了《乡村人居环境整治三年行动方案》和《乡村振兴战略规划（2018—2022年）》，提出要按照产业兴旺、生态宜居、乡风文明、治理有效、生活富裕的总要求，统筹推进农村发展，加快推进乡村振兴。其目标指向着力解决乡村人居环境脏乱差、乡村人居环境建设不平衡、城乡人居环境差距大等问题。2020年中央一号文件强调要逐步推进厕所革命、有序开展生活垃圾及污水治理、扎实搞好乡村人居环境整治。2020年党的十九届五中全会再次指出，要继续因地制宜推进农村改厕、生活垃圾处理和污水治理，实施河湖水系综合整治，改善乡村人

居环境。2020年12月28日召开的中央农村工作会议提出,要加强农村生态文明建设,推进农业面源污染防治,接续推进乡村人居环境整治提升行动。2021年12月7日,中共中央办公厅、国务院办公厅印发了《农村人居环境整治提升五年行动方案(2021—2025年)》(以下简称《方案》),《方案》强调,改善农村人居环境,是实施乡村振兴战略的重点任务,事关广大农民根本福祉,事关农民群众健康,事关美丽中国建设。《方案》进一步为我国乡村人居环境综合整治工作指明了方向。2021年作为"十四五"规划的开局之年,基于《方案》[①]要求,未来在全面推进乡村振兴战略的同时,要巩固拓展农村人居环境整治三年行动成果,立足新阶段,因地制宜、规划先行,持续推进,健全机制,到2025年,农村人居环境显著改善,生态宜居美丽乡村建设取得新进步。

(二) 乡村人居环境相关概念

人居环境是一个广义的概念,是指人类在城市、集镇和村庄等居住区域内进行工作、休闲、生活、社交等活动的空间及贯穿于其中的人口、资源、环境、社会政策和经济发展等各个方面,可分为人居硬环境和人居软环境。评价人居硬环境的指标有:居住条件、生态环境以及基础设施和公共服务设施等。评价人居软环境的指标有:生活情趣、生活方便舒适程度、信息交流与沟通、社会秩序、安全和归属感等。

乡村人居环境是集自然、社会、经济、人文于一体的综合系统,是农村地域内居民生产、生活的载体[②]。它是农村在发展过程中自然环境与人文环境不断融合所形成的环境综合体,具体包括农村生态环境、农村居民经济条件、农村社会环境、农村居住环境、农村基础设施五个子系统(见图8-1)。党的十九大报告提出,开展乡村人居环境整治行动,建设人与自然和谐共生的现代化。乡村人居环境整治工作包括农村垃圾污水治理、

---

① 《农村人居环境整治提升五年行动方案(2021—2025年)》[EB/OL]. 中华人民共和国农业农村部,2021-12-07. http://www.moa.gov.cn/gk/zcfg/qnhnzc/202112/t20211207_6383987.htm.
② 李伯华,曾菊新,胡娟. 乡村人居环境研究进展与展望[J]. 地理与地理信息科学,2008(5):70-74.

"厕所革命"、提升村容村貌等方面，各方面工作协同开展、因地制宜，对促进农村经济发展、提升农民幸福感、实现农村可持续发展具有重要意义。

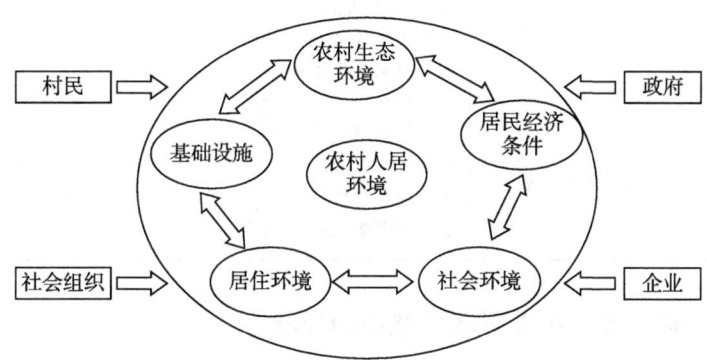

图 8-1　农村人居环境系统构成图示

（三）乡村人居环境评价指标

为了进一步对乡村人居环境整治现状进行科学评价，依据乡村人居环境的定义及相关已有研究成果，构建乡村人居环境评价指标体系，如表8-3所示。

表8-3　乡村人居环境评价指标体系

目标层	准则层	指标层
乡村人居环境评价	农村生态环境	二氧化硫排放量/万吨 烟（粉）尘排放量/万吨 森林覆盖率/% 卫生厕所普及率/% 废水排放总量/亿吨
	农村居民经济条件	农村居民人均可支配收入/元 农村居民人均消费支出/元 人均GDP/万元
	农村社会环境	村卫生室个数/个 参加基本医疗保险人数/万人 初中专任教师数/万人 普通小学专任教师数/万人 文体娱乐法人单位数/个

续表

目标层	准则层	指标层
乡村人居环境评价	农村居住环境	人均居住面积/平方米 总人口数/万人 农村用电量/亿千瓦小时 农村自来水普及率/%
	农村基础设施	行政村公路覆盖率/% 电信业务总量/亿元 邮政业务总量/亿元 农村宽带接入用户/万户

二、河南省乡村人居环境整治的现状

党的十八大以来，河南省作为我国中部地区传统的农业大省、人口大省，地区生产总值从2013年的32191.30亿元提高到2019年的54259.20亿元，全省经济发展情况"稳中有进"。农村居民人均可支配收入从2013年的9429.6元提高到2019年的16020.7元，城乡居民人均可支配收入差距逐渐缩小。

2018年4月23日，河南省结合本省省情印发并实施了《河南省乡村人居环境整治三年行动实施方案》，将改善乡村人居环境摆在"三农"工作的重要位置，并深入学习借鉴浙江"千万工程"经验，加快完善农村基础设施建设、改善农民住房条件、提升农民收入、优化农村生态环境。2020年河南省第五次乡村人居环境整治工作推进会议提出，开展乡村人居环境整治对补齐全面建成小康社会农村环境的短板、提高农民获得感与幸福感具有重要意义，要继续统筹推进"厕所革命"和生活污水治理，深入开展农村爱国卫生运动。截至2020年底，河南省乡村人居环境整治成效显著，三年行动目标基本完成，农村生活垃圾基本实现有效治理，农村生活污水治理率达30%、卫生厕所普及率达85%，基础设施建设不断完善，行政村全部实现通硬化路、通客车，集中供水率为93%，农村危房改造成效明显、住房条件不断提升，乡村人居环境改善的同时带动了农村旅游业发展、促进农民增收，将"绿水青山"切实转化为"金山银山"。河南省各地区积极创建"四美乡村""美丽小镇""五美庭院",农民对村庄环境的满意度大幅提高,2020年在"十三五"收官之际,河南省全省乡村人居环境明显改善(见图8-2)。

河南省朱家寨

图8-2 河南省孟津区朱家寨人居环境整治效果图

(一)河南省农村基础环境整治成效

如表8-4所示,自2013年《河南省农村饮水安全工程建设管理办法实施细则》实施以来,河南省农村供水管网建设力度加大。2016年至2020年6月底全省共建成农村集中供水工程21119处,农村自来水普及率逐年上升,2019年农村自来水普及率达91%,超额完成了全国"十三五"规划农村集中供水率达到85%的目标。农村厕所问题关系到农民生活质量,随着"厕所革命"有序开展,河南省农村卫生厕所普及率由2013年的74.3%提高到2019年的84.7%,群众对厕改满意度达到93.68%。2019年10月,汤阴县被评为全国农村"厕所革命"典型范例。为保证农民生产生活用电,减少烧煤烧柴产生的污染,河南省全面开展农村电网改造升级行动,2017年和2018年累计完成"电代煤""气代煤"234万户,相当一部分群众生火做饭工具由烟熏火燎的煤炉,改成了燃气灶、电磁炉等。与此同时,随着农村机械化生产水平的提高,农村用电量逐年增加,群众生活更加便捷，环境更加整洁。

表8-4 2013—2019年河南省农村环境基本情况

指标	2013年	2014年	2015年	2016年	2017年	2018年	2019年
农村自来水普及率/%	62.5	69.0	72.7	78.4	85.3	87.0	91.0
农村卫生厕所普及率/%	74.3	75.3	76.6	80.3	75.2	81.2	84.7
农村用电量/亿千瓦/时	305.43	313.23	321.01	317.23	328.82	330.59	353.83

资料来源：历年《河南统计年鉴》。

1. 农村可再生能源利用情况

沼气作为农村地区一种容易获得的可再生能源，曾一度受到推广。仅2013—2016年，河南省农村沼气工程新增752个，2017年农村户用沼气池达383.13万户，但由于户用沼气池危险性大，容易发生爆炸，废弃物处理不当容易造成二次污染，故2018年后农村沼气工程和户用沼气池开始减少。河南省地处中原，日照条件好，太阳能作为更加安全的可再生能源，近年来在农村使用量总体呈上升趋势，2019年河南省农村太阳能热水器达612万平方米（见表8-5）。

表8-5 2013—2019年河南省农村可再生能源利用情况

指标	2013年	2014年	2015年	2016年	2017年	2018年	2019年
农村户用沼气池/万户	376.15	379.46	382.48	383.12	383.13	383.08	368.51
农村沼气工程/个	5481	5752	5968	6233	6100	5935	5497
太阳能热水器/万平方米	488	532	563	603	396	639	612

资料来源：历年《河南统计年鉴》。

2. 农业主要物资消耗情况

河南省作为我国的农业大省，农产品产量稳居全国前列，河南的小麦、香菇、山药、花生、小米产量均居全国前列。农业生产中化肥农药消耗量大，如表8-6所示，仅2013—2015年3年河南省农用化肥使用折纯量增加了19.72万吨，但过度使用化肥农药会使土壤中化肥农药残留增加，加剧土壤污染和水污染，因此在农业生产中越来越重视减少不必要的化肥农药的使用。2019年河南省农用化肥使用折纯量比2015年减少了49.37万吨，近7年来农村农药施用量持续减少，农用柴油和塑料薄膜使用量均呈现下降趋势。

表 8-6　2013—2019 年河南省农业主要物资消耗情况

指标	2013 年	2014 年	2015 年	2016 年	2017 年	2018 年	2019 年
农用化肥使用折纯量/万吨	696.37	705.75	716.09	715.03	706.70	692.79	666.72
农药施用实物量/万吨	13.01	12.99	12.87	12.71	12.07	11.36	10.72
农用柴油使用量/万吨	113.43	116.00	114.70	112.44	108.80	103.92	100.08
农用塑料薄膜使用量/万吨	16.78	16.35	16.20	16.31	15.73	15.28	15.08

资料来源：历年《河南统计年鉴》。

3. 村容村貌改造情况

截至 2020 年底，全省村容村貌明显提升，村庄基础设施不断完善，为实施乡村振兴战略提供了有力支撑和保障。在交通建设方面，随着"百县通村入组"工程的深入推进，当年全省农村公路建设投资达 121.5 亿元，新增 1.69 万个自然村通硬化路，全省自然村通硬化路率达到 89% 以上，累计农村公路总里程达 23.2 万公里，居全国第 4 位，公路面积密度为 138.9 公里每百平方公里，居全国第 6 位；在乡村住房建设方面，全省动员 1517 名规划设计师到 1188 个村庄开展规划编制试点工作，创建"千村示范、万村整治"工程示范村 2600 个、"四美乡村" 9200 个、"五美庭院" 183 万个、"美丽小镇" 500 个。全省 95% 的村庄生活垃圾得到有效治理，农村生活污水治理率达到 30%，极大地避免了昔日垃圾乱堆、污水横流、蚊蝇乱飞、杂物挡道的农村脏乱差现象的出现。近年来，河南省孟津区按照"村里村外不见垃圾、房前屋后见缝插绿、厕所污水一并治理、清洁家园人人出力" 32 字方针开展人居环境整治，其中朱家寨村几年间全村铺设污水管网 3100 米、拆除旱厕 200 余座、改建水冲式农厕 150 座，拆除违建 140 处 5600 平方米，完成村庄绿化 13000 株。如今走进村庄，展现在人们眼前的是干净整洁的道路、白墙青砖灰瓦的农家民居、乡村小游园及党建文化广场等，一幅幅美景映入眼帘。河南省孟津区朱家寨村容村貌对比示意图见图 8-3。

图 8-3　河南省孟津区朱家寨村容村貌对比示意图

（二）文化设施建设与医疗、教育服务整治成果

教育是立国之本，教师是立教之本。随着经济社会的发展，家长对子女教育的重视程度不断加深，加之城乡教育资源分配不均、农村劳动力外出务工增多，农村适龄儿童随父母外迁上学或往返城乡上学情况增加。为提升教育效率，农村中小学逐渐开始撤点并校。由于农村学校条件艰苦，教师往往身兼多职，农村学校难以留住人才，农村学校教师缺乏现象较为严重。由表 8-7 可知，2014—2019 年农村普通中小学乡村教师数量总体呈减少趋势，中小学乡村教师共减少 19016 名。

2010 年，河南省在提高公共医疗卫生服务方面投资 143.8 亿元，2013 年全面启动基层医疗卫生服务体系建设项目，农村医疗卫生服务体系建设加快,医疗服务能力不断提升。2014—2019 年农村医疗卫生机构床位增加121818 张,农村乡镇卫生院病床使用率上涨到 63.26%,但农村医疗卫生机构数与乡村医生、卫生员人数趋于减少。2020 年河南省正式实施基层医疗卫生机构建设三年行动计划,大力推进乡镇卫生院、社区卫生服务中心和村卫生室医疗服务基础设施建设,加快提升基层医疗卫生机构标准化水平和服务能力,促进城乡医疗卫生资源均衡配置。此外,2014—2019 年河南省公共图书馆机构数量增加 7 所,2019 年农村广播覆盖率和电视覆盖率分别为99.44% 和 99.47%,基本实现全覆盖。许多乡村文化活动室、图书室逐渐建立起来,大大丰富了农民日常文化娱乐生活。为提升乡村公共文化服务水平,2020 年河南省委一号文件提出加快补上农村基础设施和公共服务短板,推动文化资源向乡村倾斜,为未来河南省农村文化发展提供政策指导。

表 8-7 2014—2019 年河南省文化设施建设与医疗、教育服务情况

指标	2014 年	2015 年	2016 年	2017 年	2018 年	2019 年
普通小学乡村教师数/人	239304	232616	224976	224783	220875	227585
普通初中乡村教师数/人	75154	71278	72314	67961	67904	67857
农村医疗卫生机构数/个	65736	65787	65425	64970	64632	63878
农村医疗卫生机构床位数/张	276080	294304	312848	337588	373373	397898
农村乡镇卫生院病床使用率/%	62.08	62.59	62.14	63.26	63.08	63.26
乡村医生和卫生员人数/人	119307	116512	113856	109457	103306	96032
公共图书馆机构数/个	157	158	158	158	160	164
广播覆盖率/%	98.21	98.28	98.43	98.62	99.05	99.44
电视覆盖率/%	98.26	98.43	98.64	98.84	99.04	99.47

资料来源:历年《河南统计年鉴》。

三、河南省乡村人居环境整治效果评价

(一)方法选择

文中采用层次分析法作为综合评价河南省乡村人居环境的研究方法。层次分析法(AHP)是 20 世纪 70 年代美国运筹学家 T. L. Saaty 提出的一种定性与定量相结合的决策分析方法。通过对影响河南省乡村人居环境的各因素进行分层,并根据上下层次元素之间的隶属关系,建立各层次的判

断矩阵,确定各指标权重,结合《河南统计年鉴》(2013—2020)中的乡村人居环境相关数据,对河南省乡村人居环境进行综合评价,分析乡村人居环境整治过程中存在的问题并提出改进建议。

(二)指标选取与评价指标体系构建

表 8-8 河南省乡村人居环境评价指标体系

目标层 A	准则层 B	指标层 C
乡村人居环境评价 A	农村生态环境 B1	二氧化硫排放量/万吨 C1
		烟(粉)尘排放量/万吨 C2
		森林覆盖率/% C3
		卫生厕所普及率/% C4
		废水排放总量/亿吨 C5
	农村居民经济条件 B2	农村居民人均可支配收入/元 C6
		农村居民人均消费支出/元 C7
		人均 GDP/万元 C8
	农村社会环境 B3	村卫生室个数/个 C9
		参加基本医疗保险人数/万人 C10
		初中专任教师数/万人 C11
		普通小学专任教师数/万人 C12
		文体娱乐法人单位数/个 C13
	农村居住环境 B4	人均居住面积/平方米/人 C14
		总人口数/万人 C15
		农村用电量/亿千瓦小时 C16
		农村自来水普及率/% C17
	农村基础设施 B5	行政村公路覆盖率/% C18
		电信业务总量/亿元 C19
		邮政业务总量/亿元 C20
		农村宽带接入用户/万户 C21

表 8-9 1~9 标度法

标度	解释说明
1	两个因素具有同等的重要性
3	一个因素比另一个因素略微重要

续表

标度	解释说明
5	一个因素比另一个因素明显重要
7	一个因素比另一个因素强烈重要
9	一个因素比另一个因素极度重要
2,4,6,8	重要性介于上述两个相邻尺度中间
倒数	若因素 i 与因素 j 的重要性之比为 a，那么因素 j 与因素 i 的重要性之比为 a 的倒数

笔者在参阅相关研究文献的基础上，结合前文构建的乡村人居环境整治评价指标体系，结合河南省乡村人居环境的整治现况，遵循系统性原则、可比性原则和科学性原则，根据 AHP 法首先需要将指标体系分为目标层、准则层和指标层三级（见表8-8）。将河南省乡村人居环境衡量指标分为农村生态环境、农村居民经济条件、农村社会环境、农村居住环境、农村基础设施 5 个准则层，21 个指标层，按照 1~9 标度法（见表8-9）对各指标间相对重要性进行打分，分别构建 6 个判断矩阵，运用 MATLAB 软件计算各指标权重，并进行一致性检验，结合《河南统计年鉴》数据，对河南省乡村人居环境进行综合评价。

（三）河南省乡村人居环境质量测度结果

由于原始数据量纲不一致，无法直接代入数据模型计算，因此，文中采取最大值法对原始数据进行标准化处理。具有正相关性的指标标准化计算公式为：$Q_{ij} = P_{ij}/P_{max}$。具有负相关性的指标标准化计算公式为：$Q_{ij} = 1 - P_{ij}/P_{max}$，其中 Q_{ij} 表示第 j 年第 i 项指标的标准化值，P_{ij} 表示第 j 年第 i 项指标，P_{max} 表示同类指标中的最大值。将各指标进行无量纲处理后，采用线性加权求和计算模型对河南省乡村人居环境质量评价结果进行计算，公式为：$B = \sum W_i Q_{ij}$，其中，W_i 为该指标 i 的综合权重（见表8-10），最后计算出目标层各年份的河南省乡村人居环境质量评价值，结果如表8-11所示。在准则层中，农村生态环境是影响河南省乡村人居环境质量最主要的因素，权重为 0.4309，其他因素及权重依次为农村居民经济条件（0.1453）、农村社会环境（0.0716）、农村居住环境（0.2208）、农村基础设施（0.1314）。在指标层中，二氧化硫排放量（C1）是影响农村生态环境的主要因素，农村居民人均可支配收入（C6）对农村居民经济条件影响最大，参加基本医疗保险人数（C10）是评价农村社会环境的主要指标，人均居住面积（C14）和行政村公路覆盖率（C18）分别是农村居住环境和农村基础设施的主要影响因素。因此，河南省下一阶段乡村人居环境整治工作重点应聚焦以上方面。

表8-10 综合权重

目标层A	准则层B	指标层C	权重	综合权重
乡村人居环境评价A	农村生态环境B1（0.4309）	二氧化硫排放量/万吨 C1	0.3632	0.1565
		烟（粉）尘排放量/万吨 C2	0.2963	0.1277
		森林覆盖率/% C3	0.1097	0.0473
		卫生厕所普及率/% C4	0.0517	0.0223
		废水排放总量/亿吨 C5	0.1791	0.0772
	农村居民经济条件B2（0.1453）	农村居民人均可支配收入/元 C6	0.6483	0.0942
		农村居民人均消费支出/元 C7	0.2297	0.0334
		人均GDP/万元 C8	0.1220	0.0177
	农村社会环境B3（0.0716）	村卫生室个数/个 C9	0.3229	0.0231
		参加基本医疗保险人数/万人 C10	0.4026	0.0288
		初中专任教师数/万人 C11	0.1247	0.0089
		普通小学专任教师数/万人 C12	0.1094	0.0078
		文体娱乐法人单位数/个 C13	0.0404	0.0029
	农村居住环境B4（0.2208）	人均居住面积/平方米 C14	0.5606	0.1238
		总人口数/万人 C15	0.0637	0.0141
		农村用电量/亿千瓦小时 C16	0.1414	0.0312
		农村自来水普及率/% C17	0.2343	0.0517
	农村基础设施B5（0.1314）	行政村公路覆盖率/% C18	0.4821	0.0633
		电信业务总量/亿元 C19	0.3295	0.0433
		邮政业务总量/亿元 C20	0.1197	0.0157
		农村宽带接入用户/万户 C21	0.0687	0.0090

表8-11 河南省乡村人居环境质量评价结果

年份	农村生态环境评价值	农村经济条件评价值	农村社会环境评价值	农村居住环境评价值	农村基础设施评价值
2013	0.0998	0.0855	0.0631	0.1636	0.0746
2014	0.0773	0.0951	0.0446	0.1689	0.0762
2015	0.0830	0.1030	0.0451	0.1779	0.0800
2016	0.2423	0.1113	0.0454	0.1868	0.0804
2017	0.3011	0.1207	0.0685	0.1960	0.0894
2018	0.3122	0.1320	0.0692	0.2041	0.1111
2019	0.3140	0.1453	0.0692	0.2088	0.1303

通过对2013—2019年河南省乡村人居环境质量的测评结果进行分析可以看出，2015年起河南省农村生态环境有明显提升，与此同时，农村居民经济条件也保持平稳增长。说明农村生态环境的改善对农村经济发展具有正向作用。"十四五"时期，河南省应继续以良好生态环境促进乡村旅游发展，以农村经济发展反哺农村生态环境，实现二者良性循环发展。自2018年河南省乡村人居环境整治三年行动实施以来，全省乡村人居环境得到极大改善，河南乡村一改旧日脏乱泥泞的容貌，青山绿水红墙白瓦换新颜，基础设施逐渐完善，农民生活日趋便利，农民对居住环境满意度也在不断提升。下一阶段，河南省将加快完善农村基础设施，推进城乡公共服务一体化进度，持续加大乡村人居环境建设力度。

四、河南省乡村人居环境整治效率评价

（一）数据来源

在充分考虑了农村人居环境状况变化的渐进性和党的十九大以来提出的乡村振兴战略后，选取5年的观察周期来考察河南省各地市的人居环境整治效果。基于客观、科学、准确的原则，参考已有的研究成果，结合文中的研究目的，把农村人居环境划分为物质性硬环境和非物质性软环境两大类型，其中物质性硬环境分为农村生态环境、农村生产环境和农村生活环境，非物质性软环境分为农村经济环境和农村社会环境。文中所用数据来源于

《河南统计年鉴》（2016—2020）、《河南省环境状况公报》（2015—2017）和《河南省生态环境状况公报》（2018—2019）以及相关年份的 18 个地级市各年份的《国民经济和社会发展统计公报》。由于 5 年间统计指标调整变动，故对数据进行了筛选和微调。

（二）超效率 SBM 模型

超效率 SBM 模型是 Kaoru Tone 在 2002 年结合 DEM 和 SBM 模型的优势，在 SBM 模型基础上提出的[①]。在超效率 SBM 模型下，待评价的决策单元是在有效集外的，通过自身除外的决策单元的线性组合，来代替原来的决策单元，即该模型是基于其他决策单元的参考技术构成的，其优点在于能够对决策单元进行有效评价，即决策单元效率值大于 1。模型如下：

$$\min \theta_o$$

$$\begin{cases} \sum_{j=1, j \neq 0}^{n} x_{ij}\lambda_j \leq \theta x_{io}, i = 1,2,\cdots,m \\ \sum_{j=1, j \neq 0}^{n} y_{rj}\lambda_j \geq y_{ro}, r = 1,2,\cdots,s \\ \lambda_j \geq 0. k \neq 0, j = 1,2,\cdots,n \\ \sum_{j \neq 0} \lambda_j = 1 \end{cases}$$

其中，θ_o 为人居环境整治效率值；x_{ij}、y_{ij} 分别为投入指标矩阵和产出指标矩阵；λ_j 为人居环境整治投入—产出指标的权重系数；m 为样本决策单元数，s 为产出指标个数，n 为投入指标个数。

（三）农村人居环境整治效率动态分析

由于文中面板数据时间段为 2015—2019 年，该时间段并不是很长，因此选择以非导向、规模报酬可变的超效率 DEA 模型（Super–radical），借助 MaxDEA8.0 软件，逐年测算河南省 18 个地市 2015—2019 年农村人居环境整治效率值，进而计算得出各地市每年的效率相对值，具体结果如表 8-12 所示。

---

① Kaoru Tone. A Slacks–Based Measure of Super–Efficiency in Data Envelopment Analysis[J]. European Journal of Operational Research, 2002(143): 32–41.

表 8–12 2015—2019 年河南省农村人居环境整治效率相对值

地市	2015 年	排序	2016 年	排序	2017 年	排序	2018 年	排序	2019 年	排序
郑州	1.2387	3	1.2698	2	1.2665	2	1.2782	3	1.3777	3
开封	1	15	1	15	0.9137	17	0.9287	18	1	15
洛阳	1.2279	4	1.2101	4	1.2313	4	1.2444	4	1.2793	5
平顶山	1.0546	13	1.0748	9	1.0693	10	1.1991	7	1.0899	10
安阳	1.3246	2	1.0586	10	1.1025	7	1.0765	11	1.0294	13
鹤壁	1.0644	12	1.0225	12	1.0165	13	1.3584	2	1.3798	2
新乡	1.1575	9	1.1526	6	1.1420	6	1.0775	10	1.1147	8
焦作	1.0751	11	1.1176	8	1.0863	8	1.0834	9	1.1502	7
濮阳	1	15	1	15	1	15	1	15	0.8263	18
许昌	1.0229	14	1.0396	11	1.0549	11	1.0259	14	1.0320	12
漯河	0.9709	18	0.9878	17	1	15	0.9867	17	1	15
三门峡	1	15	0.9497	18	0.8858	18	1	15	0.9498	17
南阳	1.1910	7	1.1636	5	1.0713	9	1.0598	13	1.0288	14
商丘	1.2085	5	1.0191	13	1.0122	14	1.2302	5	1.2854	4
信阳	1.1143	10	1.0127	14	1.0304	12	1.0697	12	1.0743	11
周口	1.2013	6	1.1364	7	1.2469	3	1.1137	8	1.0960	9
驻马店	1.1835	8	1.2101	3	1.2038	5	1.2059	6	1.2180	6
济源	1.7432	1	1.7613	1	1.7305	1	1.6980	1	1.6954	1
均值	1.1544		1.1215		1.1147		1.1464		1.1459	

第一，从整体空间分布来看，河南全省农村人居环境综合整治效率均较好，济源、郑州、洛阳等14个地市5年间农村人居环境整治效率均高于1。其中，整治水平最高的是济源市，5年农村人居环境整治效率均值为1.7257，连续位居全省第一，均处于有效前沿面上；此外，郑州的整治水平也处于非常不错的位次；而开封、濮阳、漯河和三门峡的农村人居环境治理效率均值低于1。究其原因，除了所处地理位置、经济发展水平外，与区域基期的人居环境整治投入—产出的政策优势关系很大。以济源为例，济源特殊的地貌、气候资源，为其森林植被的生产提供了得天独厚的条件。自2014年改善农村人居环境暨美丽乡村建设工作部署以来，该市通过社会融资等方式，相继开展"三保五化"全面整治工作，逐步推进提升

农村人居环境。2016年,济源市荣膺"全国绿化模范城市"称号;2017年,其率先在全省实现"全域园林城镇",入选省美丽乡村示范市;2020年济源示范区被授予河南省农村人居环境整治先进市。其整治工作因地制宜、稳扎稳打,树立长远观,确保各项工作落到实处,为濮阳、三门峡等地区农村人居环境整治效率值偏低的地区提供了经验借鉴。

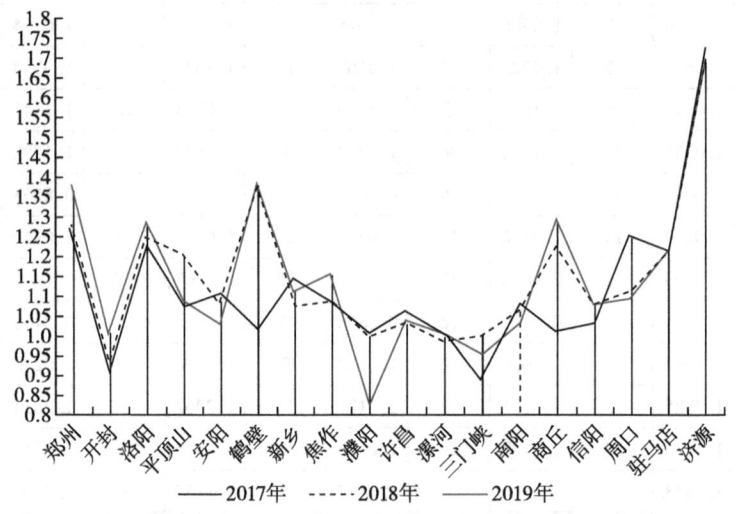

图8-4 2017—2019年河南省农村人居环境整治效率分布图

第二,从整治效率的时间序列来看,2015—2019年河南省农村人居环境整治效率各个地区的排序相对位置变化不大。基于2018年国家出台"三年整治行动方案"的背景,因此文中在研究时间维度的相对位置时,只选取了2017—2019年三年间的变化轨迹进行比较。如图8-4所示,3年间各地市的整治效率的差异度变化最快的是鹤壁市,其效率值从2017年的1.0165上升到1.3798,排名从2017年的第13位上升到第2位,表明整治成效显著;对比各地区之间的效率值变化,以2019年为例,各个地区之间最大与最小的效率值从1.6954下降到0.8263,其整治效率差距是最大的一年。而18个地区的年均效率值,在2017—2019年间呈现从1.1147到1.1459的上升态势,从侧面反映出河南省的人居环境整治工作正在逐渐完成目标。因此,对比处于前沿有效的地市和不处于前沿有效的地市的人居环境整治效率的变动情况，可以发现提升整治效率的关键在于重点提升效率值偏低的地区，如濮阳等。而对生态效率高的地区，如济源、郑州、洛阳、鹤壁等，当保持自身特色，发挥经验优势，积极起到示范作用。

综上，近年来河南省农村人居环境综合整治成效明显。虽然2015—2019年河南省农村人居环境整治效率均值呈波动变化趋势，但效率值均高于1，说明农村人居环境治理效率处于较好水平。其中，济源、郑州、洛阳三地5年间的农村人居环境整治效率均值较高，位居前列；而开封、濮阳、漯河、三门峡农村人居环境整治效率值则持续5年位居末位；5年间鹤壁、商丘农村人居环境治理效率值在全省排名迅速提升，人居环境显著改善，而南阳和濮阳的农村人居环境整治效率值在全省排名下降明显。

第三节 乡村人居环境整治提升策略探索

2021年3月5日，国务院总理李克强代表国务院，向十三届全国人大四次会议作《政府工作报告》，明确启动农村人居环境整治提升五年行动。依据第二节的案例分析，结合我国目前人居环境整治的阶段性特征，需要清晰未来提升我国农村人居环境整治成效的重点策略。

一、乡村人居环境整治面临的困境

习近平总书记在出席2020年中央农村工作会议发表重要讲话时强调，全面推进乡村振兴，加快农业农村现代化，是需要全党高度重视的一个关系大局的重大问题[1]。随着中国经济从高速增长阶段向高质量发展阶段转变，"三农"问题受到高度重视，对乡村人居环境质量也提出了更高的要求。2018年，中共中央印发并实施了《乡村人居环境整治三年行动方案》，宣告了我国农村人居环境整治三年行动的全面开展。农村人居环境整治三年行动开展以来，我国农村卫生厕所普及率超过65%，行政村生活垃圾收运处置体系覆盖率超过90%，农村水电路讯等基础设施建设加快，农村居

---

[1] 中共中央 国务院关于全面推进乡村振兴加快农业农村现代化的意见[EB/OL]. 中国政府网,2021-02-21. http://www.gov.cn/zhengce/2021-02/21/content_5588098.htm.

民人均住房建筑面积达48.9平方米，教育、医疗、养老等公共服务水平不断提升，乡村治理体系进一步完善，乡村面貌焕发新气象。与此同时，乡村人居环境整治也面临许多困境，主要表现在以下方面：

1. 生态环境保护滞后

工业化的迅速推进使城市污染加剧，加之用地紧张、成本上升等原因，农村开始逐渐承接高污染产业转移，工业废水废气废渣的直接排放造成农村环境污染严重，成为影响乡村人居环境质量的主要因素之一。乡村旅游业的发展为农民增收增加了新途径，但同时旅游业的发展使垃圾污染问题加剧，增加了农村生态环境负担。生产生活中先污染后治理的模式，使生态环境保护措施严重滞后，污染治理效率低、投入大，不利于可持续发展。

2. 农民环保意识有待提升

农村地区污染面源广、治理费时费力，农民作为乡村治理主体在乡村人居环境综合整治工作中发挥着重要作用。由于长期受到固有生活习惯和行为方式的影响，农民对环保工作不够重视。农村社区作为农村基层社会治理体系的基本单元，承担着强化环保意识宣传、组织农民共同参与人居环境治理工作的重任。因此，农村社区治理能力的提升和农民环保意识的加强，有利于更好发挥协力作用，共建共护共享高水平乡村人居环境。

3. 区域人居环境质量差距大

我国地域广阔，区域间经济发展状况差异较大，地方政府在人居环境整治工作中投入差距较大。东南沿海地区人居环境整治工作开展时间早、投入资金多、配套方案全、整治成果显著，而一些经济发展情况较差的地区，有的甚至刚刚完成脱贫攻坚工作，难以在人居环境整治上有较大投入，区域人居环境质量差距大也影响了我国人居环境整体质量的提升。

4. 乡村功能退化

乡村作为乡村地域经济社会发展的空间载体，与城市互促互进、共生共存，共同构成人类活动的主要空间。从中国城乡对立、城乡一体化以及城乡逐步融合的过程来看，伴随中国经济社会的发展，中国取得了决战脱贫攻坚的全面胜利，农业现代化稳步推进，粮食产量连续稳定，城镇化建设加快。同时，城乡差距加大、农村劳动力老弱化、村庄"空心化"、乡土文化逐渐消失等各种"乡村病"也相继出现。乡村衰退作为亟待解决的全球性问题，在中国经济社会发展过程中也未能避免。乡村的功能逐渐由传统空间功能向多功能转变，乡村自发重构与转型过程中不可避免地出现了乡村功能退化。

二、乡村人居环境整治提升策略探索

改善乡村人居环境是乡村振兴战略的重要一环，是实现乡村全面振兴的必然要求，是以人为本的发展理念在中国特色社会主义实践中的充分体现，它蕴含着人民对于美好生活的追求与向往。乡村人居环境质量的提升，不仅指乡村生态环境的提升，更包含着经济条件、社会环境、居住环境、基础设施等方面的提升。改善乡村人居环境，根本在于提升农民的收入，在加强生态保护的同时发展产业，坚持"绿水青山就是金山银山"的发展理念，实现人与自然和谐共生；乡风是乡村精神文明建设的中心内容、是乡村振兴的灵魂所在，也是推进乡村人居环境整治的文化基础，为乡风注入生态文明精神、焕发乡村文明新气象，使农民主动参与到乡村人居环境整治中来，有利于实现乡村人居环境长效提升；城乡发展不平衡、乡村发展不充分，是现阶段中国经济社会发展中的突出矛盾，也是制约乡村人居环境质量提升的重要因素，要加快完善乡村基础设施建设，为乡村人居环境质量提升提供基础设施保障，协调好城市化与乡村振兴二者的关系，持续提升乡村人居环境，推进乡村振兴进程；由于我国地域辽阔，地区间自然资源与经济条件差异大，开展乡村人居环境整治工作需要因地制宜进行科学规划，以科学合理的政策方针为导向，以人居环境整治先进地区的成功经验为借鉴，加强政府支持与财政扶持力度，不断完善监督考核机制，加快构建乡村人居环境质量长效提升机制。

（一）保护生态环境，发展绿色农业

加大生态环境保护力度，要摒弃原有的"先污染后治理"思想，要减污染，从源头控制生产生活污染物排放，落实河长制、湖长制，保护水环

境；严格控制农药化肥过度使用，减少其对土壤的污染，通过物理、化学、生物等方法修复已污染的土壤，保障农业生产安全与粮食安全；严禁露天焚烧秸秆、垃圾等，减少空气污染，扩大生态林的种植，保护生态多样性，提升乡村空气质量。农业作为农村的主要产业，对保护农村环境、维护生态多样性具有重要意义。因此，要继续发展绿色农业，加强农业生产的生态治理，减少农业面源污染，走可持续发展的道路，提高低污染、高效率的农用物资的使用率，如有机肥料、低毒低残留农药等，提高农业资源的利用效率和农用资源的回收利用率等。加大农地与林地的协调，推动绿色农业技术的发展，提高农业资源的循环利用率。在保护生态环境的同时，实现人与自然协调发展，走可持续发展之路。

（二）推进乡风文明，坚持以人为本

由于我国地区间文化差异较大，各地区文化在漫长的历史发展中不断地沉淀与创新，形成了各具特色的区域文化。因此，在推动各地区文化交流的同时，也要重视地区特色文化的保护。在文化交流中推进乡风文明建设，对人居环境改善意义重大。乡风是农村地区的灵魂，是农村精神文明建设之源。近年来经济快速发展带来的变化，时代的快速发展，注定了文化的传承与发扬离不开与时代的结合和创新。要推动乡村传统文化建设，就要取其精华、去其糟粕，坚持以人为本，打造具有区域特色的乡风，促进乡村旅游业和文旅产业发展，以乡风文明推动本地区的文化发展。农民是乡村的主体，是乡村人居环境整治的主角，乡村人居环境整治工作要坚持以人为本，提高农民参与乡村人居环境整治的积极性与主动性。只有使农民成为村庄规划、村庄建设、村庄美化的重要参与者，才能使农民能够真正地同政府、市场一道共同参与人居环境整治工作。

（三）完善基础设施，协调城乡发展

加快完善农村排污管网建设，加强河湖水质监管，保证农民饮用水和生活用水安全；继续推进农村垃圾治理，逐步建立村收集、乡转运、县处理的垃圾收运处理机制；因地制宜推进"厕所革命"，建设美丽乡村；加强农村道路管理维护，完善乡村物流运输体系，为农村电商发展提供交通运输支持；加快建造文化休闲广场，满足农民生产生活需要；推进便民书屋建设、完善乡村医疗设施建设、加强乡村学校建设、提升乡村学校师资力量、促进农村科教文卫事业发展。我国农村人口占比远高于世界水平，加之农村资源条件有限，因此继续推进城市化建设是我国当前阶段的必行之策，是符合社会发展趋势的。在今后一段时期，要不断完善农村居民进城落户配套措施，同时鼓励高素质人才投身乡村建设，协调好城市化与乡村振兴二者的关系，加快农村发展，助力人居环境整治工作，建设美丽乡村。

（四）加强科学规划，完善监督机制

2018年"农村人居环境整治三年行动"在全国各地全面铺开，三年来全国乡村人居环境整治工作成效显著，成效的取得离不开政策方针的指导与各地区因地制宜的科学规划。2021年提出要开展"推进农村人居环境整治提升五年行动"，各地区要在结合本地现阶段农村人居环境现状与过去人居环境整治工作中的经验，重新制定符合当前情况和未来新目标的科学规划，以此为出发点，指导本地区人居环境整治工作持续推进。同时，借助先进的科学技术，为动态调整农村人居环境规划与整治工作方案提供技术与数据支撑。在乡村人居环境整治过程中，要加强对权力的监督，防止权力滥用，严禁出现乡村干部在人居环境整治工作中错位、越位、缺位等情况；完善人居环境整治工作考核机制，明确人居环境整治工作由谁做、怎么做、做到什么程度，为乡村干部绩效考核与奖惩提供依据，为未来乡村人居环境整治工作提供范例与经验，为乡村人居环境长效提升机制的建立与完善奠定基础。

第九章　全面推进乡村振兴

自党的十九大报告提出实施乡村振兴战略以来，乡村建设取得的成效十分明显。2018年制定的《乡村振兴战略规划（2018—2022年）》中所有指标均已超额完成，相关政策和法律体系不断完善，乡村各项改革逐步深化。随着全面建成小康社会目标的实现，全面推进乡村振兴已然成为党和国家的工作重点之一。"十四五"时期是我国乡村振兴战略全面推进发力期，亦是我国在全面小康的基础上全面实施乡村振兴战略的关键期。随着全面小康时代的到来，"三农"工作的重点将有序转移到全面推进乡村振兴战略上来。

第一节　全面推进乡村振兴的目标与原则

一、全面推进乡村振兴的目标

2021年2月21日，《中共中央 国务院关于全面推进乡村振兴加快农业农村现代化的意见》（以下简称《意见》）发布，《意见》指出："到2025年，农业农村现代化要取得重要进展，农业基础设施现代化迈上新台阶，农村生活设施便利化初步实现，城乡基本公共服务均等化水平明显提高。农业基础更加稳固，粮食和重要农产品供应保障更加有力，农业生产结构和区域布局明显优化，农业质量效益和竞争力明显提升，现代乡村产业体系基本形成，有条件的地区率先基本实现农业现代化。脱贫攻坚成果巩固拓展，城乡居民收入差距持续缩小。农村生产生活方式绿色转型取得积极进展，化肥农药使用量持续减少，农村生态环境得到明显改善。乡村建设行动取得明显成效,乡村面貌发生显著变化,乡村发展活力充分激发,乡村文明程度得到新提升,农村发展安全保障更加有力,农民获得感、幸福感、安全感明显提高。"①

基于全面推进乡村振兴、实现农业农村现代化的目标任务,《意见》分实现巩固拓展脱贫攻坚成果同乡村振兴有效衔接、加快推进农业现代化、大力实施乡村建设行动、加强党对"三农"工作的全面领导四大部分,详细阐述了全面推进乡村振兴的目标举措,如表9-1所示。

表9-1 乡村振兴全面推进目标举措

整体规划	推进目标	具体措施
乡村振兴全面推进机制	实现巩固拓展脱贫攻坚成果同乡村振兴有效衔接	设立衔接过渡期
		持续巩固拓展脱贫攻坚成果
		接续推进脱贫地区乡村振兴
		加强农村低收入人口常态化帮扶
	加快推进农业现代化	提升粮食和重要农产品供给保障能力
		打好种业翻身仗
		坚决守住18亿亩耕地红线
		强化现代农业科技和物质装备支撑
		构建现代乡村产业体系
		推进农业绿色发展
		推进现代农业经营体系建设
	大力实施乡村建设行动	加快推进村庄规划工作
		加强乡村公共基础设施建设
		实施农村人居环境整治提升五年行动
		提升农村基本公共服务水平
		全面促进农村消费
		加快县域内城乡融合发展
		强化农业农村优先发展投入保障
		深入推进农村改革

---

① 中共中央 国务院关于全面推进乡村振兴加快农业农村现代化的意见[EB/OL]. 中国政府网,2021-02-21. http://www.gov.cn/zhengce/2021-02/21/content_5588098.htm.

续表

整体规划	推进目标	具体措施
乡村振兴全面推进机制	加强党对"三农"工作的全面领导	强化五级书记抓乡村振兴的工作机制
		加强党委农村工作领导小组和工作机构建设
		加强党的农村基层组织建设和乡村治理
		加强新时代农村精神文明建设
		健全乡村振兴考核落实机制

资料来源：《中共中央 国务院关于全面推进乡村振兴加快农业农村现代化的意见》。

二、全面推进乡村振兴的基本原则

党的十九大报告提出了 2050 年全面建成社会主义现代化强国的目标。从后小康时代到全面建成社会主义现代化强国，乡村振兴战略贯穿其中。推动实施乡村振兴战略，从本质上讲，就是要解决我国现阶段经济社会发展中的城乡二元结构问题，这与实现高质量发展的时代课题是相互依存、密不可分的。2021 年 3 月 7 日，习近平总书记在参加十三届全国人大四次会议青海代表团审议时发表重要讲话指出："立足新发展阶段、贯彻新发展理念、构建新发展格局，推动高质量发展，是当前和今后一个时期全党全国必须抓紧抓好的工作。"[1] 立足新发展阶段、贯彻新发展理念和构建新发展格局，指明了我国经济社会发展的历史方位、指导思想和战略举措，三者统一于推动高质量发展这一目标任务上。全面推进乡村振兴，也要以这三条要求为指引，让农村成为推动经济社会高质量发展的重要力量来源。

（一）全面推进乡村振兴必须立足于新发展阶段

习近平总书记在党的十九届五中全会上指出："全面建成小康社会、实现第一个百年奋斗目标之后，我们要乘势而上开启全面建设社会主义现代化国家新征程、向第二个百年奋斗目标进军，这标志着我国进入了一个新发展阶段。"[2] 在全面建成小康社会目标任务完成以后，"三农"工作的

---

[1] 习近平：坚定不移走高质量发展之路 坚定不移增进民生福祉[EB/OL]. 共产党员网，http://www.wenming.cn/ldhd/xjp/zyjh/202103/t20210307_5969787.shtml.

[2] 习近平：贯彻新发展理念 构建新发展格局[EB/OL]. 共产党员网，2020 - 11 - 14. https://www.12371.cn/2020/11/14/ARTI1605343084802373.shtml.

重心历史地转向了全面推进乡村振兴。

全面建设社会主义现代化国家，最艰巨、最繁重的任务依然在农村，最广泛、最深厚的基础依然在农村。2021年的中央一号文件指出，新发展阶段"三农"工作依然极端重要，须臾不可放松，务必抓紧抓实。深刻认识和紧紧把握新发展阶段"三农"工作的历史方位，对集中力量全面推进乡村振兴、加快农业农村现代化具有决定性意义。

解决发展不平衡、发展不充分的矛盾，重点难点依然在"三农"。党的十八大以来，我国农业农村发展取得了历史性成就，但农业与工业相比、农村与城市相比、农民与市民相比，仍然有很长的一段路要走。现阶段，城乡发展不平衡、乡村发展不充分仍是社会主要矛盾的重要体现。全面小康是惠及全体人民、覆盖全区域、涵盖各领域的小康，全面建设社会主义现代化国家同样也要求农业农村的现代化，这是在实现中华民族伟大复兴的道路上必须解决好的重大问题。

应对国内外各种风险挑战，基础支撑依然在"三农"。统筹发展和安全，必须保障好粮食安全，只有以国内的确定性来应对外部环境的不确定性，才能"任尔东南西北风，我自岿然不动"。2020年受新冠肺炎疫情和世界经济下行影响，国内经济增速放缓、失业率有所上升，但社会大局保持稳定，农村发挥了重要的"蓄水池"和"稳定器"作用。必须要从巩固执政之基的政治高度来看待和解决"三农"问题。

（二）全面推进乡村振兴必须贯彻好新发展理念

2015年，习近平总书记在党的十八届五中全会上提出了创新、协调、绿色、开放、共享的新发展理念；2017年，习近平总书记在党的十九大报告中再次指出"要贯彻新发展理念，建设现代化经济体系。"作为具有战略性、纲领性、引领性的指导思想，新发展理念和乡村振兴战略的基本遵循是高度一致的。从贯彻新发展理念的角度来看，乡村振兴战略的实施仍然面临着农民创新能力不足、农村文化建设相对滞后、农村宜居水平不高、农业市场开放程度低、农村公共服务体系建设不完善等问题。要在乡村振兴战略实施过程中贯彻好新发展理念，必须坚持走中国特色社会主义道路，就是要用创新引领发展、协调构建平衡、绿色促进和谐、开放形成联动、共享实现公平，最终让农业有奔头，农民有地位，农村有前途。

1. 增强创新能力，加大人才培育力度

创新是引领发展的第一动力。全面推进乡村振兴战略的实施，需要立足当前我国农村发展的实际情况。首先，受工业化程度和经济发展情况的影响，中、东、西部不同地区的农村存在着较大差异，要立足于各地实际情况，发挥比较优势，注重特色农产品生产与开发，实现农业品牌创新。其次，要建立健全农业农村科技创新项目评价体系，支持相关企业积极投入，增强乡村创新的动力。最后，在培育本土人才的同时，也要积极吸收外来创新人才，要制定引进创新人才补贴政策，吸引有能力、有项目、有情怀的各类人才积极投身于乡村振兴事业中。

2. 协调发展集体经济，推进乡风文明建设

协调是持续健康发展的内在要求。解决发展不平衡问题，不仅要解决城乡经济发展不平衡，还要解决城乡文化发展不平衡。全面推进乡村振兴，要协调推进城乡发展。第一，经济基础决定上层建筑，要大力发展农村集体经济。现阶段农村发展遇到的种种问题，都能在农村集体经济的衰落上找到一定的根源：反映在政治上，是经济地位落后带来的话语权缺失，在争取政策、申办项目时"腰杆不硬"；反映在文化上，是集体经济组织不再提供公共文化产品，文化消费大多由个人承担，文化消费需求降低；反映在社会上，是集体经济的衰落让农民成为"原子化的个人"，自治、德治约束性降低；反映在生态文明上，是"人人各扫门前雪"，对生态环境这一最大的公共区域概不负责。因此，全面推进乡村振兴必须以农村集体经济为着力点，增加集体经济收入，提升农村集体经济地位，从而实现乡村全面发展。第二，协调发展要经济建设和文化建设并举，"两手抓，两手都要硬"。要有序推进乡风文明建设，把农民素质提升放在重要位置，增强农村文化活动的多元性，培育文明乡风、良好家风、淳朴民风。

3. 发展绿色农业，加快宜居乡村建设

绿色是永续发展的必要条件。实现乡村振兴，必须坚持绿色发展，建设生态宜居的农村环境。第一，深入贯彻"绿水青山就是金山银山"的发展理念。在生态环境保护方面，加大环境保护和质量提升力度，大力发展生态农业，限制增量；在污染源的规范管控和综合治理方面，建立废弃物排放约束机制，加快推进乡村生态的保护修复，减少存量。第二，大力发展绿色农业，建设宜居乡村。将生态优势转化为经济优势，加快发展农村电商、乡村旅游等低排放低污染产业，形成与经济建设和生态文明建设发展互促、生态宜居与产业兴旺并进的局面。

4. 扩大农业对外开放，保障第三产业成长

开放是国家繁荣发展的必由之路，也是乡村振兴的必要条件和外在动力。实施乡村振兴战略，应以开放的姿态汇聚要素资源。第一，提高乡村信息化程度，大力吸引外来投资。针对目前众多乡村出现的信息不对称的问题，要加大外部市场信息的宣传力度，推动乡村与外部市场的信息交流互动，进一步加强与外部市场的衔接，逐步提升乡村市场的开放程度。第二，发展文旅产业和服务业，推动产业融合发展。在美丽乡村建设过程中用乡村本身具备的休闲放松、绿色健康环境带动本地休闲旅游业的蓬勃发展，充分发挥本土自然环境优势，推动乡村第三产业快速发展。

5. 共享发展成果，实现生活富裕

共享是中国特色社会主义的本质要求，是共同富裕的题中应有之义，让农民共享发展成果是乡村振兴的出发点。要坚持共享发展理念，顺应农民对美好生活的新期待，着力提升农民幸福感、获得感、安全感。第一，探索联结机制，以共享促均衡。要树立共享理念，合理配置城乡资源，提高资源利用效率；加快推动社会保障体系建设，使城市优质的教育、医疗等服务能够覆盖到广大农村；改善农民收入结构，提高农民资产性收入水平，探索城乡互促发展新路。第二，打造基层服务型政府，建立村民服务中心。精简办事流程，提升行政效率，提高服务效率和服务质量，切实维护好农民群众的利益，逐步提升村民的幸福感、获得感、安全感。

（三）全面推进乡村振兴必须着眼于构建新发展格局

2020年4月10日，习近平总书记在中央财经委员会第七次会议上首次提出"新发展格局"这一重要概念；党的十九届五中全会决议明确提出"加快构建以国内大循环为主体、国内国际双循环相互促进的新发展格局"，这是面对百年未有之大变局提出的高层次经济发展战略部署。新发展格局构建与乡村振兴战略实施之间是互促共进、融合发展的，国内国际双循环相互促进的经济发展格局为农业产业转型升级带来了机遇，使农村劳动力、土地、资本等生产要素配置更加优化成为可能。在市场经济条件下，生产、流通、消费和分配是一个有机整体，消费在经济循环和经济增长中具有基础性作用，扩大农村居民消费需求将是新发展格局构建的重要支撑。

1. 完善农村市场流通体系

目前，大部分商品销售布局都以市区为中心展开，农民的消费渠道以集贸市场为主，日常生活用品主要由传统的家庭式便利店供应。同时，由于农村缺少固定的销售网点，农村家庭所需的大件耐用消费品通常要到城市里去买，这也间接地提高了农民的消费成本，对他们的消费热情造成负面影响。这样的流通结构一定程度上影响了农村商品市场流通体系的发展。因此，要以县城、乡镇为中心，建立起多层次的商品流通网络体系，为农民提供消费方便、物美价廉和质量可靠的产品。要积极发展农村新型物流业态，建立农村物流信息网站，加快农村快递网点建设，使农村居民可以通过互联网进行农产品宣传和销售，利用网上购物平台进行生活用品采购，拓宽农村居民的消费选择空间和渠道。要鼓励耐用消费品厂家将售后服务向农村地区延伸，让农民网上消费有保障，农村市场环境有质量。

2. 引导农村消费结构升级

引导农村消费结构升级是扩大内需、促进国内大循环的重要举措，也是挖掘农村消费潜力的核心内容。在现阶段的我国农村，生存型消费仍然占主导地位，发展型消费增速较快，而享受型消费比重较小且增长速度缓慢，农村居民对家电、电子产品等家庭设备用品及服务的消费支出较少。

因此，通过扶持农村享受型消费市场，促进农村消费结构由生存型消费向发展型和享受型消费升级可以释放出很大的需求空间。要大力支持农村享受型商品和服务消费，继续推进家电下乡惠民政策，鼓励社会资本进入农村养老服务行业，加强文化娱乐产业、互联网新媒体和休闲旅游产业等领域建设，优化消费环境和服务质量，提高农村居民对这类商品和服务的消费意愿，提高农村居民的消费水平和档次。

第二节　全面推进乡村振兴的重点问题与路径参考

党的十八大做出了一个极其重要的决策，即到2020年"全面建成小康社会"并且把十八大到2020年期间定性为"全面建成小康社会决定性阶段"。党的十九大报告承继十八大的战略安排，进一步提出了"在全面建成小康社会的基础上，分两步走在21世纪中叶建成富强民主文明和谐美丽的社会主义现代化强国"的战略步骤[1]。站在全面建成小康社会的新起点上，从全面建成到基本实现，再到全面建成社会主义现代化强国，必须认识到：农民是大国崛起的基石，农业是国之根本、经济命脉，农村是国之根基，没有农民的参与，没有农业农村的现代化，就没有国家的现代化，也就没有全面建成社会主义现代化强国。当前阶段，我国社会主要矛盾已从人民日益增长的物质文化需要同落后的社会生产力之间的矛盾，转化为人民日益增长的美好生活需要和不平衡不充分发展之间的矛盾。在需求端，农民对日益增长的美好生活需要是全国人民幸福生活需要的主要组成部分，农民的美好需要得不到满足，我国的社会主要矛盾将难以化解。在供给侧，农业是建设社会主义现代化强国的主要组成部分，农业农村发展不平衡、不充分的问题不解决，我国到21世纪末的第二个百年奋斗目标也将难以实现。因此，满足农民对美好生活的需要、实现农业现代化、乡村现代化是我国全面建成现代化强国的关键所在，是我国何时能迈向发达

---

[1] 刘世昕,张国. 历史新方位[N]. 中国青年报,2017-10-20(1). DOI:10.38302/n.cnki.nzgqn, 2017.005735.

国家行列的终极衡量标准。2016年4月25日，习近平总书记在农村改革座谈会上强调："中国要强农业必须强，中国要美农村必须美，中国要富农民必须富。"为此，党的十九大提出：实施乡村振兴战略，坚持农业农村优先发展，把乡村发展摆在国家战略位置。

秉承"农业农村优先发展"思想，要建机制、出实招、出大招。主要思路是"建立四个机制，实现两个放开"。四个机制是：①坚持农业现代化优先发展和优先实现思路，为此要建立农业现代化投入优先配置机制，支持发达地区率先实现现代化，积极推进各地区农业共同现代化，支持特色农业、观光旅游农业、互联网+农业、农产品加工业的发展；②坚持农村重要领域优先发展，为此要建立农村基础设施建设优先配置机制，支持实施农村路、"水电气网"、生态环境等农村基础设施建设补短板优先；③坚持农村公共服务优先发展，支持建立农村公共服务优先配置机制，把对农村教育卫生资源（硬软件设施）配置放在优先地位；④坚持农村社会保障从"有"向"高"转变，为此要建立社会保障城乡融合机制，支持基本医疗、基本养老首先实现城乡融合，实行同机构、同渠道、同标准，不断提高农村基本医疗、基本养老补助标准（每年5%），最终与城镇职工标准接轨。两个放开是：①放开土地市场，加快土制度改革，实行与城市三同、同权、同市、同价；②放开农民进城限制，加快新型城镇化进程。除特大城市外全面有序放开农民进城的限制，建立农民市民化公共成本分担机制，支持农业转移人口进城落户①。

一、全面推进乡村振兴的重点问题

"十四五"规划明确提出，在未来较长的一段时期内，我国应始终坚持农业农村优先发展，以全面深化农村改革为主线，以促进乡村"五大振兴"为重点，切实做好全面脱贫与乡村振兴的有效衔接，加快农业农村现代化进程，走具有中国特色的社会主义乡村振兴道路。2021年12月25日

---

① 马晓河. 农业农村优先发展的战略思路[C]. 中国农业经济学会2017年年会暨学术研讨会论文集,2017:283-289.

至 26 日召开的中央农村工作会议，讨论了《中共中央 国务院关于做好 2022 年全面推进乡村振兴重点工作的意见（讨论稿）》，明确提出"强化乡村振兴要素保障"。因此，全面推进乡村振兴需要正确认识与处理好以下问题[①]。

（一）需要正确认识四个方面的问题

第一，正确认识我国城乡关系的变化问题，在城乡融合的背景下考虑乡村振兴的实现路径。党的十九大报告提出"建立健全城乡融合发展体制机制和政策体系，加快推进农业农村现代化"，这标志着从 2002 年开始，我国调整城乡关系的政策从统筹城乡发展、促进城乡发展一体化到构建新型城乡关系、促进城乡融合发展的转变。

第二，正确认识乡村社会本身正在转型问题，在理解乡村社会新特点下谋划乡村振兴的定位。长期以来，中国的乡村社会被称为是相对封闭的、人员身份比较单一和同质性的乡土社会。但是随着城市化进程的加快，面向农业和农村的政策的不断调整，尤其是城乡户籍制度改革、土地制度调整、社会治理等方面政策的变化，以及乡村社会本身的不断发展变化，推动乡村功能从承担附属功能向承担核心功能转变，农业从承担农产品保障供应功能向承担多元复合功能转变。

第三，正确认识乡村发展资源及其转化问题，合理谋划乡村振兴的实现方案。很多地方在谈到乡村振兴时，往往都会提到乡村振兴战略的推进缺乏资金、土地、资源、产业，但在当前生态环境保护、耕地保护、控制耕地非粮化以及各种建设用地指标的严格管理下，乡村振兴的建设用地指标扩大在短期内难以突破。与此同时，随着农村空心化问题日益严重，很多村庄存在大量的闲置宅基地，包括农户的闲置住宅以及生产性用房等。这些房屋因为长期没有人居住，有的已经成为危房，有的因为早期缺乏有序规划，影响村中公用设施的建设和维护等，同时村庄新旧房屋混杂，极大影响了村庄整体环境的提升。因此在实施乡村振兴战略中，在土地资源

---

① 唐丽霞. 全面推进乡村振兴的四个关键问题[J]. 人民论坛,2022(1):18-21.

的供给上，应该优先考虑如何盘活村庄中的资源存量。

第四，正确认识脱贫攻坚和乡村振兴的不同问题，在巩固拓展脱贫攻坚成果的前提下有序开展乡村振兴示范。乡村振兴和脱贫攻坚从对象、目标任务、主体、路径等方面都存在不同，只有正确认识和理解这些差异，才能更好地实现从打赢脱贫攻坚战到全面推进乡村振兴的有效衔接。

（二）需要重点关注两个方面的问题

与此同时，还需要重点关注以下两个方面的问题：

第一，夯实农业农村现代化的基础。"十四五"时期是加快推进农业农村现代化的第一个五年，要为实现农业农村现代化奠定基础。各地区所处发展阶段和农业农村现代化基础具有很大的差异，需要因地制宜，梯次推进。具体措施有：①要结合各地实际情况，探索多元化推进机制。要以加快推进农业农村现代化为目标，在关键领域进行改革和创新，积极探索多元化的推进机制。要对标农业农村现代化的目标值，以各指标缺口大小和地区面临的主要问题为依据，不断提高农业农村现代化的可持续发展能力；②考虑选择一些代表性地区，创建国家试验区。对发展较好、运作较成熟的各类试点项目进行整合提升，鼓励其在农业农村现代化方面大胆进行体制机制创新和先行先试，起到引领带动作用。

第二，重点推行"以改革促振兴"策略。改革是引领发展的第一动力。要依靠改革来不断完善相关法律制度和政策体系，增强农村发展的内生活力，构建有特色、有竞争力的乡村产业体系，促进农民持续稳定增收和乡村全面振兴。同时，要切实加强党的农村基层党组织建设对乡村振兴的引领作用，建立实施乡村振兴战略领导责任制，实行中央统筹、省负总责、市县抓落实的工作机制。党政一把手是第一责任人，五级书记抓乡村振兴，让乡村振兴成为全党全社会的共同行动。

二、全面推进乡村振兴的路径参考

（一）以科技创新引领农业现代化，促进农村产业融合式发展

科技创新是提高社会生产力和综合国力的战略支撑。实施新时代乡村

振兴战略，必须以先进的科学技术为引领，不断推进农业农村现代化融合式发展，实现乡村产业兴旺、农民生活富裕的目标，对此学界进行了丰富的论述。诸如：①要运用现代科学技术加快推进农业现代化来实现乡村振兴，将这些现代科学技术手段和农业有机结合起来，注入农业生产的每一个环节。②要积极构建具有核心竞争力的现代农业产业体系，构建可持续发展的现代农业生产体系，构建灵活多样的现代农业经营体系。要着力优化农业资源配置，调整农业产业结构，不断提高农业资源利用效率和农村产业竞争能力，开发农业的多种功能，延长产业链、提升价值链、完善利益链。要用现代科技武装农业，转变农业生产方式，实现先进生产理念、现代物质装备和现代生产技术在农业生产全过程的充分应用。要探索多种形式的适度规模经营，培育新型农业经营主体，不断提升现代农业经营效益，建立健全农业经营利益分配和利益联结机制。③要加快培育壮大农村优势产业，进一步释放农村发展活力，促进产城融合、产村融合、产业融合。拓展农业多种功能边界，发展新产业新业态；优化融合发展的制度环境，营造融合发展的良好生态；培育多元化融合发展主体，增强新型农业经营主体对产业融合的引领带动作用。

（二）深化农业农村体制机制改革，推动城乡融合协调发展

实施新时代乡村振兴战略，必须不断加强制度供给，破除城乡经济社会二元结构的壁垒，从而使广大农村、农民充分享受改革与发展的红利，实现乡村的全面振兴。为此学者们从不同角度进行了系统论述。包括：①要增加以完善产权制度和要素市场化配置为重点的制度性供给，激发主体、要素和市场的活力，深化农村土地制度、农村集体产权制度和农业支持保护制度改革。要完善承包地"三权"分置制度，为推进农业规模化经营和可持续发展的各类主体提供稳定预期。要积极探索集体经济统一经营、适度规模经营与家庭承包经营的实践形式。要改革财政支农投入机制和乡村市场投融资机制。②要加强体制机制创新，推进城乡融合协调发展，打破城乡经济社会二元体制，构建城乡命运共同体来实现乡村振兴。要坚持农业农村优先发展，加大财政支农力度，打破城乡二元的户籍制度，消除依附在户籍制度之上的基本公共服务的不均衡。要切实加强乡村公共产品优先供给，提升城乡基础设施互联互通水平，推动城镇公共服务向农村深度覆盖。要增强城乡要素互动，着力构筑工业化、信息化、城镇化对农业现代化的带动和拉动机制，推动要素向农业流动；要加快城乡投资一体，加快完善金融监管体制，进一步发挥金融的带动作用。

（三）提升乡村教育质量，培育振兴人才队伍

人才资源是第一资源，是实现乡村振兴的关键。加强"三农"工作人才队伍建设，推动农村义务教育和农民职业技能培训向更高层次发展，是乡村振兴战略全面推进的内在要求。具体措施：①乡村内部自身人才的培育，加大农村基础教育和本地农民职业培训力度；建立农民工返乡创业的多元激励机制，激活返乡就业创业的内生动力。②外部人才的引进，探索多种形式的乡村引才引智方式，促进各类人才流向、留在农村。

（四）完善乡村治理能力，建立现代治理体系

全面推进乡村振兴，必须不断完善乡村治理能力，协调推进治理有效和经济快速发展。要解决好基层治理的"最后一公里"问题，推动基层政府与乡村自治组织的有效衔接，构建"三治合一"的治理体系，培育"新乡贤"，激活治理内生动力，形成政府治理、社会参与和群众自治相结合的新格局。要完善乡村治理的相关规章制度，在法治的框架内实行村民自治。要加强对农民群众的思想政治教育工作力度，夯实乡村治理的道德基础。

（五）传承弘扬文明乡风，促进乡村文化繁荣

乡风文明是实现乡村振兴的保障，是农村精神文明建设的重要基础。要将民族的、科学的、大众的社会主义文化向乡村社会延伸，建设现代乡村文明；要推动乡村传统文化建设，取其精华、去其糟粕，坚持以人为本，打造具有区域特色的乡风，推动本地区的文化发展；要培育良好家风、文明乡风、淳朴民风，提高乡村社会文明程度。要通过政策支持，推动乡土文化"创造性转化、创新性发展"；要大力倡导传统的"仁义礼智信"等乡土文化要素，推动传统文化与现代文明的会通；要加大对乡村公

共文化体系的资金投入，活跃乡村文化生活。

（六）加强农村生态环境保护，建设宜居美丽乡村

乡村生态环境保护是全面推进乡村振兴战略的重要内容之一，是建设宜居宜业宜游美丽乡村的突破口，是破解中国农村发展不平衡问题的必然要求和根本途径。加强建设乡村生态文明、推进美丽乡村建设是实现乡村振兴的必由之路。要坚持"绿水青山就是金山银山"的发展理念，保护乡村生态环境，加快美丽乡村产业综合体建设；完善生态补偿机制，倡导低碳绿色农业生产方式，创建现代高效清洁农业生产模式。一方面大幅提高农业全要素生产效率及农业基础设施的绿色利用率，另一方面降低农产品中化肥、农药的使用量，完善农村经济发展与环境保护综合决策机制，全面治理小工厂小作坊的污染，加强基层环保力量，强化农村环保舆论引导。

第三节 案例：河南省乡村振兴战略实践成效

乡村振兴是一个国家城市化和工业化发展到一定阶段的必然产物，也是人类社会发展的一种必然趋势。世界各国由于资源禀赋、发展机遇不同，形成了各具特色的乡村发展道路[①]。从 2017 年我国乡村振兴战略提出至今，从其推进实践上看，乡村经济和村容村貌变化巨大，成就举世瞩目；从其理论研究上看，基于国家宏观层面的研究成果丰富，为其未来的实践提供了指导。

乡村振兴不仅仅是乡村问题，更是民族复兴战略全局的问题。因此，基于我国各省份外部环境的异质性，近五年来乡村振兴的实施成效差别较大。河南省作为传统农业大省，同时也是人口大省，基于地域位置处于中部地区、乡村经济发展基础薄弱等原因，城乡间发展不平衡问题突出。那么，国家推进乡村振兴战略以来，其农村产业发展如何？城乡差

---

① 王建英. 乡村振兴评价体系构建及实施成效分析——基于河南省市域面板数据的验证[J]. 山西农业大学学报(社会科学版),2021,20(3):16—22.

距是否缩小，城乡融合发展情况如何？人民生活的乡村面貌是否呈现新变化？为了回答这些问题，下文以河南省为例，遵循科学性、客观性和可行性原则，构建乡村振兴实施成效评价指标体系，通过测算河南省18地市乡村振兴实施成效量化数据，剖析其乡村振兴成效的差异化原因，为未来我国各地区"拉长板，补短板"，稳步推进乡村振兴战略提供经验依据与理论基础。

一、乡村振兴指标体系构建及说明

乡村振兴战略包含了广泛内容，欲对其实践成效进行考量，就必须建构一个具有代表意义的评价指标体系。按照党的十九大提出的乡村振兴"20字"总要求，即"产业兴旺、生态宜居、乡风文明、治理有效、生活富裕"，参考国内已有研究成果，遵循综合性原则、科学性原则、特殊性原则、可比性原则以及可操作性原则，根据国家政策导向和河南省实际情况，以《河南统计年鉴》（2021）中的数据为基础，构建包含5个一级指标，18个二级指标的评价体系，对河南省18个地市乡村振兴实施成效进行科学测算，并分区间进行结果分析。

（一）产业兴旺

产业兴旺是重点，农村主要是农业，产业兴旺表现在：农业本身要兴旺、农产品质量和农业生产率要提高、三产融合要深入。通过三产融合拓宽农业产业链的广度和深度，提高农村全要素生产率。因此，选取粮食单产B1、劳动生产率B2、第一产业产值比重B3、单位耕地面积农业机械总动力B4作为观测指标来衡量乡村的产业兴旺程度（见表9-2）。

表9-2 产业兴旺指标

指标名称	分指标	分指标解释
B1	粮食单产	粮食产量/粮食作物播种面积
B2	劳动生产率	农业总产值/农业从业人数
B3	第一产业产值比重	第一产业产值/地区生产总值
B4	单位耕地面积农业机械总动力	农业机械总动力/耕地面积

（二）生态宜居

生态宜居是关键，宜居的乡村环境要求生活宜居、生态宜居以及生活保障率到位。选取单位耕地面积化肥使用量 B5、单位耕地面积农药使用量 B6、千人拥有乡村医生和医疗卫生机构床位数 B7、卫生厕所普及率 B8、人均乡村邮政网线路长度 B9 作为观测指标（见表9-3）来衡量某一地区乡村的生态宜居程度。

表9-3 生态宜居指标

指标名称	分指标	分指标解释
B5	单位耕地面积化肥使用量	农用化肥使用折纯量/耕地面积
B6	单位耕地面积农药使用量	农药使用量/耕地面积
B7	千人拥有乡村医生和医疗卫生机构床位数	（乡村医生和床位数/农村常住人口）×1000
B8	卫生厕所普及率	使用卫生厕所的农户数/农户总户数
B9	人均乡村邮政网线路长度	乡村邮政网线路长度/农村常住人口

（三）乡风文明

乡风文明是保障，其乡村社会进步和文明程度反映了乡风文明程度。选取农村居民教育文化娱乐支出占比 B10、广播电视覆盖率 B11、千人均公共图书馆藏书量 B12 作为观测指标（见表9-4）来反映某一地区乡村的乡风文明水平。

表9-4 乡风文明指标

指标名称	分指标	分指标解释
B10	农村居民教育文化娱乐支出占比	教育及文化娱乐支出/生活消费总支出
B11	广播电视覆盖率	（广播覆盖率+电视覆盖率）/2
B12	千人均公共图书馆藏书量	（各市公共图书馆藏书量/各市常住人口）×1000

（四）治理有效

治理有效是基础，其治理是否有效可通过乡村基层建设和村民治理状况来体现。选取城乡社区事务支出占比 B13、千人刑事案件立案数 B14、农村最低生活保障人数占比 B15 作为观测指标（见表9-5）来反映某一地区乡村的治理成效。

表 9-5 治理有效指标

指标名称	分指标	分指标解释
B13	城乡社区事务支出占比	城乡社区事务支出/公共预算总支出
B14	千人刑事案件立案数	（各市刑事罪犯总数/各市常住人口）×1000
B15	农村最低生活保障人数占比	农村低保人员数量/农村常住人口

（五）生活富裕

生活富裕是根本，反映了农村居民收入和生活水平状况。选取城乡居民人均可支配收入倍差 B16、农村居民家庭恩格尔系数 B17、人均消费品零售额 B18 作为观测指标（见表 9-6）来反映某一地区乡村的生活富裕水平。

表 9-6 生活富裕指标

指标名称	分指标	分指标解释
B16	城乡居民人均可支配收入倍差	城镇居民人均可支配收入/农村居民人均可支配收入
B17	农村居民家庭恩格尔系数	农村居民家庭食品支出/消费总支出
B18	人均消费品零售额	消费品零售总额/农村常住人口

二、河南省乡村振兴实践成效分析

（一）研究方法——因子分析法

因子分析主要是采用降维的方法，把较多原始数据提取成少量公因子，用这些公因子代表原始数据，不仅减少工作量，还能保留数据原有的信息真实度。因子分析建模步骤如下：

第一步：假设 j 个变量能够合理评价乡村振兴成效，$X_i = (x_1, \cdots, x_j)$，$E(X_i) = E(\mu_i)$。

第二步：变量 X 中含有 n 个独立的公因子，公因子 $F = (F_1, \cdots, F_n)$，其中 $n < j$，$E(F) = 0$，$D(F) = I_n$。

第三步：变量 X 中包含不相关的特殊因子 ε_i（$i = 1, \cdots, j$），$E(\varepsilon_i) = 0$，$D(\varepsilon_i) = diag(\varepsilon_1^2, \cdots, \varepsilon_j^2)$。

第四步：正交化因子模型为：
$$X_i - \mu_i = a_{j1}F_1 + \cdots + a_{jn}F_n + \varepsilon_i \qquad (9-1)$$
其中待估系数 a_{j1}，…，a_{jn} 构成的矩阵被称为因子载荷矩阵，其中 a_{jn} 表示 X_j 在坐标轴 F_n 上的投影。然后对载荷矩阵进行估计并提取公因子，将同一公因子上载荷较大的变量归为一类，以达到对原始数据降维处理的目的，最后，计算各公因子得分。

（二）河南省乡村振兴实践成效之实证分析

文中运用 SPSS25.0 软件，首先，对数据进行效度检验，KMO 值为 0.72 且 Bartlett 球形检验的 P 值为 0.000，说明适合做因子分析；其次，进行方差最大正交旋转，依据数据组合提取主因子；最后，计算出乡村振兴"20 字"方针的综合得分值。河南省 18 个地市乡村振兴战略实施原始数据见表 9-7。

表 9-7 河南省 18 个地市乡村振兴战略实施原始数据

地市	B1	B2	B3	B4	B5	B6	B7	B8	B9
郑州市	0.5069	1.1358	0.5695	1.1265	465.2796	6.9178	14.7547	0.0598	5.0697
开封市	0.5943	3.6872	0.5105	0.6847	364.8058	4.8906	19.6103	0.0342	3.7464
洛阳市	0.5067	2.4308	0.5128	0.7985	343.8922	5.7975	19.3884	0.0832	4.6374
平顶山市	0.5265	1.8775	0.4589	0.7449	605.4351	5.8652	17.9223	0.0637	3.8941
安阳市	0.6848	2.4518	0.4943	0.6856	556.1472	7.2171	19.8626	0.0476	4.4403
鹤壁市	0.7446	1.7563	0.5503	1.2096	351.9617	4.5091	27.3534	0.0752	4.8906
新乡市	0.6758	2.2568	0.5222	0.8939	580.8510	9.0793	20.5207	0.1295	5.2442
焦作市	0.7586	2.8257	0.5276	0.7267	535.6393	9.9910	18.3739	0.0892	6.1552
濮阳市	0.6970	2.6470	0.5202	0.7449	548.1837	5.9929	27.9837	0.0327	3.3000
许昌市	0.6757	1.7161	0.5211	0.6785	345.5100	5.2849	21.8606	0.0221	3.8389
漯河市	0.6986	2.2713	0.5699	0.7095	465.3587	5.9400	22.7046	0.1244	3.4048
三门峡市	0.4522	3.6172	0.6491	0.4714	317.7756	8.9853	14.5184	0.1204	7.6018
南阳市	0.5528	3.3465	0.5120	0.7168	367.9240	6.8115	22.2506	0.0713	4.4219
商丘市	0.6794	3.0358	0.4973	0.6054	480.6371	6.4689	18.2877	0.1125	2.9292
信阳市	0.6914	4.2669	0.5316	0.5831	376.1798	8.5338	24.7363	0.0386	4.0777
周口市	0.6797	2.7449	0.5059	0.5445	468.6607	10.1627	21.1257	0.0371	3.3270

续表

地市	B1	B2	B3	B4	B5	B6	B7	B8	B9
驻马店市	0.6255	2.7863	0.5116	0.7936	399.2305	4.0962	18.3273	0.0556	2.9019
济源市	0.5670	1.4459	0.5498	1.3251	442.4391	8.4049	23.2054	0.1000	10.5121

地市	B10	B11	B12	B13	B14	B15	B16	B17	B18
郑州市	0.0733	99.78	0.3367	0.2738	12.5761	144.0283	1.7305	0.2508	1.8137
开封市	0.1017	100.00	0.2466	0.0860	11.7277	588.9797	2.0734	0.2268	0.8782
洛阳市	0.0967	99.30	0.6335	0.1422	12.5427	682.6836	2.4706	0.2494	1.1323
平顶山市	0.0926	99.23	0.3407	0.0539	10.0844	543.6385	2.2388	0.2966	0.7934
安阳市	0.1049	100.00	0.2697	0.0869	11.5352	360.0578	2.0795	0.2383	0.6565
鹤壁市	0.1038	100.00	0.4561	0.0929	13.0133	442.6545	1.7078	0.2514	0.2625
新乡市	0.1090	99.88	0.2053	0.0643	11.3827	531.0593	1.9516	0.2614	0.3543
焦作市	0.1020	99.75	0.3866	0.1244	15.9691	491.1455	1.6750	0.2606	1.0989
濮阳市	0.0969	100.00	0.2928	0.0652	11.1250	727.2012	2.2609	0.2572	1.0714
许昌市	0.1321	100.00	0.3574	0.0896	9.3761	308.5883	1.7722	0.2498	1.3283
漯河市	0.0791	100.00	0.2847	0.1191	8.6513	414.2090	1.8904	0.2875	1.1645
三门峡市	0.1068	100.00	0.6574	0.0727	13.4814	702.0335	1.9587	0.2502	0.9349
南阳市	0.0969	98.72	0.1756	0.0443	13.6867	995.3816	2.1074	0.2944	0.9110
商丘市	0.0795	100.00	0.1121	0.0792	9.0400	753.5198	2.4147	0.3025	0.9264
信阳市	0.1087	100.00	0.2219	0.0580	9.6014	1127.662	2.0603	0.3666	0.7062
周口市	0.1003	100.00	0.1053	0.0731	9.2197	711.9423	2.2289	0.2962	0.5450
驻马店市	0.1025	99.57	0.3886	0.0647	9.8080	788.5241	2.2237	0.3083	0.7240
济源市	0.1006	100.00	0.8484	0.0663	13.7524	218.0466	1.7154	0.2453	0.2704

注：表中原始数据均来源于《河南统计年鉴》(2021)，其中济源市农村低保人员数量为空，为正常进行运算，按照城乡人员比例和城市低保人员数量对其进行了估算。

1. 主成分提取公因子

表9-8 总方差解释

成分	初始特征值			提取载荷平方和			旋转载荷平方和		
	总计	方差百分比/%	累计百分比/%	总计	方差百分比/%	累计百分比/%	总计	方差百分比/%	累计百分比/%
1	4.901	27.226	27.226	4.901	27.226	27.226	3.460	19.220	19.220

续表

成分	初始特征值			提取载荷平方和			旋转载荷平方和		
	总计	方差百分比/%	累计百分比/%	总计	方差百分比/%	累计百分比/%	总计	方差百分比/%	累计百分比/%
2	2.688	14.936	42.162	2.688	14.936	42.162	3.403	18.904	38.124
3	2.554	14.190	56.352	2.554	14.190	56.352	2.515	13.973	52.098
4	1.791	9.951	66.303	1.791	9.951	66.303	2.017	11.208	63.305
5	1.668	9.268	75.571	1.668	9.268	75.571	1.771	9.838	73.143
6	1.148	6.376	81.947	1.148	6.376	81.947	1.585	8.803	81.947
7	0.956	5.313	87.259						
8	0.649	3.604	90.864						
9	0.519	2.886	93.750						
10	0.356	1.980	95.730						
11	0.260	1.445	97.175						
12	0.236	1.312	98.487						
13	0.125	0.693	99.180						
14	0.089	0.495	99.674						
15	0.042	0.231	99.905						
16	0.011	0.060	99.965						
17	0.006	0.035	100.000						
18	2.85E-16	1.58E-15	100.000						

按照累计方差贡献率大于80%的基本原则，文中选择了六个公因子，累计方差贡献率为81.947%，因此，可以认为主因子反映了原变量的大多数信息。由表9-8可知，旋转后的主因子方差贡献率分别为：19.220%、18.904%、13.973%、11.208%、9.838%和8.803%。

2. 公共因子碎石图

如图9-1所示，横坐标代表公共因子数，纵坐标代表公共因子的特征值，表明选取的六个公共因子反映了影响乡村振兴实施成效的绝大部分影响因素。

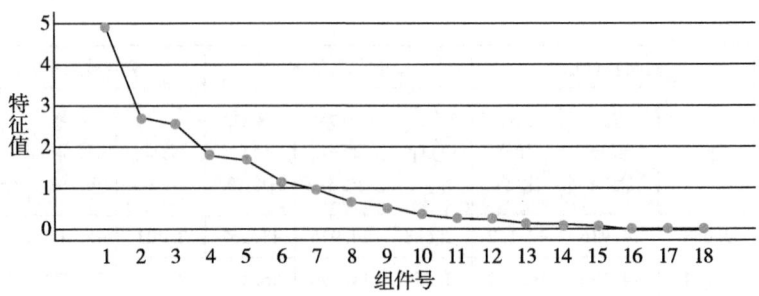

图9-1 公共因子碎石图

3. 因子载荷矩阵

表9-9 旋转后的成分矩阵

因子	成分					
	公因子1	公因子2	公因子3	公因子4	公因子5	公因子6
B1	-0.401	-0.030	0.429	0.583	-0.326	-0.151
B2	-0.042	0.907	0.100	-0.012	0.148	-0.058
B3	0.476	0.071	-0.264	0.480	0.827	0.333
B4	0.236	-0.851	0.227	-0.018	0.108	0.200
B5	-0.121	-0.193	0.039	-0.008	-0.600	0.161
B6	0.542	0.408	-0.026	0.325	-0.496	0.176
B7	-0.297	-0.166	0.732	0.230	0.148	-0.151
B8	0.383	0.005	0.038	0.061	-0.057	0.777
B9	0.602	-0.228	0.128	0.114	0.087	0.180
B10	0.276	0.182	0.367	0.197	0.131	-0.740
B11	-0.055	-0.063	0.054	0.870	0.017	-0.022
B12	0.679	-0.358	0.071	-0.083	0.442	0.085
B13	-0.016	-0.461	-0.765	0.145	0.062	0.168
B14	0.794	-0.176	-0.068	-0.116	0.011	-0.044
B15	-0.234	0.817	0.288	-0.297	0.157	0.047
B16	-0.440	0.433	0.043	-0.582	-0.070	0.057
B17	-0.441	0.546	0.250	-0.080	-0.028	0.311
B18	-0.213	-0.059	-0.874	-0.021	0.133	-0.064

根据旋转后的载荷矩阵（见表 9-9），对初始因子进行分析，可以得出：公因子 1 与千人刑事案件立案数 B14 有较高的相关程度，可称之为农村居民安全感因子；公因子 2 与劳动生产率 B2、农村最低生活保障人数占比 B15 有较高的相关程度，可称之为农业劳动效率因子；公因子 3 与乡村人均消费品零售额 B18 相关程度较大，可称之为乡村消费能力因子；公因子 4 与广播电视覆盖率 B11 相关度较高，可称之为乡村文化建设因子；公因子 5 与乡村第一产业产值占地区生产总值比重 B3 相关度较高，可称之为乡村产业兴旺因子；公因子 6 与农村废弃物回收利用率及卫生厕所普及率 B8 相关度较高，可称之为生态环境宜居因子。

4. 计算各因子得分和综合得分

表 9-10 成分得分系数矩阵

因子	成分					
	公因子1	公因子2	公因子3	公因子4	公因子5	公因子6
B1	-0.130	-0.031	0.128	0.295	-0.122	-0.022
B2	0.059	0.296	-0.020	0.055	0.075	-0.023
B3	0.046	0.104	-0.086	0.274	0.298	0.214
B4	-0.032	-0.292	0.189	-0.083	0.087	0.159
B5	0.030	-0.062	0.003	-0.037	-0.519	0.049
B6	0.255	0.223	-0.069	0.156	-0.355	0.016
B7	-0.143	-0.124	0.314	0.091	0.164	0.034
B8	0.050	0.030	0.093	0.031	-0.005	0.502
B9	0.265	0.001	0.085	-0.009	-0.025	0.049
B10	0.174	0.081	0.060	0.059	-0.002	-0.497
B11	-0.081	0.027	-0.020	0.460	0.049	0.029
B12	0.153	-0.081	0.090	-0.097	0.206	0.030
B13	-0.081	-0.098	-0.288	0.096	0.031	0.052
B14	0.283	0.012	-0.020	-0.121	-0.099	-0.133
B15	-0.016	0.213	0.098	-0.097	0.116	0.087
B16	-0.080	0.066	0.024	-0.256	-0.011	0.065
B17	-0.139	0.118	0.110	0.018	0.064	0.287
B18	-0.084	0.020	-0.377	0.048	0.057	-0.104

对表 9-9 中各公因子的载荷向量进行标准化处理，计算出其与各指标的相关系数（见表 9-10）∂_{jn}，其中 $j=1$，…，18；$n=1$，…，6，然后由标准化处理后的指标计算 6 个公因子的得分，得分公式为：

$$F_n = \partial_{j1}X_1 + \cdots + \partial_{jp}X_p \quad (n=1, \cdots, 6; j=1, \cdots, 18)$$

根据公因子得分函数式，计算出河南省 18 个地市的 6 个公因子得分，以这 6 个因子的方差贡献率当作权数，计算出河南 18 个省辖市的乡村振兴实践综合得分（见表 9-11），综合得分公式为：

$$F = 0.2345F_1 + 0.2306F_2 + 0.1705F_3 + 0.1367F_4 + 0.1200F_5 + 0.1074F_6$$

表 9-11 综合得分矩阵

地市	F1	F2	F3	F4	F5	F6	综合得分
郑州市	-0.1383	-1.6358	-2.8530	0.2189	0.0506	0.7651	-0.7781
开封市	-0.2238	0.2511	-0.4634	-0.0893	0.6291	-1.3466	-0.1549
洛阳市	0.2703	-0.2161	-0.5769	-1.8505	1.0330	0.0215	-0.2116
平顶山市	-0.3507	-0.4231	0.1155	-2.0316	-1.3315	0.0872	-0.5885
安阳市	0.0834	-0.2780	-0.0632	0.2293	-1.3818	-1.0982	-0.3078
鹤壁市	-0.2204	-1.6137	1.6770	0.7801	1.2984	0.0713	0.1322
新乡市	0.6157	-0.0217	0.8531	0.4401	-1.6058	0.6050	0.2173
焦作市	1.4043	0.2833	-0.6005	0.7990	-1.6183	-0.3927	0.1651
濮阳市	-0.9525	-0.2309	0.5186	0.1999	-0.1940	-0.5726	-0.2457
许昌市	-0.4353	-0.5809	-0.4840	0.9423	0.7790	-2.5233	-0.3673
漯河市	-1.2810	-0.3568	-0.3322	1.2341	0.4585	1.8957	-0.0119
三门峡市	2.2120	1.7583	-1.0085	0.5557	1.4171	0.5717	1.0600
南阳市	0.3162	0.8666	0.3850	-1.9861	0.3363	-0.0617	0.1018
商丘市	-1.3175	0.6985	-0.1572	-0.0410	-0.5222	1.5331	-0.0783
信阳市	-0.6750	1.9231	0.9119	0.8796	0.6724	0.0847	0.6509
周口市	-0.4872	1.0097	0.1490	0.5832	-1.1294	-0.3566	0.0499
驻马店市	-0.8718	0.1433	0.3826	-0.9351	0.8530	-0.0304	-0.1349
济源市	2.0515	-1.5769	1.5464	0.0715	0.2556	0.7466	0.5017

三、实践成效之实证结果分析

乡村振兴战略是一个系统工程,包含了经济、政治、文化、社会、生态文明等各个层级,而各层级又包含了若干个小的方面,因此对其实践推进成效的分析,需综合考量,正确评判。由表 9-11 可以看出,基于河南省 18 个地市乡村发展的基期水平不同,采用评价指标的选取角度不同,其推进成效的表现程度差异较大,按综合得分区间高低大体划分为三类(见表 9-12)。

表 9-12 河南省乡村振兴实践综合得分区间划分

得分区间	省辖地市区名称	备注说明
F≥0.5	三门峡、信阳、济源	基于选取指标中,如 B3 数值越小,则表明产业兴旺,发展成效越好;B8 则与每个市域农村农业发达度及城镇化率强相关。因此,实证结果综合得分与实践成效并非正相关
0<F<0.5	新乡、焦作、鹤壁、南阳、周口	
F≤0	安阳、许昌、平顶山、郑州、洛阳、开封、驻马店、商丘、漯河、濮阳	

(一)总体结果分析

2017 年河南省城乡收入人均倍差为 2.32,到 2020 年这一数值变化为 2.16,表明河南省在发展新型工业化、推进新型城镇化的同时,乡村振兴工作有序推进,农村居民生活富裕程度上升的同时其幸福感、安全感明显提升。结合表 9-11 综合得分与 2017 年以来河南省乡村居民实际生活变化的诸多统计数据,不难发现,近 5 年来河南省全面推进乡村振兴总体成效显著,但区域差异明显。依据本书的研究框架,其中产业振兴、人居环境和乡村基层治理成效三个方面的地区差异,是导致河南省乡村振兴发展水平地区差异较大的主要原因。六个公因子各自占有权重比较平均,表明河南省乡村振兴战略很难依靠"单点突破"来形成带动溢出效应,进而全面推进乡村振兴战略实施成效。需要说明的是,上述实证结果仅是总体性的量化评价,只能从某种程度上反映过去几年间河南省隶属 18 个地市乡村振兴工作推进实践成效,对于其未来发展趋势的研判,还需通过深入分析各地市的具体情况,并结合其历年的相关数据资料,进行具体分析。

（二）具体结果分析

（1）根据实证分析结果可知，三门峡、济源、信阳的综合评分远远超过其他地市，表明乡村振兴的全面推进和地区经济情况出现了非强相关的情况。综合考量三市乡村振兴工作发展实际情况，其在基层治理、农业生产效率、农村居民消费上得分均较高，表明这些因素对乡村振兴工作全面推进有重要作用。

（2）南阳、周口在公因子2上得分较高，表明两市的农业劳动效率和第一产业产值对当地的乡村振兴工作贡献值较高；鹤壁、新乡在公因子3上得分较高，表明农村居民当地消费能力较好；鹤壁在公因子5上得分较高，说明该市农村产业发展多元化、产业兴旺度良好。

（3）安阳、许昌、平顶山、郑州等地市综合得分较低，其共同特点是公因子2、公因子3、公因子4得分不高，表明此类地区由于经济较为发达，二三产业占比较高，第一产业产值占比较低、粮食单产没有优势，因此农业劳动效率呈现较低发展态势；同时受经济发达程度影响，其乡村振兴的基础水平较高，农村消费品零售额外溢至城市地区或者网络消费，但此类地区的公因子6，即乡村宜居生态因子得分较高。

（三）结论

自2017年国家提出乡村振兴战略以来，已有近5年时间。党和国家除了关注乡村的发展，对于新型城镇化的持续推进依然重视。因此，河南省18个地市，除了农村自身的经济发展基础外，每一地市乡村本身不同的资源禀赋、基础设施条件、劳动力发展引力作用以及打赢脱贫攻坚战的实际举措和暴发于2019年底的新冠肺炎疫情等诸多因素，都成为乡村振兴实践中需要考量的内、外影响因素。具体到乡村振兴"20字"方针的5个维度，每个市域都有其独特的优势助力乡村振兴，赋能乡村振兴。如郑州的二三产业产值占GDP比重遥遥领先、医疗卫生机构床位数在18个地市处于最高水平，成为郑州助力其辖区内乡村振兴产业兴旺的独特优势；济源的农村用水普及率、生活垃圾无害化处理率等均处于较高发展水平，助力辖区内乡村生态宜居早日达标；新乡市的农村居民家庭文教、体育人均消费支出在河南省处于中高水平,南阳市的农产品初级加工率、农村居民家庭人均蛋类及其制品消费量位于河南省的中等偏高水平,其乡村振兴生活富裕成效也很明显;商丘的粮食单位面积产量高、第一产业产值比重高等,虽然乡村发展起点低,但持续积累的优势也将赋能其乡村振兴的步伐,提升发展速度。

实施乡村振兴战略,使河南诸多农村地区居民安全感、生态环境宜居度以及乡村文化生活便利度、丰富度都有了极大提升,但基于河南省18个地市的农村经济发展基础水平不同,区位优势和自身资源禀赋条件等不同,在产业兴旺、生活富裕以及农业劳动效率等方面差异较大,还需重点突破。未来在乡村振兴全面推进中,除了发挥周边城市二三产业辐射拉动效应以及经济水平良好农村居民家庭文教、体育人均消费支出和每百人公共图书馆藏书量的优势拉动乡村振兴外,对于地处偏远的经济欠发达农业区的居民,也应关注其生活消费质量的提升。

第四节　后小康时代乡村振兴展望

2021年,在庆祝中国共产党成立一百周年大会上,习近平总书记指出:"经过全党全国各族人民持续奋斗,我们实现了第一个百年奋斗目标,在中华大地上全面建成了小康社会,历史性地解决了绝对贫困问题,正在意气风发向着全面建成社会主义现代化强国的第二个百年奋斗目标迈进。"[1] 全面建成小康社会实现了中国人民孜孜以求的千年梦想,把我们的百年夙愿在新时代变成了现实,它标志着我们向着实现中华民族伟大复兴迈进了非常重要的一步。

历史是最好的教科书,总结过往是为了更好地把握未来。从2017年中央农村工作会议首次提出"乡村振兴战略"至今已有5年时间;从1982年党中央出台第一个关于"三农问题"的中央一号文件至今已有40年;由此上溯到1927年,"农村包围城市"的革命道路的形成已有95年。从

---

[1]　习近平. 在庆祝中国共产党成立100周年大会上的讲话[J]. 党的文献,2021(4):3-7.

民主革命到改革开放,再到中国特色社会主义进入新时代;从把农村作为革命的根据地到把农村作为改革开放的起点,再到把"三农"问题作为全党工作的重中之重,变的是时代背景和现实条件,不变的是中国共产党的"农村情结"。在中国共产党的百年征程中,中国共产党带领人民"打土豪、分田地",确立了农村基本土地制度;实行家庭联产承包责任制,解放了农村生产力;取消"农业税",让在中国大地上存在了2000多年的"皇粮国税"退出历史;深化农村土地制度改革,完善承包地"三权"分置制度,延长承包期30年;取得脱贫攻坚战的伟大胜利,实现全面小康,开启全面建设社会主义现代化国家新征程。

随着脱贫攻坚这一历史任务的完成,实现了第一个百年奋斗目标,在新的历史起点上接续奋进第二个百年奋斗目标,要全面推进乡村振兴,这是"三农"工作重心的历史性转移。诚如2021年习近平总书记在全国脱贫攻坚总结表彰大会上的讲话所说:"脱贫摘帽不是终点,而是新生活、新奋斗的起点。解决发展不平衡不充分问题、缩小城乡区域发展差距、实现人的全面发展和全体人民共同富裕,仍然任重道远。"① 乡村振兴战略的实施还面临着基础条件相对落后、新脱贫群体收入较低、乡村治理效能较弱等挑战,这些问题绝不是"轻轻松松、敲锣打鼓"就能解决的,全面推进乡村振兴,仍有很长的一段路要走。在进入全面建设社会主义现代化的新发展阶段,需要全方位审视主要矛盾新变化和发展主线,正确认识当前中国社会发展的基本特征,才能更好地把握时代所赋予的历史任务②。

马克思在《共产党宣言》里指出:"资产阶级使农村屈服于城市的统治……正像它使农村从属于城市一样,它使未开化和半开化的国家从属于文明的国家,使农民的民族从属于资产阶级的民族,使东方从属于西方。"③ 无产阶级建立的先进国家将"把农业和工业结合起来,促使城乡之间的对立(差别)逐步消灭。"为中国人民谋幸福,为中华民族谋复兴,是中国无产阶

---

① 习近平. 在全国脱贫攻坚总结表彰大会上的讲话[J]. 求知,2021(3):4-10.
② 陈文胜,李珊珊. 论新发展阶段全面推进乡村振兴[J]. 贵州社会科学,2022(1):160-168.
③ 马克思恩格斯文集:第1卷[M]. 北京:人民出版社,2009:36.

级共产党人的初心和使命；以人民为中心，是中国无产阶级共产党执政的最高价值。今天的中国，正在走兼顾农村与城市、结合农业与工业、联合农民与市民的中国特色社会主义道路，民族要复兴，乡村必振兴。

  后小康时代，需要从共同追求和发展趋势两个方面探究向更高一级社会发展的全面现代化生成状态和具体形态及实践路径，这个过程要从历史逻辑和社会共识的视角来思考中国的全面现代化。基于此，当前最关键的战略目标是推动将发展落到人的全面发展和社会的全面进步上，走出一条中国特色的社会主义现代化新路，即全面的国家振兴之路，无论是乡村还是城市。未来我们坚信：走中国特色社会主义乡村振兴道路，农业会成为越来越有奔头的产业，农民会成为越来越有吸引力的职业，农村会成为安居乐业的美丽家园。让我们紧密团结在以习近平同志为核心的党中央周围，开拓进取，真抓实干，全面推进乡村振兴，加快推进农业农村现代化，推动农业全面升级、农村全面进步、农民全面发展，努力开创"三农"工作新局面，为全面建设社会主义现代化国家、实现第二个百年奋斗目标做出新的贡献！

参考文献

[1]陈锡文,杜鹰,唐仁建,宋洪远.论新阶段农业和农村经济的战略性结构调整[J].管理世界,2000(1):146-160.

[2]陈锡文.乡村振兴要发挥乡村特有的功能[J].乡村振兴,2021(1):26-27.

[3]陈锡文.依法履职尽责敢于担当 为乡村振兴提供有力法治保障[J].中国人大,2020(9):39-42.

[4]陈锡文.充分发挥乡村功能是实施乡村振兴战略的核心[J].中国乡村发现,2019(1):1-15.

[5]温铁军.以"三新"思想全面引领乡村振兴[J].重庆行政,2021(2):16-18.

[6]贺雪峰.谨防三农政策"内卷化"[N].社会科学报,2021-01-21(3).

[7]蒋远胜,蒋和平,黄德林.中国农村全面小康社会建设的综合评价研究[J].农业经济问题,2005(1):63-71.

[8]徐康宁.区域协调发展与全面建设小康社会——为纪念邓小平提出小康目标思想30周年而作[J].南京社会科学,2010(2):1-7.

[9]张占斌,高立菲.全面建成小康社会:衡量标准与科学内涵[J].人民论坛·学术前沿,2016(18):6-16.

[10]孙祁祥.PPP助力全面建成小康社会[J].经济科学,2018(1):10-14.

[11]李周.全面建成小康社会决胜阶段农村发展的突出问题及对策研

究[J].中国农村经济,2017(9):17-25.

[12]郭广银.全面建成小康社会的制度之维[J].马克思主义与现实,2020(4):1-10+203.

[13]刘彦随.中国新时代城乡融合与乡村振兴[J].地理学报,2018(4):637-650.

[14]陈学云,程长明.乡村振兴战略的三产融合路径:逻辑必然与实证判定[J].农业经济问题,2018(11):91-100.

[15]邱蓉,何律琴,刘琦.乡村振兴探索——以贵州省为例[M].北京:科学出版社,2019.

[16]李玉恒,阎佳玉,刘彦随.基于乡村弹性的乡村振兴理论认知与路径研究[J].地理学报,2019(10):2001-2010.

[17]姚树荣,周诗雨.乡村振兴的共建共治共享路径研究[J].中国农村经济,2020(2):14-29.

[18] David J. A. Douglas. The Restructuring of Local Government in Rural Regions: A Rural Development Perspective[J]. Journal of Rural Studies,2005(2):231-246.

[19] Erniel B. Barrios. Infrastructure and Rural Development: Household Perceptions on Rural Development[J]. Progress in Planning,2008(1):1-44.

[20]卡尔·马克思.马克思恩格斯全集(第一卷)[M].北京:人民出版社,1995.

[21] Ebenezer Howard. Tomorrow: A Peaceful Path to Real Reform[J]. Environment Management,1898(1):30-35.

[22]张蕴.后小康时代我国相对贫困治理的内在动因及现实路向[J].理论探讨,2021(3):163-170.

[23]武星星,卢黎歌.评估和总结全面建成小康社会:价值意蕴、基本原则及经验回顾[J].北京工业大学学报(社会科学版),2021(4):12-23.

[24]中共海阳市委党校,徐华.全面建成小康社会的实践意义[N].烟台日报,2021-04-28(11).

[25]刘洪森,李昊天.中国共产党"小康"话语百年演进的历程、逻辑与价值[J].思想理论教育,2021(4):42-48.

[26]侯守杰.后小康时代的相对贫困治理[J].西北农林科技大学学报(社会科学版),2021(2):36-42.

[27]王国敏,侯守杰.后小康时代中国相对贫困的特征、难点、标准识别及应对之策[J].内蒙古社会科学,2021(2):106-113+213.

[28]杨凤城,朱金鹏.中国共产党的百年奋斗与全面建成小康社会[J].陕西师范大学学报(哲学社会科学版),2021(1):37-51.

[29]吴晓明."小康中国"的历史方位与历史意义[J].中国社会科学,2020(12):25-39+200.

[30]周明明.习近平关于全面建成小康社会重要论述论要[J].马克思主义研究,2020(12):72-81.

[31]张文."小康"语义的历史变迁与现代启示[J].文化纵横,2020(4):134-139.

[32]中共中央 国务院关于抓好"三农"领域重点工作确保如期实现全面小康的意见[N].人民日报,2020-02-06(1).

[33]汤文隽.全面建成小康社会决胜阶段的基本特点与重大难题的解决[J].哈尔滨师范大学社会科学学报,2019,10(4):5-8.

[34]白永秀,刘盼.全面建成小康社会后我国城乡反贫困的特点、难点与重点[J].改革,2019(5):29-37.

[35]于法稳.乡村振兴战略下农村人居环境整治[J].中国特色社会主义研究,2019(2):80-85.

[36]习近平.决胜全面建成小康社会 夺取新时代中国特色社会主义伟大胜利[N].人民日报,2017-10-28(1).

[37]唐任伍.习近平精准扶贫思想阐释[J].人民论坛,2015(30):28-30.

[38]坚定不移沿着中国特色社会主义道路前进 为全面建成小康社会而奋斗[N].人民日报,2012-11-09(2).

[39]胡锦涛.高举中国特色社会主义伟大旗帜 为夺取全面建设小康社会新胜利而奋斗[N].人民日报,2007-10-25(1).

[40]皮海峰.小康社会与生态移民[J].农村经济,2004(6):58-60.

[41]江泽民.全面建设小康社会,开创中国特色社会主义事业新局面——在中国共产党第十六次全国代表大会上的报告[J].求是,2002(22):3-19.

[42]胡长栓.中国全面脱贫的重大理论意义[J].红旗文稿,2021(6):33-36.

[43]黄承伟.中国新时代脱贫攻坚的历史意义与世界贡献[J].南京农业大学学报(社会科学版),2020(4):2-10.

[44]孙计领,胡荣华.收入水平、消费压力与幸福感[J].财贸研究,2017(2):5-12.

[45]贺京同,那艺,郝身永.决策效用、体验效用与幸福[J].经济研究,2014(7):176-188.

[46]高鸿业.西方经济学(宏观部分)(第六版)(名师导读版)[M].北京:中国人民大学出版社,2015.

[47]高启杰,费佐兰.居民个体收入,主观幸福感及影响机制[J].武汉大学学报(哲学社会科学版),2019(4):173-184.

[48]孙基耀.山东省两县农村居民主观幸福感变化及其影响因素研究[D].济南:山东大学,2018.

[49]李庆浩.河北省农民幸福感问题研究[D].石家庄:河北经贸大学,2013.

[50]丁晓莹.农地城市流转后失地农民幸福感及其影响因素研究[D].杭州:浙江大学,2018.

[51]王兵,杨宝.村庄公共支出规模、结构和农民幸福感[J].中国行政管理,2018(2):53-57.

[52]蒋爱清.农村选举能增加村民的幸福感吗?[D].厦门:厦门大学,2019.

[53]吕木凤.广西仫佬族居民人格、民族认同与主观幸福感的关系[D].桂林:广西师范大学,2018.

[54]邢占军.主观幸福感测量研究综述[J].心理科学,2002(3):336-338.

[55]贺欢.新生代农民工工作幸福感指标体系构建及其测量研究[D].武汉:中南民族大学,2015.

[56]李玉萍,晁娜娜,李富忠,等.山西省农民幸福感评价指标体系的构建及提升途径[J].湖南农业科学,2013(17):143-146.

[57]张兴贵,何立国,郑雪.青少年学生生活满意度的结构和量表编制[J].心理科学,2004(5):1257-1260.

[58]刘学武,杨国涛.从脱贫攻坚到乡村振兴的有效衔接与转型[J].甘肃社会科学,2020(6):87-93.

[59]马学锋.当前脱贫攻坚与乡村振兴有效衔接问题研究[J].生产力研究,2021(2):69-72.

[60]左停,苏青松.农村组织创新:脱贫攻坚的经验与对乡村振兴的启示[J].求索,2020(4):99-105.

[61]左停.脱贫攻坚与乡村振兴有效衔接的现实难题与应对策略[J].贵州社会科学,2020(1):7-10.

[62]黄承伟.我国新时代脱贫攻坚阶段性成果及其前景展望[J].江西财经大学学报,2019(1):55-62.

[63]豆书龙,叶敬忠.乡村振兴与脱贫攻坚的有机衔接及其机制构建[J].改革,2019(1):19-29.

[64]李心记.决胜脱贫攻坚的难点与实践路径论析[J].学习论坛,2019(7):37-40.

[65]张琦.稳步推进脱贫攻坚与乡村振兴有效衔接[J].人民论坛,2019(S1):84-86.

[66]胡钰,付饶,金书秦.脱贫攻坚与乡村振兴有机衔接中的生态环境关切[J].改革,2019(10):141-148.

[67]公丕宏,公丕明.习近平脱贫攻坚战略思想研究[J].宁夏党校学报,2017(3):9-12.

[68]黄承伟.深化精准扶贫的路径选择——学习贯彻习近平总书记近期关于脱贫攻坚的重要论述[J].南京农业大学学报(社会科学版),2017(4):2-8+156.

[69]王丛虎.续写脱贫攻坚新篇章——解读十九大报告扶贫攻坚战略思想[J].源流,2017(11):4-5.

[70]黄承伟.党的十八大以来脱贫攻坚理论创新和实践创新总结[J].中国农业大学学报(社会科学版),2017(5):5-16.

[71]张菊香.习近平脱贫攻坚战略思想对马克思恩格斯反贫困思想的时代创新探析[J].思想理论教育导刊,2017(11):42-46.

[72]冯莎.实施乡村振兴战略 助力脱贫攻坚[J].农业经济,2018(10):31-32.

[73]梁信志.河南脱贫攻坚研究报告[J].农村·农业·农民(B版),2020(4):7-10.

[74]贾晋,尹业兴.脱贫攻坚与乡村振兴有效衔接:内在逻辑、实践路径和机制构建[J].云南民族大学学报(哲学社会科学版),2020(3):68-74.

[75]杜向民,吴嫚,程小芬.脱贫攻坚与乡村振兴战略一体化推进研究[J].长白学刊,2020(4):120-126.

[76]汪三贵,郭子豪.论中国的精准扶贫[J].贵州社会科学,2015(5):147-150.

[77]左停,杨雨鑫,钟玲.精准扶贫:技术靶向、理论解析和现实挑战[J].贵州社会科学,2015(8):156-162.

[78]蔡昉.探讨脱贫攻坚战略的"未来升级版"[J].农村·农业·农民(B版),2020(2):15-16.

[79]吕开宇,施海波,赵倩.统筹衔接脱贫攻坚与乡村振兴两大战略[J].中国财政,2020(8):12-14.

[80]王世恒,李秉钊.试析中国特色社会主义脱贫攻坚战略及现实意义[J].湖南人文科技学院学报,2018(6):6-11.

[81]韩广富,葛一璇.习近平新时代脱贫攻坚思想及其指导意义[J].东北师范大学学报(哲学社会科学版),2018(3):26-31.

[82]姜列友.正确理解和把握支持脱贫攻坚与服务乡村振兴战略的关系[J].农业发展与金融,2018(6):107-108.

[83]邹娅婕,高金龙.习近平扶贫思想在农村脱贫攻坚中的实践研究[J].东华理工大学学报(社会科学版),2018(3):207-211.

[84]王腾飞.习近平新时代脱贫攻坚思想研究[D].长春:吉林大学,2018.

[85]汪三贵,郭建兵,胡骏.巩固拓展脱贫攻坚成果的若干思考[J].西北师范大学学报(社会科学版),2021(3):16-25.

[86]郑子青,郑功成.消除贫困:中国奇迹与中国经验[J].中共中央党校(国家行政学院)学报,2021(2):39-48.

[87]韩克庆.土地改革、脱贫攻坚抑或社会保障——中国农村减贫的成功经验[J].理论学刊,2021(2):133-142.

[88]季思.中国脱贫攻坚成就的世界意义[J].当代世界,2021(3):1.

[89]杜倩,陈斯佳.浅析脱贫攻坚的伟大成就和重要经验[J].农村经济与科技,2021(4):291-292.

[90]张远新,董晓峰.论脱贫攻坚的中国经验及其意义[J].浙江社会科学,2021(2):4-10+155.

[91]梁泳梅,李钢.全面建成小康社会及脱贫攻坚经验的调查与理论判断[J].观察与思考,2021(1):46-57.

[92]王禹潞.新时代中国脱贫攻坚事业的历史性意义[J].人民论坛·学术前沿,2021(1):94-98.

[93]温铁军,王茜,罗加铃.脱贫攻坚的历史经验与生态化转型[J].开放时代,2021(1):169-184+8-9.

[94]卢东宁,邱硕.乡村振兴战略的研究进展——基于CiteSpace的可

视化知识图谱分析[J/OL].东北农业科学,1-11.

[95]马义琳,潘明辉.新时代实施乡村振兴战略的路径思考[J].当代农村财经,2021(3):2-8.

[96]李树德,李恒.新时代乡村振兴进程中"人才振兴"的路径探析[J].湘南学院学报,2021(1):48-53.

[97]贺卫,潘锦云.精准扶贫与乡村振兴战略衔接机制研究[J].华北理工大学学报(社会科学版),2021(1):11-15.

[98]王红艳.乡村振兴战略的"四重超越"特征——兼论中国特色社会主义乡村振兴道路[J].新视野,2021(1):33-39.

[99]陈健.新时代乡村振兴战略实施的现实逻辑与实践路径研究[J].中国农村研究,2020(1):217-229.

[100]杨章文.十九大以来国内乡村振兴战略研究:文献回顾与未来展望[J].当代经济管理,2020(7):9-16.

[101]刘儒,刘江,王舒弘.乡村振兴战略:历史脉络、理论逻辑、推进路径[J].西北农林科技大学学报(社会科学版),2020(2):1-9.

[102]汪三贵,冯紫曦.脱贫攻坚与乡村振兴有机衔接:逻辑关系、内涵与重点内容[J].南京农业大学学报(社会科学版),2019(5):8-14+154.

[103]张海鹏,郜亮亮,闫坤.乡村振兴战略思想的理论渊源、主要创新和实现路径[J].中国农村经济,2018(11):2-16.

[104]范建华.乡村振兴战略的理论与实践[J].思想战线,2018(3):149-163.

[105]黄祖辉.准确把握中国乡村振兴战略[J].中国农村经济,2018(4):2-12.

[106]陈锡文.从农村改革四十年看乡村振兴战略的提出[J].行政管理改革,2018(4):4-10.

[107]刘晓雪.新时代乡村振兴战略的新要求——2018年中央一号文件解读[J].毛泽东邓小平理论研究,2018(3):13-20+107.

[108]蒋永穆.基于社会主要矛盾变化的乡村振兴战略:内涵及路径

[J]．社会科学辑刊,2018(2):15-21．

[109]李周．乡村振兴战略的主要含义、实施策略和预期变化[J]．求索,2018(2):44-50．

[110]孔祥智．产业兴旺是乡村振兴的基础[J]．农村金融研究,2018(2):9-13．

[111]范建华．乡村振兴战略的时代意义[J]．行政管理改革,2018(2):16-21．

[112]中共中央 国务院关于实施乡村振兴战略的意见[N]．人民日报,2018-02-04(1)．

[113]陈锡文．实施乡村振兴战略,推进农业农村现代化[J]．中国农业大学学报(社会科学版),2018(1):5-12．

[114]周立．乡村振兴战略与中国的百年乡村振兴实践[J]．人民论坛·学术前沿,2018(3):6-13．

[115]钟钰．实施乡村振兴战略的科学内涵与实现路径[J]．新疆师范大学学报(哲学社会科学版),2018(5):71-76+2．

[116]王亚华,苏毅清．乡村振兴——中国农村发展新战略[J]．中央社会主义学院学报,2017(6):49-55．

[117]朱泽．大力实施乡村振兴战略[J]．中国党政干部论坛,2017(12):32-36．

[118]张晓山．实施乡村振兴战略的几个抓手[J]．人民论坛,2017(33):72-74．

[119]陈文胜．怎样理解"乡村振兴战略"[J]．农村工作通讯,2017(21):16-17．

[120]廖彩荣,陈美球．乡村振兴战略的理论逻辑、科学内涵与实现路径[J]．农林经济管理学报,2017(6):795-802．

[121]唐任伍．新时代乡村振兴战略的实施路径及策略[J]．人民论坛·学术前沿,2018(3):26-33．

[122]贺雪峰．关于实施乡村振兴战略的几个问题[J]．南京农业大学

学报(社会科学版),2018(3):19-26+152.

[123]陈龙.新时代中国特色乡村振兴战略探究[J].西北农林科技大学学报(社会科学版),2018(3):55-62.

[124]刘彦随.中国新时代城乡融合与乡村振兴[J].地理学报,2018(4):637-650.

[125]罗必良.明确发展思路,实施乡村振兴战略[J].南方经济,2017(10):8-11.

[126]曾晓昀.促进乡村振兴:未来《乡村振兴促进法》之"集体"振兴[J].学术探索,2019(1):62-70.

[127]杨东霞,刘齐齐.乡村振兴促进法的立法定位与模式[J].农村工作通讯,2019(22):51-52.

[128]朱智毅.论乡村振兴立法的功能定位与基本原则[J].中国农业大学学报(社会科学版),2020(2):84-95.

[129]于浩.《乡村振兴促进法(草案)》:首次提请审议[J].中国人大,2020(12):39-40.

[130]黄祖辉.《乡村振兴促进法(草案)》:充分体现农业农村因地制宜发展需要[J].农村工作通讯,2020(18):44.

[131]郑泽宇,陈德敏.乡村振兴的立法考量——基本法与促进法的视角[J].广西社会科学,2020(8):108-114.

[132]代水平,高宇.《乡村振兴法》立法:功能定位、模式选择与实现路径[J].西北大学学报(哲学社会科学版),2019(2):19-27.

[133]关于制定乡村振兴法的若干问题和建议[J].上海人大月刊,2018(8):46-47.

[134]乡村振兴法已启动立法相关程序[J].时代主人,2018(8):45.

[135]王岭.《乡村振兴促进法(草案)》:让乡亲们过上红火的日子[J].中国人大,2021(1):24-25.

[136]汪园英.农村党组织实现乡村治理现代化的路径研究[J].特区经济,2021(1):115-118.

[137]李瑞记.论习近平新时代基层社会治理思想[J].黑龙江工业学院学报(综合版),2021(1):23-27.

[138]柳泽凡.基层治理现代化背景下的村干部职业化研究[D].杨凌:西北农林科技大学,2020.

[139]霍军亮,吴春梅.乡村振兴战略下农村基层党组织建设的理与路[J].西北农林科技大学学报(社会科学版),2019(1):69-77.

[140]赵一夫,王丽红.新中国成立70年来我国乡村治理发展的路径与趋向[J].农业经济问题,2019(12):21-30.

[141]陈家刚.基层治理:转型发展的逻辑与路径[J].学习与探索,2015(2):47-55.

[142]齐艳永.多元共治的我国乡村治理法治化体系构建[D].石家庄:河北师范大学,2018.

[143]夏梅.城市社区协同治理的优化研究[D].上海:华东政法大学,2019.

[144]刘亚威.农村党组织领导基层治理的有效性研究[D].杭州:中共浙江省委党校,2018.

[145]鲁薇.群防群治——新疆社会治理中公民参与研究[D].乌鲁木齐:新疆大学,2018.

[146]郭春娟.乡村振兴战略背景下T市D乡农村社区建设研究[D].长春:中共吉林省委党校,2019.

[147]叶军.乡村振兴战略视域下农村青年思想政治教育研究[D].南昌:南昌大学,2019.

[148]赵丽.湘西州农村基层党建引领乡村振兴的困境与对策研究[D].吉首:吉首大学,2019.

[149]吕桂菊.鲁中山区乡村景观特质、发展模式及规划设计研究[D].泰安:山东农业大学,2018.

[150]黄文君.乡村振兴战略下村党组织领导乡村治理机制研究[D].广州:华南理工大学,2018.

[151]杨未.生态与仪式:生态位理论视角下仪式研究[D].贵阳:贵州大学,2017.

[152]周茜.乡村振兴背景下村民自治问题研究[D].武汉:华中师范大学,2018.

[153]许珊珊,赵毅.乡村治理视角下的乡村振兴实践——以江苏省特色田园乡村实践为例[C].活力城乡 美好人居——2019中国城市规划年会论文集(12 城乡治理与政策研究),2019:359-366.

[154]刘盛,唐敏,杨慧,金妮.乡村治理模式改革创新研究——以湖北省大冶市茗山乡为例[J].湖北理工学院学报(人文社会科学版),2018(4):64-68.

[155]王露.新时代推进乡镇治理现代化的路径思考[D].昆明:云南师范大学,2020.

[156]王向阳.新时代传统农区基层治理现代化的组织形态选择——基于黔北、鲁西农村的考察[J].理论与改革,2021(2):100-112+154-155.

[157]罗成翼,王锋娟.论基层党建引领城市基层治理现代化的基本逻辑——学习习近平总书记关于以基层党建引领城市基层治理现代化重要论述的思考[J].城市学刊,2021(1):1-7.

[158]谢玉斐.市域社会治理现代化背景下基层社区法治建设的路径选择[J].党政干部学刊,2021(2):66-70.

[159]贾冬冬,敖金香."五治并进"是基层社会治理现代化的"金钥匙"[N].楚雄日报(汉),2021-03-17(3).

[160]韩琳.新时代"枫桥经验"推进农村基层治理研究——基于对大连的调查[J].学理论,2021(2):25-27.

[161]肖川,胡乐乐."教育"概念的词源考古与现代研究[J].大学教育科学,2010(3):3-12.

[162]王建强.加强社会主义精神文明建设,繁荣社会主义文化事业[J].新高考(政治历史地理),2007(4):2-6.

[163]段霖瑶.教育事业发展调控法律问题研究[D].太原:山西大学,2007.

[164]侯芳.马克思主义公平观视域下我国教育公平问题研究[D].长春:长春工业大学,2016.

[165]雷蕾.结构方程建模及AMOS软件在应用语言学研究中的应用[J].中国外语,2009(1):39-44.

[166]曹凯.努力发展文化事业建设高度精神文明[J].大舞台,1997(1):20-23.

[167]由勇.文化事业和文化产业的性质及在社会主义精神文明建设中的作用[J].北方文学:下,2012(3):215-216.

[168]梅帅.宪法文本中"教育"概念的规范分析[J].重庆高教研究,2020(2):115-128.

[169]赵艺卓.大连市公益性文化事业发展对策研究[D].大连:大连理工大学,2019.

[170]陈运贵.城乡文化融合发展的理论与实践逻辑研究[J].皖西学院学报,2020(6):43-49.

[171]张惠.发展群众文化活动,促进地方文化事业发展[J].中国民族博览,2020(8):48-49.

[172]曹晗旭.文化科技对文化事业的促进作用探究[D].沈阳:东北大学,2014.

[173]沙冰.乡村文化建设在乡村振兴战略中的作用[J].农村实用技术,2020(11):13-15.

[174]刘志刚,陈安国.乡村振兴视域下城乡文化的冲突、融合与互哺[J].行政管理改革,2019(12):60-65.

[175]黄紫钰,郭力.新时代农村公益性文化事业发展的支持系统研究[J].湖北农业科学,2019(19):161-165.

[176]梁新潮.新时代图书馆事业对乡村文化振兴的支撑、推动与牵引[J].绥化学院学报,2021(2):141-144.

[177]牛书成. 教育、法制与精神文明建设[J]. 中国青年政治学院学报,2004(4):116-119.

[178]沙英. 论发展教育与精神文明[J]. 道德与文明,1995(1):13-16.

[179]周晔. 社会主义精神文明建设与素质教育研究[D]. 北京:中共中央党校,2000.

[180]高闽,张仲强. 新时代推进乡风文明建设的路径探析[J]. 甘肃农业,2021(1):26-30.

[181]李虹."乡村振兴战略"背景下乡村学校教育促进乡村文化发展研究[D]. 桂林:广西师范大学,2019.

[182]张敬燕. 城乡义务教育一体化发展论略[J]. 中州学刊,2019(12):100-104.

[183]韩宝田. 从乡村振兴战略看农村教育发展[J]. 师资建设,2019(7):33-35.

[184]闫海玲,宋尚文. 实施乡村振兴战略要优先发展乡村教育事业[J]. 中共山西省直机关党校学报,2018(5):24-27.

[185]深圳市委党校2019年中青班宁夏固原调研组. 推动农村教育优质化发展造强乡村振兴"智力引擎"[J]. 特区实践与理论,2020(1):124-127.

[186]兰佳琦. 我国基本公共教育服务均等化及效率研究[D]. 杭州:浙江工商大学,2020.

[187]单涛. 城乡义务教育资源配置效率比较研究——以中部地区为例[D]. 安徽财经大学,2016.

[188]郭俞宏,薛海平. 我国义务教育生产效率实证分析:基于DEA方法[J]. 上海教育科研,2011(3):24-27.

[189]魏语. 乡村振兴背景下构建乡村人才保障机制的思考[J]. 大庆社会科学,2020(3):108-110.

[190]白贵,张静伟. 城乡公共福利差距的影响因素研究[J]. 生态经

济,2012(5):184-187.

[191]张学昌.城乡融合视域下的乡村文化振兴[J].西北农林科技大学学报(社会科学版),2020(4):56-64.

[192]王晓冬,索志林.城乡文化强弱差距与新农村建设[J].东北农业大学学报(社会科学版),2007(5):23-26.

[193]刘成良.缩小城乡教育差距,育才助力乡村振兴[J].团结,2018(1):34-38.

[194]陆鸣.我国城乡基本公共文化服务非均等化研究[J].北方经贸,2017(7):24-26.

[195]李笛.乡村振兴战略视域下的城乡关系研究[D].武汉:武汉大学,2019.

[196]成淑霞.新型城镇化与基础教育均衡发展的冲突与路径——基于乡村振兴背景[J].新课程·上旬,2019(12):39.

[197]李萱,杨庆媛,毕国华.中国城乡福祉差距及其影响因素研究[J].地域研究与开发,2021(2):1-6.

[198]顾钰民等.新时代中国特色社会主义生态文明体系研究[M].上海:上海人民出版社,2019.

[199]刘伟建.绿色发展与生态文明[M].西安:西安电子科技大学出版社,2020.

[200]张云飞,周鑫.中国生态文明新时代[M].北京:中国人民大学出版社,2020.

[201]邱蓉,何律琴,刘琦.乡村振兴探索——以贵州省为例[M].北京:科学出版社,2019.

[202]卞素萍.美丽乡村建设背景下农村人居环境整治现状及创新研究——基于江浙地区的美丽乡村建设实践[J].南京工业大学学报(社会科学版),2020,19(6):62-72+112.

[203]孙小杰.美丽乡村视角下农村人居环境建设研究[D].长春:吉林大学,2015.

[204]毛锦凰,王林涛.乡村振兴评价指标体系的构建——基于省域层面的实证[J].统计与决策,2020(19):181-184.

[205]刘瑾,李振,张仲,孟庆庄.四川省乡村振兴评价指标体系构建及实证分析[J].西部经济管理论坛,2021(6):1-13.

[206]国务院发展研究中心农村经济研究部课题组,叶兴庆,程郁.新发展阶段农业农村现代化的内涵特征和评价体系[J].改革,2021(9):1-15.

后　记

自党的十九大提出乡村振兴战略以来,关于乡村振兴的理论探讨与实践探索已然走过了五个年头。本著作是基于中国社会经过全党全国各族人民持续奋斗,实现了第一个百年奋斗目标,在中华大地上全面建成了小康社会,历史性地解决了绝对贫困问题,正意气风发向着全面建成社会主义现代化强国的第二个百年奋斗目标迈进的大背景下,全方位地回望、总结了乡村振兴战略实践成效,并结合具有典型代表意义的中部农业大省——河南省之乡村产业振兴、乡村治理现代化、乡村人才振兴以及乡村人居环境综合整治等四个维度的实践案例进行例证,以明晰全面推进乡村振兴的可能路径。一方面是对未来中国社会如何全面推进乡村振兴战略予以理论总结和思考,另一方面则是对笔者近年来团队科研探索之路回顾总结,以期更加明确今后的学术方向。

本书缘于2021年国家乡村振兴局,围绕巩固拓展脱贫攻坚成果和全面推进乡村振兴重点工作,设置2021年度软科学课题的申报。在仔细阅读"研究目录与研究要点"后,欲对本人2017年以来先后完成的《网络扶贫:理论、政策与实践》合著著作、《机理与路径:河南省农村电商助力乡村振兴创新模式研究》、《河南省农村人居环境整治面临的问题与对策研究》研究报告以及《社会保障视角下农民工市民化意愿实证分析》《乡村振兴背景下河南省农村人居环境整治效果AHP评价研究》《全面小康时代河南省乡村义务教育服务效率测度及提升策略》《基于结构方程模型的脱贫地区居民主观幸福感研究——以洛阳市为例》《基于柯布—道格拉斯生产函数的绿色低碳农业发展影响因素分析》《美丽乡村目标下河南省农村人居环境整治成效综合研究》《河南省乡村振兴评价体系构建与实践成效分析》等相关论文多篇，加以整理深化后，申请该项目。很遗憾，未能中标。基于此，在重新构思、系统梳理后，形成了本书的原始框架内容。

时值四月，恰逢本人主持承担的 2020 年度河南省哲学社会科学规划项目"河南省农村人居环境综合生态系统构建及对策研究（2020BJJ032）"即将验收结题，2021 年河南省重点研发与推广专项（软科学）项目"农村人居环境整治视域下河南省区域生态效率综合评价研究（212400410082）"迎接中期检查，综合两个项目的前期阶段性研究成果与本书的研究框架，最终有了该著作的第八章内容。

本书得到了河南科技大学经济学院农村发展研究中心、河南科技大学农学院与河南中烟工业有限责任公司共同合作的"生态农业产业综合体赋能乡村产业振兴技术服务对接项目"课题组的大力支持。感谢该项目课题组为本书撰写提供的良好平台！

本书是第一本以自己为第一署名人的学术著作。从最初的构思到出版，衷心感谢那些曾经给予我许多帮助的人们，特别是河南科技大学经济学院岳佐华教授、薛选登教授、张学军院长的思想启发与真挚鼓励；河南科技大学外国语学院张中美老师提供的文献阅读帮助；河南中烟工业有限责任公司申洪涛、白峰、段卫东、王新中同志在实地调研阶段给予的大力支持和帮助；本人科研团队中王炳舒同学、扶微同学、孙莉同学、闫轩同学在本书撰写过程中所做的资料搜集、问卷发放和数据采集等工作。

此外，特别感谢中国经济出版社的贺静老师和杨元丽老师，她们为本书的编校和修订付出了大量心血。

书稿撰写历时近两年，在此过程中，团队参阅了大量的书籍文献、统计史料以及国家相关职能部门的官网文件等，吸收并借鉴了不少前期相关已有研究成果。尽管我们力图让本书内容做到严谨、科学，但基于乡村振兴战略所面临的新发展阶段、新发展理念、新发展格局和高质量发展的要求以及本书撰写过程中选取的相关数据来源统计资料（如：《中国统计年鉴》《河南统计年鉴》等）的年度数据更新变化，实证数据未能全部统一更新至2020年，难免使其论证出现疏漏偏差之处，加之我们的学术水平和实践经验有限，此书一定还存在诸多不足甚至谬误之处，仍有很多问题值得进一步深入研究与商榷，诚恳广大读者及同行予以谅解、指正，以便今后继续学习进步！

路漫漫其修远兮，吾将上下而求索！

韩灵梅

2022年5月1日

于洛阳